2017
湖南100强企业发展报告

THE DEVELOPMENT REPORT ON TOP 100 ENTERPRISES OF HUNAN

湖南省企业和工业经济联合会 编

湖南人民出版社

本作品中文简体版权由湖南人民出版社所有。

未经许可，不得翻印。

图书在版编目（CIP）数据

2017湖南100强企业发展报告 / 湖南省企业和工业经济联合会编. —长沙：湖南人民出版社，2018.1

ISBN 978-7-5561-1914-1

I. ①2⋯　II. ①湖⋯　III. ①企业发展—研究报告—湖南—2017　IV. ①F279.276.4

中国版本图书馆CIP数据核字（2018）第006851号

2017 HUNAN 100QIANG QIYE FAZHAN BAOGAO

2017湖南100强企业发展报告

编　　者	湖南省企业和工业经济联合会
责任编辑	唐　艳
装帧设计	谢俊平

出版发行	湖南人民出版社［http://www.hnppp.com］
地　　址	长沙市营盘东路3号
邮　　编	410005
印　　刷	湖南省汇昌印务有限公司
版　　次	2018年1月第1版
	2018年1月第1次印刷
开　　本	889 mm × 1194 mm　　1/16
印　　张	15.25
字　　数	400千字
书　　号	ISBN 978-7-5561-1914-1
定　　价	88.00元

营销电话：0731-82683348　　（如发现印装质量问题请与出版社调换）

实施大企业大集团战略，促进更多湖南企业走出湖南，走向世界。

陈肇雄
2009.10.22.

工业和信息化部副部长、湖南省人民政府原副省长陈肇雄题词

培育千亿企业 振兴湖南冶金行业

谢超英 20/10

湖南省经济和信息化委员会主任谢超英题词

《2017 湖南 100 强企业发展报告》

顾　　问：陈肇雄　武吉海　谢超英　鲁平益

主　　任：曾白求　樊建军

执行主任：杨月华

副 主 任：朱小江　简　政

委　　员：袁　凌　李醒民　熊正德　雍胜罗

《2017湖南100强企业发展报告》编辑部

主　　任：袁　凌

副 主 任：李醒民

成　　员：朱小江　熊正德　商　艳

　　　　　雍胜罗　符超华　黄　沙

目 录

湖南经济走势

特载文稿 ··· 1
   政府工作报告——2017年1月19日湖南省第十二届人大七次会议审议通过 ············ 1
   强力推进制造强省建设　全面提升湖南新型工业化发展水平 ····························· 14
   落实创新引领开放崛起战略　为全面深入推进制造强省建设不懈努力 ··················· 20
   2017湖南100强企业发展评点 ·· 28

第一章　2016年湖南省经济社会发展概况 ··· 31
   第一节　2016年湖南经济发展总体情况 ·· 31
   第二节　2016年湖南经济发展基本特点 ·· 34
   第三节　2016年湖南经济发展中存在的主要问题 ··· 35
   第四节　2017年全省经济形势展望 ·· 36

百强综合分析

第二章　2017湖南100强企业综合分析 ·· 38
   第一节　2017湖南100强企业特征分析 ·· 38
   第二节　2017湖南100强企业效益与纳税分析 ··· 57
   第三节　2017湖南100强企业发展中存在的主要问题 ······································ 65
   第四节　湖南100强企业未来发展的对策与建议 ·· 69

第三章　2017湖南制造业50强企业综合分析 ··· 73
   第一节　2017湖南制造业50强企业特征分析 ·· 73
   第二节　2017湖南制造业50强企业纳税情况分析 ·· 80
   第三节　湖南制造业发展中存在的主要问题 ··· 83
   第四节　加快湖南制造业发展的对策建议 ·· 84

第四章　2017湖南服务业50强企业综合分析 88
第一节　2017湖南服务业50强企业特征分析 89
第二节　2017湖南服务业50强企业效益与纳税分析 95
第三节　当前湖南服务业发展中存在的主要问题 101
第四节　加快湖南现代服务业发展的对策建议 102

第五章　2017湖南100强企业横向对比分析 107
第一节　2017中国500强企业榜单上的湖南视点 107
第二节　2017中国500强企业榜单上中部各省上榜企业对比分析 109
第三节　2017湖南100强企业与中国500强企业对比 114
第四节　2017湖南100强企业与《财富》全球500强企业对比 117

中外企业排行榜

第六章　湖南企业排行榜 120
第一节　2017湖南100强企业排行榜 120
第二节　2017湖南100强企业主要经济技术指标前50排序 124
第三节　2017湖南制造业50强企业排行榜 162
第四节　2017湖南服务业50强企业排行榜 164

第七章　国内企业及全球企业排行榜选登 166
第一节　2017中国企业500强排行榜 166
第二节　2017中国制造业企业500强排行榜 184
第三节　2017中国服务业企业500强排行榜 202
第四节　2017《财富》全球500强企业排行榜 220

后记 239

湖南经济走势

特载文稿

政府工作报告
——2017年1月19日湖南省第十二届人大七次会议审议通过

许达哲

各位代表：

现在，我代表省人民政府向大会做政府工作报告，请予审议，并请各位政协委员提出意见。

一、2016年工作回顾

过去一年，在党中央、国务院坚强领导下，按照省委决策部署，我们主动适应把握引领经济发展新常态，坚持稳中求进工作总基调，着力推进供给侧结构性改革，着力加强保障和改善民生工作，着力推进农业现代化，较好地完成了全年任务。全省地区生产总值增长7.9%，固定资产投资增长13.8%，社会消费品零售总额增长11.7%，一般公共预算收入增长6%。全省经济社会保持平稳健康发展，实现了"十三五"良好开局。

一是经济总量跨上新台阶。首次突破3万亿，达到3.12万亿元，居全国第九位。

二是创新驱动迈出新步伐。长株潭获批创建"中国制造2025"试点示范城市群，湘江新区列为国家级双创基地，高新技术产业增长16%。

三是交通建设取得新成效。长沙磁浮和地铁1号线、长株潭城铁正式通车营运；黄花机场旅客吞吐量超过2000万人次，居中部首位；高速公路通车里程突破6000公里，居全国前列。

四是人民生活得到新改善。全省涉及民生的财政支出占比达到70%，年度民生发展指标全面完成，减少贫困人口125万，全体居民人均可支配收入增长9.3%。

五是环境治理获得新进展。湘、资、沅、澧四水流域水质总体为优，全省空气质量平均优良天数达到293天，湿地保护率达74.13%，森林覆盖率达59.64%。

我们主要抓了九个方面工作。

（一）推进供给侧结构性改革，增强经济发展活力

出台供给侧结构性改革实施意见，实施去产能、去库存和降低实体经济成本等专项方案，全面完成钢铁、煤炭去产能年度目标，商品房待售面积连续10个月下降。加强政府性债务预算管理和风险控制，取消、停征、降标和放开105项涉企收费。深入推进"放管服"改革，非行政许可审批全部取消，行政审批事项取消137项，投资项目报建审批事项减少23项。大力推进国有资本布局结构调整，完成省交通水利建设集团组建等工作。稳步推进财税、商事、价格、省直管县、农业农村、社会信用、不动产统一登记、公共资源交易体制等改革。我省首家民营银行开业，首家消费金融公司批筹。

（二）培育新兴动能，促进产业结构调整

大力推进农业现代化，继续实施农业农村三个"百千万"工程，粮食总产稳定在600亿斤左右，农产品加工业实现销售收入1.35万亿元，双季超级稻年亩产量又创世界纪录。积极推进制造强省建设，对接"中国制造2025"，制定先进轨道交通装备、航空等产业支持政策，电子信息、生物医药、新能源汽车等新兴优势产业增长态势良好。全社会研究与试验发展经费支出占地区生产总值的比重为1.47%，战略性新兴产业增长10%。加快发展现代服务业，出台培育新供给新动能、发展生活性服务业等方面的实施意见，网络消费、文化旅游、健康养老等服务业快速增长。三次产业结构为11.5∶42.2∶46.3，服务业占比提高2.1个百分点。

（三）加强重点工程建设，夯实持续发展基础

启动100个重点制造业项目，高性能碳/碳复合材料研发与产业化、输变电智能电网技术改造等项目建成投产；创新创业园区"135"工程实施以来累计引进双创企业超过5000家。加快完善交通、能源、水利、信息等基础设施网络，新增高速公路427公里，新改建干线公路1094公里，新建、改造农村公路超过1万公里；张吉怀高铁以及长益（扩容）、龙琅等高速公路开工建设；农网改造、"气化湖南工程"顺利推进；毛俊水库开工；14个市州城区全部实现光网覆盖。城镇路网、公共交通、城市绿道、地下综合管廊等基础设施全面加强，海绵城市建设试点进展顺利。

（四）加快开放步伐，拓展发展空间

发挥"一带一部"区位优势，出台对接"一带一路"建设实施意见和三年行动计划，大力开拓南美、非洲、东盟、中东等新兴市场，埃塞·湖南装备制造合作园等项目进展顺利。积极拓展国际交流合作渠道，新结国际友好城市6对，中国旅法勤工俭学蒙达尔纪纪念馆建成开馆。全年实际利用外资、对外直接投资分别增长11.1%、11.5%。湘欧快线纳入中欧班列统一品牌管理，开通长沙至洛杉矶、悉尼直飞国际航线，张家界开通航空口岸落地签证，综合保税区、保税物流中心等开放平台加快完善。启动实施"一核三极四带多点"战略，长株潭城市群核心地位进一步凸显。

（五）实施环境综合整治，建设生态宜居家园

推进长株潭两型社会试验区第三阶段改革建设，启动生态保护红线划定工作，以排污权交易促进第三方污染治理试点项目正式落地，政府两型采购等8项改革经验在全国推广。实施湘江保护和治理第二个"三年行动计划"、洞庭湖水环境综合治理专项行动。完成淘汰"黄标车"和老旧车辆年度任务。全面实施土壤污染状况详查，继续开展重金属污染耕地修复及农作物种植结构调整试点。建设美丽乡村304个。县以上城镇污水处理率达到93%，生活垃圾无害化处理率达到99.57%。全面完成节能减排年度任务。地质灾害防治效果明显。

（六）狠抓脱贫攻坚，提高民生保障水平

集中力量打好脱贫攻坚战，省级以上财政投入专项扶贫资金58.2亿元，超额完成年度脱贫攻坚任务。实施省级重点产业扶贫项目86个，直接帮扶20万贫困人口。完成易地扶贫搬迁16万人，武陵源区、洪江区和1100多个贫困村正在进行脱贫摘帽、退出验收。持续加大民生保障力度，企业退休人员基本养老金连续12年调整提高，城乡居民基础养老金最低标准提高到每人每月80元；城乡居民医保财政补助标准提高到每人每年420元；城乡居民大病保险和特困人员救助供养制度全面实施。积极应对特大洪涝灾害，受灾群众基本生活得到有效保障。全面完成重点民生实事，新增城镇就业77.4万人，改造各类棚户区45.9万套、农村危房26.1万户，巩固提升农村饮水安全286.3万人，新增养老服务床位2万张。协调发展各项社会事业，农村义务教育薄弱学校改造和学生营养改善、城市义务教育学校扩容改造等工作深入推进；综合医改有序开展，健康湖南建设不断加强，全面两孩政策稳健实施。慈善救助活动广泛开展。公共文化服务体系持续健全，广播电视、新闻出版、体育等社会事业取得新进步。

（七）强化民主法制建设和社会治理创新，营造和谐稳定社会环境

认真执行省人大及其常委会的决议、决定，自觉接受省人大及其常委会法律监督和工作监督，主动接受人民政协民主监督和社会舆论监督，办理人大代表建议1236件、政协提案649件。法治湖南建设深入推进，政府法律顾问制度不断健全，提请省人大常委会审议地方性法规草案8件，行政决策程序进一步规范。基层民主自治不断发展，普遍建立村（居）务监督委员会。食品药品等质量安全形势总体平稳。组织开展互联网金融专项整治，打击和处置非法集资，金融风险得到有效控制。平安创建、安全生产、信访维稳等工作得到加强。不断推进公民思想道德建设，群众性精神文明创建活动全面深化。

（八）改进工作作风，提升政府行政效能

认真贯彻全面从严治党要求，深入开展"两学一做"学习教育，切实加强政府公务员队伍建设。严格落实中央八项规定精神，认真执行省委九项规定，大力推进纠"四风"、治陋习和"雁过拔毛"式腐败专项整治，严肃查处了一批违纪违法案件。加强文件合法性审查，强化规范性管理。全面推进政务公开。

（九）统筹经济建设和国防建设，促进军民融合发展

全面完成国防动员年度任务，推动民兵预备役建设调整转型。驻湘部队积极参与经济建设、扶贫帮困、抢险救灾、应急救援和社会治理。军民融合深度发展势头良好，双拥共建活动富有成效。

各位代表！

过去一年，成绩来之不易。这是党中央、国务院和中共湖南省委正确领导的结果，是全省人民团结拼搏、共同努力的结果，是各级人大、政协监督和社会各界人士关心支持的结果。在此，我代表省人民政府，向全省各族人民、各民主党派、各人民团体，向驻湘人民解放军和武警部队指战员、政法干警，向中央驻湘单位，向关心支持湖南改革发展的海内外各界人士，表示衷心感谢！

看到成绩的同时，必须清醒认识到，我省经济社会发展仍面临不少困难和问题：一是经济下行压力仍然较大，部分经济指标如地区生产总值增速没有达到预期目标，发展速度不快和质量不高的问题同时存在。二是实体经济面临的困难仍然较大，传统产业转型步伐较慢，新兴产业总体规模较小，企业运行成本较高，内生发展动能不足；民间投资增速放缓、占比下降，投资信心有待提高。三是经济运行隐患和风险仍然较多，部分企业资产负债率过高，少数地方非住宅商品房去化周期较长。四是脱贫攻坚和改善民生的任务仍然较重，就学、就医、生态环境等方面依然存在不少问题。五是干部的作风、能力、工作效率与新常态、新形势的要求仍有差距，少数干部还存在为官不为、落实不力甚至违纪违法等现象。我们要直面这些问题，找准症结，采取有力措施加以解决。

二、2017年主要目标和任务

今年，是党的十九大胜利召开之年，也是贯彻落实省第十一次党代会精神的第一年。做好全年各项工作，具有十分重要的意义。

当前，全球经济在艰难中曲折前进，但我国经济长期向好的基本面没有变，湖南仍处在大有作为的机遇期。从发展阶段看，我省正处于转型升级的关键时期；从发展基础看，我省经济规模持续扩大，具备后发赶超的基础条件；从发展趋势看，我省大众创业、万众创新蓬勃发展，新技术、新产品、新业态、新模式不断涌现。我们要紧紧围绕省党代会部署和"十三五"目标任务，准确把握湖南所处的发展阶段和历史方位，发挥"一带一部"区位优势，保持战略定力，积极主动作为，通过四到五年的努力，使人均地区生产总值达到1万美元以上，每个市州通高铁，每个县市通高速，每个村喝上安全干净的水，每个贫困户摘掉贫困帽子，每个人都能享受到更蓝的天、更绿的山、更清的水，呼吸到更清新的空气，都能生活在更加平安祥和的氛围中，享有更多人生出彩的机会，力争在中部崛起中走在前列。

今年全省经济社会发展总的要求是：全面贯彻党的十八大和十八届三中、四中、五中、六中全会以及中央经济工作会议、省第十一次党代会精神，统筹推进"五位一体"总体布局，协调推进"四个全面"战略布局，坚持稳中求进工作总基调，牢固树立和贯彻落实新发展理念，适应把握引领经济发展新常态，坚持以提高发展质量和效益为中心，坚持以推进供给侧结构性改革为主线，按照"三个着力"要求，围绕建设"五个强省"，大力实施创新引领开放崛起战略，全面做好稳增长、促改革、调结构、惠民生、防风险各项工作，打好脱贫攻坚、转型升级、环境治理战役，促进经济平稳健康发展和社会和谐稳定，加快建设富饶美丽幸福新湖南，以优异成绩迎接党的十九大胜利召开。

今年发展的主要预期目标是：地区生产总值增长8%左右，固定资产投资增长13%，社会消费品零售总额增长11.5%，进出口总额增长8%，规模工业增加值增长7%，一般公共预算收入增长6%以上，全体居民人均可支配收入增长8%左右，完成国家下达的节能减排任务。

实现上述目标，必须把握以下四个方面。

一要坚决贯彻中央决策部署。自觉把习近平总书记治国理政新理念新思想新战略落实到湖南改革发展的具体实践中。牢固树立和贯彻落实创新、协调、绿色、开放、共享的发展理念，抢抓发展先机，厚植发展优势，创新发展举措，培育发展动力，走出一条符合湖南实际的发展路子。坚持稳中求进工作总基调，明晰"稳"的重点，把握"进"的方向，确保关键领域改革取得新突破，创新开放发展形成新局面，经济运行质量水平迈上新台阶。

二要紧紧盯住发展战略目标。把创新摆在核心位置，以改革为动力，创新体制机制，努力营造充满活力、富有效率、有利创新、更加开放的发展环境。打破传统思维定势，进一步解放思想，以更加开放的意识、更加开放的理念、更加开放的办法谋发展、搞建设，实施好"十三五"规划，构建"四大体系"，打造"五大基地"，加快建设经济强省、科教强省、文化强省、生态强省、开放强省，谱写实现中华民族伟大复兴中国梦的湖南新篇章。

三要切实抓好五大重点工作。围绕稳增长、促改革、调结构、惠民生、防风险，重点做好振兴实体经济、深化供给侧结构性改革、优化产业结构、保障和改善民生、防范债务风险等工作。坚持问题导向，强化底线思维，分类施策、精准发力，推动各种资源向实体经济领域聚集，着力解决供给侧结构性失衡问题，保持经济平稳安全运行。

四要重点打好三大攻坚战役。围绕脱贫攻坚战役，把更大精力、更多财力投入到支持贫困地区发展和贫困人口脱贫致富上，不断提高扶贫工作质量和水平。围绕转型升级战役，提升创新素质，增强内生动力和核心竞争力，不断提高有效供给能力。围绕环境治理战役，继续实施湘江保护和治理"一号重点工程"，统筹推进洞庭湖水环境综合治理专项行动，抓好大气、水、土壤污染防治，让绿水青山成为湖南亮丽的名片。

三、2017年主要工作

（一）保持经济平稳增长

大力振兴实体经济。立足各地产业基础和资源禀赋，发展一批特色优势产业，催生一批骨干企业集团，培育有特色、有竞争力、高成长性的行业龙头企业和小巨人企业。增强企业核心竞争力，引导企业聚焦主业、突出特色，优化经营结构、生产结构和产品结构。发扬企业家精神和工匠精神，开展"增品种、提品质、创品牌"活动，培育更多"百年老店"。强化对实体经济的政策支持，用好用足税收优惠政策，出台税收增量地方留成部分支持企业技术改造和加强研发的政策；通过减补加奖，引导企业减虚夯实、减少冗员、减少能耗，对新进入中国企业500强、中国民营企业500强的盈利企业管理团队给予奖励。继续开展百户大型骨干企业精准帮扶活动和涉企收费清理专项检查。提高金融支持实体经济的精准度和实效性，设立新兴产业投资引导基金，成立省担保集团和农业信贷担保公司，引导银行机构做好贷款项目储备，努力解决中小企业融资难、融资贵问题；支持和引导企业通过整体上市、定向增发、并购重组等形式，实现资源整合和产业升级。依法保护各种所有制经济产权和企业家合法权益，着力构建"亲""清"政商关系。鼓励、支持、引导非公有制经济健康发展。

推进重大项目建设。实施300个省级重大项目。交通方面，力争建成高速公路300公里以上、干线公路1000公里以上；重点推进长益（扩容）高速公路和怀邵衡、张吉怀、黔张常铁路等在建项目，力争长益常高铁年内开工；加快黄花机场T3航站楼前期工作，确保武冈机场开通营运，加强支线机场和通用机场建设。能源方面，建成特高压直流输电工程，开工建设五强溪水电站扩机项目，加快推进农网升级改造和"气化湖南工程"。水利方面，推进涔天河水库扩建、莽山水库等项目，力争黄盖湖防洪治理工程开工，抓好洞庭湖重要堤防加固维修工程。信息方面，继续推进城市宽网提速、宽带乡村建设和电信普遍服务工程。制造业方面，加快推进中电信息安全产业园、中航发动机产业园、舍弗勒汽车零部件及精密轴承等重大项目。现代物流方面，实施物流建设三年行动计划，推动冷链物流县（市）全覆盖，健全县乡村三级物流配送体系。

促进区域协调发展。深入实施"一核三极四带多点"战略，推动要素高效集聚，培育高铁经济圈和沿线增长带，重塑和优化区域发展布局。加快长株潭一体化建设，以两型社会试验区、国家自主创新示范区、湘江新区为载体，推动规划、产业、交通、公共服务一体化，大力发展高新技术、智能制造、商贸金融等优势产业。促进洞庭湖区加快融入长江经济带建设，构筑环湖路网、滨湖生态城镇体系、环湖生态文化旅游圈及和谐人水关系，建设"更加秀美富饶的大湖经济区"。以湘南承接产业转移示范区及各类园区为载体，推动有色金属、轻工纺织等产业集聚发展。深入推进武陵山片区发展，加快综合交通、文化旅游、生态保护、特色产业等项目建设。继续推进特色县域经济强县工程建设，不断壮大县域实力。

加快新型城镇化。构建以长株潭城市群为核心、中心城市为主体、县城和中心镇为依托的新型城镇体系，支持长沙创建国家中心城市。加快县域城乡一体化发展，抓好百个特色小镇，建设一批工业强镇、商贸重镇、旅游名镇。完善城市功能，开展"生态修复、城市修补"四年行动计划，推进海绵城市和地下综合管廊建设试点，加强停车场、新能源充电桩等建设，着力解决交通拥堵、城市内涝、水体污染等问题。创新城市管理，推进"多规合一"和城市综合管理立法，盘活存量建设用地。加快推进新型城镇化综合试点，深化户籍制度改革，全面落实居住证制度，建立与农业转移人口市民化相关的财政转移支付、城镇建设用地规模增加等机制，逐步建立土地承包经营权、宅基地使用权和集体收益分配权的依法自愿有偿退出机制；将进城务工人员逐步纳入城镇住房、医疗、养老、教育等保障体系。

推动消费加快升级。开展"优供促销"活动，实施城镇商品销售畅通、农村消费升级、居民住房改善、汽车消费促进等行动。实施"湘品出湘"，打响湘绣、湘瓷、湘菜、湘茶、湘酒等"湖南老字号""湘字号"品牌。推进"互联网+商贸流通"，拓宽"工业品下乡"和"农产品进城"双向流通渠道，保障"田间"到"舌尖"的安全。打造以"锦绣潇湘"为品牌的全域旅游基地，提升旅游基础设施和服务水平，建设一批文化和自然遗产保护利用设施，形成一批红色旅游精品线路，深化红色旅游国际合作，推进旅游业标准化、信息化、品牌化和国际化。推动旅游、文化、体育、健康、养老五大幸福产业服务消费提质扩容。

（二）增强创新引领能力

加强创新基地和平台建设。全面推进以长株潭国家自主创新示范区为核心的科技创新基地建设，重点打造长沙"创新谷"、株洲"动力谷"、湘潭"智造谷"。推动高新区提质升级，加快培育新型科研机构，建设湖南制造业创新中心，建立多层次重点实验室、工程（技术）研究中心和企业技术中心。积极拓展科技金融结合试点，建立科技要素交易平台。

促进产学研紧密结合。面向世界科技前沿、面向经济主战场、面向国家重大需求，在人工智能、新材料、先进轨道交通、航空航天、生命科学等领域推进科技重大工程和重大专项，引进消化吸收一批关键核心技术。强化企业创新主体地位，加快培育特色突出、机制灵活、承载性好的创新型企业，支持企业参与国家重大科技专项，牵头组织实施重大科技产业化项目，参与国际、国家标准制定。推动产学研合作体制机制创新，支持园区、企业与高等院校、科研机构、行业协会等共建研发平台，合作开展研发攻关，大力支持城市管廊、蜂巢建筑等技术的开发与应用，促进创新成果转移转化。引导企业加大科研投入，逐步提高全社会研究与试验发展经费支出占地区生产总值的比重。完善省产业技术协同创新研究院运行机制，深化军民融合协同创新，加快技术双向转移。

推动大众创业万众创新。健全激励创新创业的政策和服务体系，建设一批国家级、省级双创基地，建立"苗圃+孵化器+加速器"全链条服务体系。加快组建科技大数据中心，推进大型科研仪器设备和重大科研基础设施开放共享，构建统一开放的公共科技服务平台。深化科技成果使用权、处置权和收益权改革，健全科研项目经费管理制度。

培育和引进创新人才。着力培养引进科技领军人才、专业技术人才、高技能人才和具有国际影响力的创新团队。建立引才绿色通道，探索人才柔性流动机制，完善引进人才的服务和保障措施，建设高标准国际化人才社区。开展知识产权综合管理改革试点，加强知识产权保护与运用。弘扬创新文化，营造人人皆可创新、创新惠及人人的社会氛围。

（三）加快开放崛起步伐

拓展开放空间。深化与"一带一路"沿线国家的交流，推进与俄罗斯伏尔加河沿岸联邦区和东北亚地区地方政府合作，争取外国政府在湘设立领事机构。加强国际产能合作，发挥大型企业对接"一带一路"倡议的骨干作用，推动"抱团出海""借船出海"，继续推进埃塞·湖南装备制造合作园等项目，加快装备、技术、标准、服务整体"走出去"。贯彻实施国家促进中部地区崛起规划，加强与中部省份的产业和科技协作，推进湘赣、湘粤等合作试验区建设。

完善开放平台。积极申报湖南自由贸易试验区。发挥综合保税区、保税物流中心的作用，加快水果、肉类、药品等指定口岸申报建设，推动长沙、张家界航空口岸以及岳阳城陵矶水运口岸等一类口岸拓展功能，提高集聚开放要素的能力和水平。拓展国际航班航线、湘欧快线、港澳直通车，建设长沙区域性国际航空枢纽，把长沙建成中国腹地直通国际的开放大通道，把岳阳建成大宗货物国际运输交通枢纽和我省通江达海的开放门户。

做强对外贸易。大力开拓中东欧、中东、南美等市场，加大成套设备、轨道交通装备、机电产品、生物医药、农产品等优质产品出口。培育和引进一批贸易龙头企业，支持发展跨境电商经营主体和外贸综合服务企业，积极引进国际采购商，支持关键设备、重要零部件进口。推动加工贸易创新发展，做大做强服务贸易，大力发展转口贸易。

优化开放环境。加大口岸"三互"和"单一窗口"等建设力度，推进区域通关通检一体化，促进贸易便利化。全面实施准入前国民待遇加负面清单管理模式，实行海关特殊监管区贸易项下企业非市场行为"零收费"，深入推进重大项目全程免费代办服务，建立外商投资企业联合年报和信用公示体系。建设招商引资"强磁场"，全面实施"万商入湘"专项行动，开展点对点、产业链、专业化招商，重点引进产业集群、研发中心、采购及结算中心；发挥"湘商"等群体的桥梁纽带作用，开展"迎老乡、回故乡、建家乡"活动，吸引湘籍人士返乡建功立业。

（四）构建现代产业体系

大力推进制造强省建设。实施建设制造强省五年行动计划，推进长株潭"中国制造2025"试点示范城市群建设,打造以中国智能制造示范引领区为目标的现代制造业基地。实施新兴优势产业链行动计划,重点发展先进轨道交通装备、大功率半导体器件、先进硬质材料等20个新兴优势产业链,抓好航空动力、卫星导航、无人化装备、电动汽车、海工装备等产业基地建设,推进通用航空发展。积极发展先进制造业,实施制造业创新能力建设、智能制造、工业强基、绿色制造、中小企业"专精特新"发展、制造+互联网+服务、高端装备创新工程等7大专项行动。全面改造提升传统产业,重点在装备制造、钢铁、有色金属、医药食品、石油化工、烟花陶瓷、纺织服装等7个行业实施"+互联网"行动,推广应用人机智能交互、数字化设计、柔性自动化生产线、智能物流系统等技术,建设一批智能工厂和车间,推动"湖南制造"向"湖南智造""湖南创造"升级。

着力提高农业现代化水平。深入推进农业供给侧结构性改革,建设以精细农业为特色的优质农副产品供应基地,重点培育和提升粮食、畜禽水产、果蔬、林产、茶叶等千亿产业,建设一批特色农产品加工园区,省财政对每年认定的10个产业集聚区给予奖励。增强农业综合生产能力,稳定粮食等主要农产品生产,严守耕地红线,加快推进土地整治、中低产田改造和高标准农田建设,修复治理重金属污染耕地,继续实施大中型灌区续建配套和"五小"水利建设,新增高效节水灌溉面积30万亩。促进农村一二三产业融合发展,在调整农业种养结构、发展特色农业和新业态等方面加大力度,发展农产品加工、休闲农业和乡村旅游、农村服务业等产业,推广代耕代种、联耕联种、统防统治等专业化社会化服务,完善农产品电商销售体系。加强新品种选育繁育,推广良种良法和先进适用农机,提高主要农作物质量和全程机械化水平。狠抓农产品标准化生产、品牌创建、质量安全监管,实施化肥、农药使用量零增长行动,发展设施农业,培育更多"三品一标"产品,创建省级农业标准化示范基地和全域标准化示范县、乡。继续实施农业农村三个"百千万"工程,支持农业产业化龙头企业发展,扶持农民合作社、家庭农场、专业大户等新型经营主体,加快培育现代新型职业农民。

积极发展现代服务业。建设"三基地两中心"和服务业集聚区,发展工业设计、检验检测、第三方物流、节能环保等生产性服务业和现代金融、会展业,推进企业内置服务市场化、社会化。发展教育培训、体育健身、家政服务等生活性服务业,推进健康湖南建设。实施"湖湘服务"品牌战略和服务型"互联网+"行动以及服务业示范集聚区提升、龙头企业培育、重大项目推进等工程。

扎实抓好产业园区建设。推进省级特色园区建设和园区改革试点示范,开展园区调区扩区和转型认定。对全省园区进行优化整合,完善基础设施和公共服务,实施清理整顿、环境治理、节能降耗等专项行动,增强产业集聚功能。推进长江经济带国家级转型示范开发区建设,加强产城融合示范区、老工业城市和资源型城市转型升级示范区建设。

(五) 系统推进各项改革

深入推进供给侧结构性改革。继续去产能,建立实施产能过剩企业市场化退出机制,稳妥化解钢铁、煤炭、水泥等行业过剩产能,继续淘汰退出落后煤矿产能。有效去库存,坚持分城施策,重点解决三四线城市、县城商业地产库存过多的问题;加强房地产用地调控和市场监管,统筹抓好"控房价、防泡沫、防风险",规范开发、销售、中介等行为。大力去杠杆,降低企业负债率,深入推进企业债务重组,支持银行、资产管理机构和企业开展市场化债转股;加大股权融资力度,盘活企业存量资产和闲置资产,加快处置"僵尸企业"。多方降成本,深化电力、交通、石油、天然气、市政公用等垄断性行业价格改革，开展农产品目标价格改革试点；积极实施养老保险缴费费率过渡试点，切实降低企业融资、用工、用能、物流、制度性交易、清算退出等成本。努力补短板，从制约经济社会发展的重要领域和关键环节以及人民群众迫切需要解决的突出问题着手，把着力点放在科技创新、转型升级和公共服务上。

大力推进国有企业改革。把党的建设贯穿国企改革发展的全过程，完成省属国企公司制改制，出台发展混合所有制经济实施意见和国有资本布局结构调整总体方案。加快省属国企战略性重组，深化华菱、湘电改革，着力解决企业同质化和层级过多、战线过长、力量分散等问题，形成有效制衡的公司法人治理结构、灵活高效的市场化经营机制。加快国企"三供一业"分离移交工作，以管资本为主加强国有资产监管，改革国有资本授权经营体制。推进国有企业负责人薪酬制度改革。

稳步推进财税金融体制改革。加快省以下财政事权和支出责任划分改革试点，编制地方政府资产负债表和省级重大改革、重大项目、重要政策中期财政规划。深化预算管理制度改革，强化政府预算全口径大统筹，严格控制并逐步降低非税收入占财政收入的比重，所有非税收入取消收支挂钩。完善重点领域专项转移支付分配办法，推进专项资金深度整合。加快湘江新区滨江金融中心建设。推动我省法人财产保险公司批筹，加快组建金融租赁公司、财务公司等新型金融机构；全面完成农信社改制，继续推动村镇银行县域全覆盖。加快多层次资本市场建设，推动符合条件的企业到新三板和区域股权交易市场挂牌融资；发起设立基金小镇。加大地方金融监管力度，出台对新型金融业态的监管措施，完善区域金融安全网，继续抓好互联网金融专项整治，守住不发生区域性和系统性金融风险的底线。

进一步深化农业农村改革。细化和落实承包土地"三权分置"办法，基本完成农村土地承包经营权确权登记颁证。有序开展农村土地征收、集体经营性建设用地入市、宅基地制度等改革试点。规范农村土地流转，扩大农村集体资产股份制改革试点。深化国有林场和集体林权制度改革，探索建立林地"三权分离"制度。深入推进涉农资金整合试点，整合健全农村金融服务网点，扩大农业保险品种覆盖面。

加快"放管服"改革。继续简政放权，深化行政审批制度改革，出台行政审批事中事后监管制度，进一步精简行政审批事项，推行市场准入负面清单制度。推进经济发达镇行政管理体制改革，深化市场监管领域综合行政执法改革试点。推进事业单位改革，加快中介机构和行业协会商会脱钩。扩大政府购买服务试点。深化商事制度改革，做好企业"五证合一"和个体工商户"两证整合"工作，全面推进电子营业执照的发放和应用、企业登记全程电子化、企业简易注销登记改革。

（六）切实抓好民生工程

坚决完成年度脱贫攻坚任务。把脱贫攻坚作为"第一民生工程"来抓，确保实现减少110万农村贫困人口、10个贫困县和2500个以上贫困村退出的年度目标，做好45万左右丧失劳动能力贫困人口的兜底工作。以自治州建州60周年为契机，加大政策、项目、资金整合力度，促进脱贫攻坚和经济社会发展。高质量推进精准脱贫工作，细化落实特色产业、劳务输出、易地扶贫搬迁、生态补偿、教育扶贫、医疗救助、保障兜底等"七大扶贫行动"，启动实施解决贫困村基础设施和公共服务突出问题三年行动计划，完成易地扶贫搬迁33万人，提升贫困群众自主发展能力。加大产业扶贫力度，积极推进光伏扶贫、电商扶贫、旅游扶贫。推进教育扶贫，对贫困学生进行精准资助，实现贫困县农村义务教育阶段学生营养改善计划全覆盖。推进健康扶贫,提高医疗保障水平,切实减轻农村贫困人口医疗负担。加大财政、金融的扶贫力度,省财政扶贫资金增长25%以上,增加重点生态功能区贫困县财政转移支付,基本实现全省贫困村金融扶贫服务站全覆盖,指导帮助符合条件的贫困地区企业上市融资。拓展社会扶贫,开展"万企帮万村""一家一"助学就业等扶贫活动。

努力办好重点民生实事。切实抓好10项14件实事:1. 结合精准扶贫,改造农村危房16万户,巩固提升农村饮水安全120万人,搬迁安置特困移民3万人;2. 提质改造农村公路8000公里,完成农村公路安保设施建设1万公里;3. 新增城镇就业70万人;4. 改造城市棚户区39.3万套及国有工矿棚户区4000套;5. 实施农村适龄妇女"两癌"免费检查100万人;6. 新增养老服务床位2万张;7. 新增社会治安视频监控摄像头3万个;8. 完成2230个行政村宽带网络升级改造;9. 完成1000个行政村配电网改造;10. 开展孕产妇产前免费筛查60万人。

积极扩大就业和提高居民收入。继续实施创业带动就业计划和创业引领计划,分类指导高校毕业生、农民工等群体就业,做好军队转业干部和退役士兵安置工作,抓好去产能企业职工的分流安置,大力援助残疾人、低保对象、零就业家庭等困难群体就业。全面实施双创三年行动计划,加强就业创业服务平台建设。建立重点项目促进就业机制,鼓励支持工业园区、劳动密集型产业、中小微企业吸纳就业。健全企业职工工资正常增长和支付保障机制。完善机关事业单位收入分配制度。根据国家统一部署,实施地区附加津贴制度、公立医院薪酬制度改革和事业单位高层次人才分配激励措施。多渠道增加城乡居民财产性收入。

健全社会保障体系。实施全民参保计划,完善基本养老、基本医疗和失业、工伤、生育等社会保险制度,推进法定人群全覆盖。深化机关事业单位养老保险制度改革,完善灵活就业人员参加企业养老保险政策,严格落实被征地农民社会保障措施。实施全省统一的城乡居民基本医疗保险制度,提高城乡居民医保财政补助标准,深化大病保险制度和医保付费方式改革。继续做好建筑业工伤保险工作,推进补充工伤保险试点。实现农村低保和扶贫标准"两线合一"。健全社会救助体系,完善农村留守儿童、特困人员、残疾人、精神病患者保障制度,对农民工尘肺病患者等特殊困难群体实施医疗救助。大力发展社会福利和慈善事业。保障妇女儿童合法权益。

推动文化创新繁荣。深入开展中国梦和社会主义核心价值观教育,弘扬湖湘文化优秀传统。加快构建公共文化服务体系,实施精品创作和演艺惠民工程,推进全民阅读,建设"书香湖南"。完善基层综合文化设施,加快省博物馆、省美术馆、省图书馆新馆等重大文化设施建设。加强文物、非物质文化遗产以及历史文化名城、名镇、名街和传统村落的保护与利用,推进侗族村寨申遗。发展和繁荣哲学社会科学。大力发展广播、影视、出版事业。培育新型文化业态,促进文化与科技、旅游、金融、体育、设计、饮食等融合发展,推进马栏山创意产业园建设;支持文化企业并购重组、上市融资,进一步做强做优做大。

大力发展教育、卫生、体育等社会事业。加快发展普惠性学前教育,统筹推进县域内城乡义务教育一体化改革发展,普及高中阶段教育,落实农村中等职业教育攻坚计划。推进高校"双一流"建设,提高高等教育发展质量。加强教师队伍建设。加大困难学生资助力度,保障进城务工人员随迁子女平等接受义务教育,提高残疾儿童少年义务教育普及程度。完善中小学校幼儿园和岳麓山大学城等大学片区的规划建设。加强终身教育体系建设。推进公立医院改革和综合医改试点，推行异地就医直接联网结算，深入实施基本药物制度，建立健全分级诊疗、现代医院管理、全民医保和综合监管等制度。综合防治重大疾病、慢性病和地方病。提升中医药服务能力，振兴发展中医药事业。规范临床诊疗行为，加强医德医风建设。完善与全面两孩政策配套的公共服务体系，加大计划生育家庭扶助，依法防治出生缺陷，积极应对人口老龄化。大力开展全民健身。深化统计管理体制改革，提高统计数据真实性。做好地震、气象、档案、测绘、地质等工作。

（七）加强生态文明建设

推进生态环境治理。以湘江保护和治理"一号重点工程"为抓手，实施山水林田湖生态保护和修复工程，加强湘江源头的生态保护和株洲清水塘、湘潭竹埠港、衡阳水口山、郴州三十六湾、娄底锡矿山等重点地区污染整治，继续加大矿山环境治理力度。全面推行"河长制"，以湘江、洞庭湖为重点，实现全省河段、湖区生态保护与治理责任的全覆盖，严格控制河道采砂，加强沿江两岸生态建设。开展森林禁伐减伐，加强湿地保护，推进交通通道沿线造林绿化。继续推进长株潭地区大气污染联防联控，重点抓好火电超低排放改造、燃煤小锅炉淘汰和挥发性有机物、机动车尾气、建筑及道路扬尘管控。强化工业、生活、畜禽养殖等污染治理，积极推动餐厨废弃物处理利用。启动第二次污染源普查。开展环境保护督察，实施省以下环保监测监察执法垂直管理制度改革。以农村房屋改造和人居环境改善四年行动计划为抓手，推动农村环境综合整治全覆盖，80%的乡镇建成生活垃圾收转运设施，建设更多的美丽乡村。

深化两型社会建设。全面推进长株潭两型社会试验区第三阶段改革，加强两型标准认证，创新清洁低碳技术推广机制，完成湘江新区综合生态补偿、株洲综合执法体制等改革试点。创新生态绿心昭山及周边地区、岳麓山保护发展模式，启动实施生态绿心地区复绿、补绿五年行动。加强循环经济示范城市（县）和循环化改造试点园区建设。

创建国家生态文明试验区。完善自然资源资产产权制度，推进环境信用体系建设和排污权交易，抓好生态环境损害赔偿、生态红线制度和国家公园体制改革试点。建立健全绿色发展引导机制和政策体系，促进生产、生活系统循环链接，实行能源资源消耗、建设用地等总量和强度双控制。推进燃煤工业锅炉节能环保、城镇化节能示范、电机能效提升等重点节能工程。实施低碳城市和气候适应型城市建设试点，推进环境污染第三方治理。

（八）强化社会治理创新

加强民主法治。认真执行省人大及其常委会的决议、决定，自觉接受人大、政协监督，积极听取各民主党派、工商联、无党派人士和各人民团体意见。大力发扬基层民主，健全基层群众自治机制，完善合乡并村后续管理，完成首次村（居）委会同步换届选举。发挥工、青、妇等群团组织作用。深化社会组织登记管理体制改革，促进社会组织健康有序发展。落实"七五"普法规划，健全公共法律服务体系；加强特殊人群管理，提升社区矫正工作质量。进一步做好民族宗教工作。严格落实信访工作责任，依法解决群众合理诉求。切实加强社会治安管理，严密防范和化解社会矛盾风险。全面推行网格化服务管理，健全"三调联动"体系，着力建设"数字政法""智慧综治"等大数据平台，依法严厉打击暴恐、邪教、黄赌毒等违法犯罪行为，建设更高水平的平安湖南。创新和加强互联网治理，构建互联网行政监管、网络违法犯罪打防等工作机制。

守住安全底线。全面落实安全生产责任，持续推进道路交通、矿山、危险化学品、烟花爆竹、特种设备、消防、建筑施工等重点行业领域专项整治，防范和遏制重特大事故发生。加强应急管理，提升综合防灾减灾救灾能力。大力实施食品安全战略，坚持严字当头，加强食品药品监管。健全质量安全追溯体系，实施缺陷产品召回制度。加快信用体系建设，充分运用信用激励和约束手段，建立健全失信"黑名单"和社会信用统一代码制度，推动信用信息公开和共享。

防范化解风险。加快政府存量债务置换，健全政府性债务风险预警、化解和应急处置机制。在市县推广编制融资债务预算，推进政府融资平台市场化转型，将平台公司的公益性项目收支全部纳入预算管控。规范PPP项目运作，查处违法违规举债融资行为。严格规范设立政府性基金，政府出资与社会资本同股同权、风险共担、收益共享。搭建省级统一公开平台，定期公开各市县平台公司债务、市县政府购买服务、政府性投资基金等相关情况。

各位代表！

新的一年，我们要紧紧围绕实现党在新形势下的强军目标，支持国防和军队改革，推进"智慧动员"和军民融合重点项目建设，加强国防后备力量精准建设和管理，做好国防动员、国防教育和人民防空、国防设施保护工作，开创军政军民团结新局面。

各位代表！

做好今年各项工作，必须不断强化服务意识，提高治理能力和水平，努力建设廉洁高效、人民满意的政府。

一要加强政府系统党的建设。深入学习贯彻习近平总书记系列重要讲话精神，牢固树立政治意识、大局意识、核心意识、看齐意识，自觉向以习近平同志为核心的党中央看齐。落实全面从严治党责任，把严的要求贯穿政府建设全过程，真管真严、敢管敢严、长管长严，把"三严三实"要求落到实处。始终以忠诚为首要品质，以为民为核心价值，以发展为第一要务，以担当为政治责任，以干净为从政底线，着力建设为民务实清廉的公务员队伍。

二要加强政府自身改革。深入推进法治政府建设，完善权力、责任清单管理和动态调整工作，坚持依法行政，促进规范公正文明执法。进一步健全重大行政决策的社会稳定风险评估机制，发挥院士专家、参事和咨询机构的作用，保障重大决策和规范性文件的合法性、科学性、民主性。全面推进政务公开，推行决策、执行、管理、服务、结果"五公开"。加快推进"互联网+政务服务"，整合各类政府信息平台，整治文山会海，努力提高行政效能。

三要加强作风和能力建设。抓好干部队伍教育培训，巩固扩大"两学一做"学习教育成果。深入实际、深入基层，为群众排忧解难。坚持求真务实，不搞面子工程，不急功近利，对弄虚作假等行为"零容忍"。完善政绩考核机制，坚持奖勤罚懒、常态化督查，着力解决不想为、不会为、不敢为的问题。强化正确的用人导向，为敢于担当的干部担当，为敢于负责的干部负责，使办实事、求实效、作风扎实、甘于奉献的干部脱颖而出。

四要加强党风廉政建设。紧紧抓住领导干部这个"关键少数"，遏制权力寻租，规范权力运行，强化对权力集中、资金密集、资源富集部门和岗位的监管，构建不敢腐、不能腐、不想腐的体制机制。纠

"四风"、治陋习，继续开展"雁过拔毛"式腐败等问题的专项整治，坚决纠正侵害群众利益的不正之风。坚持"一岗双责"，落实廉政责任，坚定不移惩治腐败。

各位代表！建设富饶美丽幸福新湖南，我们要不忘初心、奋力拼搏、众志成城、攻坚克难。让我们更加紧密地团结在以习近平同志为核心的党中央周围，在中共湖南省委的领导下，凝心聚力、同心同德、锐意进取、勇于创新，以更加昂扬的斗志、更加务实的作风，干在实处、走在前列，为早日实现全面建成小康社会目标而努力奋斗！

强力推进制造强省建设
全面提升湖南新型工业化发展水平[①]

张剑飞

同志们：

今天，我们召开全省加速推进新型工业化工作会议，主要任务是贯彻落实党的十八届六中全会、省第十一次党代会、中央、省委经济工作会议以及推进"中国制造2025"工作现场会精神，总结2016年推进新型工业化和制造强省建设工作情况，按照省政府工作报告提出的任务和要求，研究部署2017年重点工作。下面，我讲三点意见。

一、充分肯定2016年工作成绩

省委省政府高度重视工业经济工作。一年来，全省上下始终坚持新型工业化第一推动力不动摇，全力以赴推进工业稳增长和制造强省建设，深入落实供给侧结构性改革措施，实现了"十三五"较好开局。

一是工业经济总体稳中向好。积极应对严峻经济形势和下行压力，及时研究对策措施，通过开展百户大型骨干企业精准帮扶、产业对接合作等系列活动，工业增速逐步趋稳，发展实现提质增效。预计2016年完成规模工业增加值同比增长6.9%。一批落后产能被淘汰，高耗能行业占比持续下降，园区规模工业占比稳步提升。

二是新旧动能接续转换加快。推进供给侧结构性改革，工业领域"三去一降一补"任务得到有效落实。压减炼钢产能50万吨，化解煤炭产能2073万吨。企业减负工作纳入绩效考核指标体系，落实降低实体经济企业成本措施，减轻实体经济企业负担约350亿元。分业施策支持新兴优势产业发展，医药、电子信息、新材料等产业保持两位数增长，汽车制造业保持近40%的增长。国企改革进一步深化，省属控股企业营业收入较快增长、扭亏增利，企业重组整合、推进现代企业制度建设和混合所有制改革取得新的进展，省属企业"三供一业"分离移交全面启动。中小企业转型升级步伐加快，非公有制经济保持健康发展。

三是产业融合向纵深推进。实施"互联网+"三年行动计划和"制造+互联网+服务"工程，39家企业列入国家两化融合贯标试点，4家企业通过贯标认定，全省注册移动互联网企业超过1.2万家。军民融合实现新的突破，组建湖南省军民融合装备技术创新中心、湖南省磁浮技术研究中心等一批创新平台，一批省内企业为神舟11号提供关键设备，"潇湘一号"成功发射。产城融合发展步伐加快，岳阳市城陵矶、邵阳市获批国家级产城融合示范区，宁乡经开区、株洲高新区、浏阳经开区获批长江经济带转型升级示范开发区。

四是制造强省建设取得阶段性成效。全面推进"1274"行动，初步建立"1+X"政策配套体系，

[①] 本文系湖南省副省长张剑飞2017年1月20日在全省加速推进新型工业化工作会议上的讲话。

启动实施20个新兴优势产业链行动计划。推进两批共100个制造业重点项目建设，格力宁乡基地、楚天科技年产60台（套）冻干制剂高速生产联动线、博云新材年产305吨高性能碳/碳复合材料等一批项目建成投产。国内第一条、也是目前世界上里程最长的一条中速磁浮商业运营示范线正式启用。预计2016年全省制造业实现增加值增长7.3%，占规模工业的比重超过91%，同比提高0.5个百分点左右。长株潭成功获批"中国制造2025"试点示范城市群。推进"中国制造2025"工作现场会暨国家制造强国建设领导小组第四次会议在湖南成功召开，会上，马凯副总理多次肯定湖南在推进制造强省中所做的工作及支持创新型企业发展的做法，展示了湖南制造形象，提振了湖南智造信心。

五是开放创新迈出新的步伐。出台对接"一带一路"建设和全面融入长江经济带建设的实施意见。中联重科、山河智能、三诺生物等一批企业完成多个跨国并购，远大住工、泰富重装、中车株机等企业海外项目加快推进，全省工业对外投资增长50%以上。举办"沪洽周""2016湖南—非洲国际产能合作暨工商企业跨境撮合对接会"等系列招商活动，预计全年实际使用外资128.5亿美元，同比增长11.1%。深化央企对接合作，20家央企52个项目战略合作协议在湖南落地和实施。支持企业建设国家级创新平台、参与和承担国家科技重大专项，深入实施企业技术创新"311"工程，发布产业链技术创新路线图，以企业为主体的技术创新体系不断完善。深入推进创新创业园区建设"135"工程，累计引进"双创"企业7902家。

以上这些成绩的取得离不开大家的共同努力。各级推进新型工业化工作领导小组及其办公室统筹协调，成员单位在政策制定、要素保障、项目建设、市场开拓、企业减负、环境营造等方面，做了大量卓有成效的工作。广大工业企业直面问题挑战，主动创新转型实现新的发展。在此，我代表省人民政府，向在座的各位，并通过你们向全省工业战线广大干部职工，向长期以来关心和支持全省新型工业化的社会各界人士，表示衷心感谢！

同时，我们也要清醒地看到，我省工业发展仍存在一些问题。一是工业经济稳中求进的压力不小，"稳"的基础仍不牢固，"进"的难度不断加大。我省工业投资回落幅度较大，市场需求未见明显好转，传统产业在规模工业中占比仍然较大但支撑作用减弱，新兴产业规模偏小且增速逐步回归常态，新不足以补旧、小不足以补大的矛盾短期内难以化解。二是制造业领域中低端产品过剩和高端产品供给不足的矛盾依然突出。三是创新投入不足、创新活力激发不够、开放程度不高等。

二、切实抓好2017年重点工作

2017年，要全面贯彻党的十八届六中全会、省第十一次党代会以及中央、省委经济工作会议精神，坚决落实推进"中国制造2025"工作现场会李克强总理的重要批示和马凯副总理的讲话精神，坚持新型工业化第一推动力不动摇，大力实施创新引领、开放崛起战略，以供给侧结构性改革为主线，全面推进制造强省建设，加快打造以中国智能制造示范引领区为目标的现代制造业基地，加快构建以先进制造业为主导的现代产业体系。重点抓好以下五个方面的工作：

第一，稳增长，巩固新型工业化基础。努力化解当前工业经济下行压力，稳住工业经济运行，力争全省规模工业增加值增长7%。

一是稳企业。坚持分类施策，采取措施稳定市场预期、提振企业信心。继续开展全省百户大型骨干企业精准帮扶活动，省级重点帮扶过50亿企业，市级重点帮扶过10亿企业。省市两级推新办牵头，逐个企业明确对口帮扶单位和落实帮扶措施。加大企业入规力度，对新入规企业落实奖励和支持措施，全年培育新入规企业1000户以上。全力支持创新创业，对看准了的新兴领域企业和项目大胆扶持，培育一大批成长性强的小巨人企业。

二是稳园区。推动企业向园区集聚，力争园区工业占全省规模工业的比重每年提高1—2个百分点。围绕园区抓招商，充分利用近两年实施创新创业园区"135"工程产生的洼地效应，开展产业链、专业化招商，吸引更多的企业和项目落户园区。围绕园区抓服务，各级推新领导小组要协调发改、财政、经信、科技、商务、国土等部门，着重解决土地、资金、服务平台等一批制约园区发展的问题。围绕园区抓特色，各地要摒弃贪大求全的思路，优先培育壮大主导产业，走优势引领、特色发展的路子。

三是稳投资。坚持以项目促投资，按照"开工一批、推进一批、建成一批、立项一批"的思路，推动广汽三菱发动机及整车配套、中国航天科工集团长沙麓谷航天产业园、湘潭经开区舍弗勒汽车零部件及精密轴承等项目如期开工，加快推进国投轨道交通科技城、中航发动机关键零部件产业园、北汽二工厂、蓝思科技3D曲面智能手机玻璃面板、金天钛业高性能钛及钛合金加工等项目建设，围绕制造强省12个重点产业和20个新兴优势产业链谋划一批重大项目。

第二，调结构，加快产业发展动能转换。针对当前传统产业支撑作用减弱、新兴产业支撑作用不强的现状，加大政策支持力度，促使传统动能焕发生机、新兴动能逐步壮大，实现新旧动能接续转换。

一是全面深化供给侧结构性改革。继续抓好工业领域"三去一降一补"任务的落实。去产能，重点是继续落实钢铁、煤炭去产能任务，有序处置"僵尸企业"，妥善做好债务处置和人员安置等工作。同时，坚决落实淘汰落后产能工作任务和政策措施，防止落后产能死灰复燃。去库存，重点是去工程机械二手设备库存，有色、烟草等行业产品库存。降成本，重点是落实降低实体经济成本实施方案和物流业降本增效专项行动，突出减税清费降成本，减轻企业负担。补短板，重点是补齐非公经济发展短板，支持民营企业建立和完善现代企业制度，构建"亲""清"新型政商关系，促进非公经济和民营企业家健康发展。同时，要着力深化国企改革和国资监管体制改革，以管资本为主推进国资监管职能转变，加快推动布局结构调整和企业重组整合，推进现代企业制度建设、混合所有制改革和国企办社会职能分离，促进国企创新发展、提质增效。

二是加快传统优势产业转型升级。抓住国家实施制造业重大技术改造系列工程的机遇，编制技改升级投资指南，落实扩大固定资产加速折旧等政策，探索贴息、事后奖补、股权投资等方式支持企业技术改造，促进食品、有色、石化、冶金、建材等传统产业提质升级。继续实施中小企业"专精特新"发展工程专项行动，提升中小企业整体制造水平和产业支撑能力。坚持"互联网+"和"+互联网"并举，继续实施"制造+互联网+服务"工程专项行动，加快开展装备制造、钢铁、烟花、陶瓷等7个领域制造业与互联网融合创新试点示范，推动研发设计、物流、信息等生产性服务业向专业化和价值链高端延伸。继续实施绿色制造工程专项行动，培育一批绿色园区、绿色工厂。以工业节能监察和节能标准制定为抓手，推动企业节能降耗。继续组织一批企业开展自愿性清洁生产，支持企业开展资源综合利用。

三是大力推进新兴优势产业链行动计划。把产业链作为制造强省建设的主要抓手，加快培育发展

20个新兴优势产业链。尽快制定新兴优势产业链行动计划的具体推进方案，"一链一策"落实推进措施，把计划变成具体行动。坚持优势优先、分步推进，每年重点培育5—8个产业链，今年要重点抓中速磁浮装备技术攻关、宽温高可靠传感器生产线、100吨石墨烯生产线、锂离子动力电池产业化等重点项目建设，确保先进轨道交通装备、先进储能材料等新兴优势产业链发展年内见到初步成效。

第三，促智造，打造智能制造示范引领区。以智能制造为主攻方向，加快制造强省建设，提升现代产业体系，促进"湖南制造"向"湖南智造"转变，着力打造中国智能制造示范引领区。

一是促进企业的智能化。深入实施智能制造工程专项行动，在全省装备制造、新材料、电子信息、生物医药、钢铁、有色、石化、建材、食品、纺织、国防军工与民爆烟花等领域继续打造一批智能工厂和智能车间。推广智能制造模式，遴选一批流程制造、离散型制造、网络协同制造、大规模个性化定制等方面的项目，进行试点示范。加快建设一批工业互联网、工业云服务平台、工业大数据平台，培育一批智能制造系统解决方案供应商，为企业智能化转型提供服务。发展一批具有深度感知、智慧决策、自动执行功能的智能制造装备，在工程机械、先进轨道交通、汽车、航空、船舶、医疗器械等关键行业开展试点示范。

二是促进产业的智能化。对接国家新型工业化产业示范基地卓越提升计划，力争我省有基地进入首批"中国制造2025"卓越提升试点示范。以推进智能制造为手段、以集群集聚为目标，加快建设一批我省具有优势和特色的现代制造业基地。依托中车株机、中车时代等龙头骨干企业，创建国家级先进轨道交通装备创新中心，着力打造世界级先进轨道交通装备制造基地。依托中联重科、三一重工、泰富重装等骨干企业，努力打造全球性工程机械研发制造和交易中心。依托中小航空发动机、飞机起降系统等产业力量，发挥无人驾驶技术和装备优势，打造国内领先的航空装备制造基地。依托国防科大、中南大学、湖南大学等院校以及中国电子信息产业集团的科研和人才优势，加快高性能全国产自主可控计算机制造基地、中电信息安全与军民融合产业基地建设，打造国家信息安全的重要产业基地。依托中车时代电气等龙头企业和国内首条8英寸IGBT（绝缘栅双极型晶体管）生产线，打造国家大功率智能控制系统推广应用示范基地。依托中南大学等高校和株硬集团、杉杉新能源、博云新材等重点企业，提升高性能材料科研和产品开发能力，打造新材料研发制造基地。依托省产业技术协同创新研究院、省军民融合装备技术创新中心等平台，加快船舶动力装置与钻井平台的研发制造和北斗科技成果转化，打造军民融合装备研发制造基地。

三是促进区域的智能化。抓住长株潭获批"中国制造2025"试点示范城市群的难得机遇，加快打造"中国制造2025"示范引领区，引领带动全省制造业转型升级和提质增效。按照"省统筹、市为主"的工作模式，尽快制定实施方案，明确省直部门、长株潭三市和产业园区责任，协力推进此项工作。长株潭三市要立足产业基础和优势，突出发展智能制造，加快建立以创新中心为核心载体的制造业创新体系，加快建设智能制造人才培养基地，形成具有核心竞争力、协同错位特色发展的产业新格局。

第四，强创新，增强工业发展比较优势。继续实施制造业创新能力建设工程专项行动，加快建立完善创新体系，深入实施"315"创新计划，把创新落实到打造新的产业和经济增长点上，在制造强省建设中充分发挥创新引领作用。

一是推进技术创新。加强创新引导，制定发布重大关键共性技术发展导向目录，围绕20个新兴优势产业链再发布一批技术创新路线图，引导更多企业参与产业链技术创新，促进各类创新资源向产业链集聚。凝聚创新合力，支持优势制造业领域龙头骨干企业和新兴产业领域重点企业牵头，联合省内高校和科研院所，成立一批产业技术创新战略联盟或联合创新中心。突出创新重点，实施一批重大科技专项，继续组织开展30项重大关键共性技术攻关，在政策资金上给予重点支持，突破一批重点产业领域的技术瓶颈，形成一批重大技术创新成果。继续实施"工业强基工程"专项行动，加快核心基础零部件（元器件）、先进基础工艺、关键基础材料和产业技术基础的工程化、产业化突破，对制约相关领域发展的新材料加大研发应用力度，夯实制造业基础。

二是推进产品创新。继续实施高端装备创新工程专项行动，开发一批带动性强的重点产品和重大装备，落实国家和省内首台（套）重大技术装备、首批次重点新材料鼓励政策，加大高端装备推广应用。加强新产品开发，继续实施100项重点新产品研发、100项重点专利技术转化计划，调动企业推进产品创新的积极性。加强产品质量品牌建设，实施增品种、提品质、创品牌"三品"工程，培育和弘扬企业家精神、工匠精神，在全省宣传一批"湖南工匠"，树立一批"湖南智造""湖南创造"品牌。

三是推进模式创新。加快长株潭国家自主创新示范区建设，以轨道交通、工程机械、航空、海工装备、高端电力装备等优势产业为依托，积极开拓前沿新兴领域，加快培育发展一批千亿级、百亿级创新型产业集群。加大创新平台建设力度，优先支持轨道交通、工程机械、新材料等创建国家级创新中心，支持有条件的企业创建国家技术创新示范企业、重点实验室、工程（技术）研究中心，开展省级企业技术中心认定和省级制造业创新中心试点，继续建设一批技术研发、检验检测、技术评价、技术交易等公共服务平台。提升协同创新能力，推动以企业为主导的产学研合作。加强创新人才培养与引进，建设一批专业化众创空间，优化创新创业环境。

第五，扩开放，提升湖南工业竞争实力。发挥工业在开放崛起中的主力军作用，引导企业主动融入全球产业链、价值链和供应链，进一步拓展发展空间，提升开放水平。

一是推动工业有质量走出去。深入研究湖南工业在贯彻"一带一路"倡议和长江经济带等国家战略中的比较优势和潜在机遇，加强政策支持和引导，推进"一带一路"国际产能合作，大力开拓南美、东盟、非洲、中东等新兴市场，提高走出去的针对性。鼓励和支持工程机械、轨道交通、钢铁有色、节能环保等省内优势产业链核心企业牵头组建产业战略联盟"抱团出海"，支持建设一批海外生产基地和产业园区，向境外转移一批湖南优势剩余产能，提高走出去的实效。开展"湘企出境""湘品出境"等主题活动，支持建设一批服务工业企业走出去的公共平台，提高走出去的服务水平。

二是推动工业高水平引进来。全面推进"万商入湘"行动，重点引进产业集群和跨国公司区域总部、营运中心、研发中心。围绕产业链开展专题招商，加强产业链项目储备，出台指导性意见，以建链、补链、强链为目标，年内引进一批重大项目。发挥园区和企业在招商引资中的重要作用，支持园区壮大主导产业和特色产业，提升行业龙头骨干企业配套能力。

三是推动工业多层次合作。继续加强与央企对接，推动一批重大央企项目落户湖南，加大2016年省政府与部分央企"十三五"战略合作协议的落实力度，确保合作项目尽快落实落地。务实开展"港洽周""沪洽周"、中部博览会、湘台经贸合作交流会等重大经贸活动，深化与珠三角、长三角、京津冀等区域合作，主动争取产业辐射与联合。深入开展产业对接合作，围绕制造强省重点产业、发展潜力较大的新兴产业，开展一批针对性更强的产业对接合作活动，促进省内外产业之间、企业之间的深度合作。

三、全面落实各项保障措施

各级各部门要按照省委、省政府的统一部署和要求，坚定信心，切实抓好各项重点工作的贯彻落实，为加快制造强省建设、稳定工业经济发展提供坚强保障。

（一）进一步提升谋工业抓工业的水平

对近年来推进新型工业化过程中形成的工作思路和措施，要一如既往地抓下去，始终坚持新型工业化第一推动力不动摇。及时掌握新知识新信息，及时了解新业态新模式和新情况新问题，加强经济形势分析研判，提升分析解决问题的能力。按照市场在资源配置中起决定性作用和更好发挥政府作用的要求，加强调查研究，做工业领域的行家里手，提升谋工业抓工业的能力和水平。

（二）进一步推动资源要素向制造业领域集聚

高度重视当前制造业面临的突出困难和问题，引导资金、人才、技术、土地、能源等资源要素向制造业领域集聚，促进制造业加快发展。充分发挥财政资金的引导作用，要找准支持重点，集中投向一批重点制造业企业和项目。努力缓解融资难融资贵，加大金融支持制造业发展力度，继续开展一批针对性强的银企对接活动，支持企业融资模式创新，省新兴产业发展基金要尽快运作和开展项目投资，发挥带动效应。

（三）进一步增强政策措施制定执行的有效性

针对部分政策宣传力度不够导致企业知晓度不高、部分政策精准程度不高或执行程序较多导致企业争取政策较难等问题，采取多种形式及时向企业宣传推介政策，积极主动帮助企业争取政策支持，增强企业政策获得感。各级推新领导小组要牵头开展督促检查，确保政策落实落地。同时，要根据产业发展趋势和企业面临的突出困难，及时出台一批有干货的支持产业和企业发展的专项政策措施。

最后，强调一下岁末年初的重点工作。一是加强工业经济运行监测调度，力争2017年全省工业实现良好开局。二是加强安全生产工作，落实安全生产责任和安全隐患防控措施，确保不发生重大安全事故。三是做好煤电油气等综合协调，保障重大节会期间全省群众消费需求。四是落实全面从严治党要求，加强工业战线党风廉政建设。

同志们，做好全省推进新型工业化工作使命光荣、责任重大。我们要在省委省政府的坚强领导下，扎实工作、迎难而上，促进全省工业经济稳步发展，加快推动我省从制造大省向制造强省跨越，以优异成绩迎接党的十九大胜利召开！

落实创新引领开放崛起战略
为全面深入推进制造强省建设不懈努力[①]

谢超英

同志们：

这次会议的主要任务是，深入贯彻党的十八届六中全会、省第十一次党代会等重要会议精神，落实中央和省委经济工作会议、推进"中国制造2025"工作现场会暨国家制造强国建设领导小组第四次会议、全国工业和信息化工作会议、全省"两会"和全省加速推进新型工业化工作会议要求，总结2016年工作，部署2017年重点任务。下面，我讲三点意见。

一、2016年工作成绩来之不易

2016年是"十三五"开局之年，制造强省建设全面启动之年，也是经济形势极其复杂，全省经信系统面临巨大压力、迎难而上不懈奋斗的一年。在省委、省政府的坚强领导下，我们始终坚持新型工业化第一推动力不动摇，积极应对极其复杂严峻的经济形势，大力推进供给侧结构性改革，千方百计稳定工业增长。全年规模以上工业企业实现增加值预计增长6.9%。制造强省建设取得重要进展，磁浮列车投入商业化运营，得到习近平总书记关注。李克强总理对湖南推进传统动能改造升级的做法，做出重要批示。一批军工企业受到党中央、国务院、中央军委和相关部委表彰。推进"中国制造2025"工作现场会暨国家制造强国建设领导小组第四次会议在湖南胜利召开，为湖南工业发展史写下浓墨重彩的一笔。

一年来，我们主要做了以下工作：

（一）全力以赴"稳增长"取得实效

过去的一年，我们紧紧围绕实现工业经济中高速发展的年度目标，大力推动国务院办公厅关于工业稳增长、调结构、增效益重点工作分工方案的落地实施。深入开展"稳增长"专项调研，挖掘重点产业、重点项目、重点领域和新增长点潜力。与省直有关部门定期会商，精准调度分析工业经济运行情况，及时向省委、省政府提出政策建议。实施5批共969个技术改造项目和两批100个制造强省建设重点项目，安排专项资金18亿元，支持企业发展和项目建设。涟钢双高（高技术含量、高附加值）产品突破200万吨，国产自主可控计算机整机正式下线，楚天科技年产60台（套）冻干制剂高速生产联动线、博云新材年产305吨高性能碳/碳复合材料、蓝思科技蓝宝石等一批重大项目建成投产或部分投产。医药、电子信息、新材料、机械等行业增加值保持两位数增长。汽车制造业增长40%左右，产量接近100万辆，整车产值突破1000亿元。在全国率先将企业减负工作纳入全省绩效评估指标体系，首次运用第三方机构对全省企业负担状况进行评价，将企业反映强烈的151个涉企负担问题向各市州集中挂牌督办，选聘36名省级减轻企业负担监督评议员，全方位推进企业降本减负，预计为企业和群众减轻负

[①] 本文系湖南省经济和信息化委员会党组书记、主任谢超英2017年1月21日在全省经信委系统工作会议上的讲话。

担约350亿元。举办22场产业合作对接活动，开展百户大型骨干企业精准帮扶、"精准服务进园区"、中小企业"腾飞杯"管理升级等系列活动，各市州、县市区出台一系列"稳增长"政策措施，为企业攻坚克难增添了信心。

（二）推进制造强省建设进展良好

我们按照年初确定的"一二三四"推进路线，加快推进制造强省建设，长株潭获批"中国制造2025"试点示范城市群，主要做法在推进"中国制造2025"工作现场会进行交流。发展新材料产业的经验，在国务院召开的促进新材料产业创新发展座谈会上推介。12个重点产业、7大专项行动、4大标志性工程的配套政策，20个工业新兴优势产业链发展行动计划，全部发布实施。先进轨道交通装备、航空等产业专项支持政策正式出台，支持医药产业的政策即将发布，是全国少数"1+X"政策配套体系基本成型的省份。设立制造强省建设专项资金，安排11.8亿元支持制造强省建设，新增1家全国智能制造示范企业，6个项目列入国家智能制造专项，认定了一批省级智能制造示范企业和示范车间。航空发动机重大专项有关项目启动实施，使用湖南制造关键产品的AC352直升机成功首飞，ARJ-21新型支线飞机投入商用，AG600大型灭火救援水陆两栖飞机总装下线。组织开展中小企业领军人才、高级职业经理人等系列培训，开展"十行状元、百优工匠"竞赛活动，弘扬企业家精神和工匠精神落到了实处。特别值得一提的是，一批湖南企业走进中央电视台《新闻联播》和《人民日报》等中央媒体，讲述湖南制造的故事，树立起湖南制造的新形象，展示出湖南制造的新风采。

（三）供给侧结构性改革迈出实质性步伐

落后产能市场化退出专项实施方案全面启动，全省化解钢铁过剩产能50万吨，淘汰钢铁落后产能128万吨，关闭退出煤矿318处，淘汰和化解煤炭过剩产能2073万吨。圆满完成创元铝业32.7万吨电解铝、益阳东方水泥日产3700吨新型干法水泥改建等产能置换任务。成立工程机械和有色金属行业供给侧结构性改革协调小组，帮助企业化解库存、促进发展。消费品工业"三品"专项行动初见成效。协会脱钩工作达到"五分离、五规范"的要求，纳入省经信委脱钩范围的52个协会中，7个已经注销或正在办理注销合并，其他45个已完成脱钩。大力促进电力体制改革，组建省电力交易中心，组织发电企业和电力用户直接交易，预计全年为电力用户节约成本超过2亿元。实现了稀土的行业整合，盐业体制改革实施方案获国家批复，进入实施阶段。我委全面深化改革任务圆满完成。

（四）新旧动能接续发展加快转换

继续实施一批技术改造项目，蓝思科技、泰富重装、三一重工、中电48所等一批重点项目建成投产。百家节能环保企业培育工程、百家企业节能节水改造工程全面启动。一批企业被确定为国家机电产品再制造示范单位、试点单位，7家企业获国家绿色制造系统集成项目支持，传统产业动能修复和转型升级步伐加快。紧紧围绕产业链部署创新链，新认定省级企业技术中心26家、省级企业工业设计中心9家。发布了3个产业链技术创新路线图，3家企业被认定为国家级技术创新示范企业。技术创新"311"工程预计带动企业新增销售收入85亿元。一批省内认定的首批次新材料产品和首台（套）技术装备，成为产业持续发展新增长点。先进轨道交通装备、新能源汽车、工业级增材制造、工业机器人、装配式建筑、移动互联网等产业快速发展。新能源汽车产量达到3.9万辆，推广应用5.4万标台，集成电路、移动互联网板块在湖南股交所挂牌企业超过200家。前些年蓄积的新动能，逐渐释放出新能量。

（五）融合开放发展呈现诸多亮点

以落实制造强国和网络强国战略为重点，大力推进两化深度融合。39家企业列入工信部两化融合贯标试点，4家企业通过贯标认定。在装备制造、钢铁、有色等7个制造业领域实施的"+互联网"重点项目，已经呈现效益。组织互联网服务商联盟免费开展三期"互联网+特色产业"培训，深受欢迎。大力实施"制造+互联网+服务"专项行动，促进了湖南企业加快生产型制造向服务化制造转变。军工核心能力建设扎实推进，武器装备科研生产任务圆满完成。大力推进军民融合产业发展，局省战略合作协议、与7家军工央企战略合作协议成功签署，与海军工程大学联合组建的湖南省军民融合装备技术创新中心已经挂牌运行。发布实施军民融合产业示范基地认定管理办法、军民两用技术与产品推荐目录，北斗卫星导航、自主可控计算机、中小航空发动机等重点领域继续取得较大突破。8英寸IGBT产品中标印度机车市场，实现出口"零"的突破。一批企业为神舟11号提供了关键设备。我国第一颗由民营企业以纯商业模式制作的微小卫星"潇湘一号"成功发射。江麓战车扬威国际军事赛场。全省获保密资格认证企业222家，获武器装备科研生产许可企业91家，"民参军"渠道进一步拓宽。工业企业"走出去""十三五"规划正式发布，沪洽周现场签约制造业项目25个，20家央企52个项目战略合作协议已经落地实施，开放发展迈出了新的步伐。

（六）非公经济和中小企业转型提质步入良性轨道

省委非公有制经济工作会议成功召开，调整充实了省促进非公有制经济和中小企业发展工作领导小组。出台鼓励民营企业建立现代企业制度的意见，深化与工商联厅际合作，形成促进全省非公经济和中小企业发展新合力。不断完善中小企业服务体系，认定170家省级中小微企业核心服务机构。中小企业公共服务平台网络注册企业7.4万家、各类服务机构5100家。省平台被推荐为国办信息联系点，运营管理模式成功复制到河北、海南。8家基地被认定为"国家小型微型企业创业创新示范基地"。中小企业信用担保体系在保余额保持500亿元以上，长沙、株洲成功获批国家产融合作试点城市。在"新三板"、湖南股交所挂牌的企业分别达到202家、1997家。年初确定新培育1000户规模工业企业的目标基本实现。

（七）依法行政迈上新台阶

严格执行权力清单和责任清单，圆满完成散装水泥条例修订工作，发布了民用机场及民用航空无线电台（站）电磁环境保护区管理规定，制定了贯彻落实法治政府建设实施方案和法治宣传教育第七个五年规划，第五轮行政执法证和行政执法监督证的换发工作顺利完成。出台联合惩戒企业失信实施细则，经信领域信用体系建设全面启动。不断强化无线电管理，在全国率先编制发布1400兆赫兹政务应用频率、1800兆赫兹行业应用频率分配规划，组织查处"黑广播""伪基站"案件105起，排查无线电干扰案件88起，成为国家新修订的《无线电管理条例》释义起草组成员和宣贯会唯一的地方发言单位。

（八）全面从严治党深入推进

扎实开展"两学一做"学习教育，结合庆祝建党95周年，表彰了一批优秀党员、党支部书记、党务工作者和先进基层党组织，党员干部"四个意识"不断强化。落实精准扶贫要求，召开产业扶贫工作会议，靖州县九龙村精准扶贫项目正在有序推进。始终坚持把纪律挺在前面，不断强化党风廉政建设主体责任和监督责任，全面完善公务用车、公务接待、财务管理、项目管理等相关制度。深入开展"雁过拔毛"式腐败问题和"纠'四风'、治陋习"专项整治，"规范、和谐、高效、廉洁"的经信文化深入人心。全年处理问题线索16件，公务接待费用在2015年下降35%的基础上继续下降。

一年来，全省经信系统围绕中心，服务大局。国防信息动员、组织人事和干部队伍建设、机关文化、工业节能监察、院校管理、安全生产与保密、民爆行业监管、综合治理、后勤服务、离退休干部服务、工青妇及计划生育等各项工作，都取得可喜成绩。在此，我代表委党组和委领导班子，向在座的各位，并通过大家向全省经信系统的同志们表示衷心感谢、致以诚挚慰问！

同时，我们也要清醒地认识到，当前工作中仍然存在一些突出问题。比如，面对复杂严峻的经济形势，稳增长的手段不太多，打破制约瓶颈的办法不太灵，部分干部面对新形势、新情况不适应和不会为、不愿为、不敢为等现象依然存在，全省经信系统协调联动还有待进一步加强。这些问题，我们必须高度重视，切实加以解决。

二、2017年的任务依然繁重

省第十一次党代会提出了创新引领开放崛起的发展战略，明确了"三个着力、四大体系、五大基地"的工作抓手。省委经济工作会议和政府工作报告明确提出，2017年全省规模工业增加值增长7%。实现这个目标，责任重大、任务艰巨。

全省加速推进新型工业化工作会议上，剑飞副省长分析了工业经济形势。当前，举国上下大力实施"中国制造2025"，全面推进制造强国建设其势已成；国家大力实施"一带一路"倡议；长株潭获批"中国制造2025"试点示范城市群。这些都给湖南工业发展特别是推进制造强省建设带来了难得机遇。但是，世界经济仍处于深度调整、缓慢复苏的阶段，不确定性因素依然很多。我省工业发展还有许多深层次矛盾亟须解决。比如，实体经济结构性供需失衡、金融和实体经济失衡、房地产和实体经济失衡等"三大失衡"比较突出。煤炭、建材、钢铁、石化、有色等传统产业面临的资源环境约束越来越多，工程机械、烟草等优势产业增速持续放缓，电子信息、汽车、医药等近年发展较好的产业面临增速回落，新兴产业支撑能力依然不强。这些问题的解决，绝非一朝一夕之功。

做好2017年的工作，总体要求是：深入贯彻中央和省委省政府有关会议精神和决策部署，落实创新引领开放崛起战略，始终坚持新型工业化第一推动力不动摇，全力以赴稳增长。按照"一二三四"的推进路线，全面开展"1274"行动，加快制造强省建设。大力发展新兴优势产业链，奋力打造中国智能制造示范引领区，促进"湖南制造"向"湖南智造"转变。全面完成政府工作报告提出的目标任务，为建设富饶美丽幸福新湖南做出重要贡献。

——坚持两轮驱动。一是坚持创新引领。就是要以企业为主体、市场为导向、产品为核心、政策为支撑，围绕产业链部署创新链，围绕创新链完善资金链，突出创新引领，修复传统动能，培育发展新动能。二是加快开放崛起。就是要对接"一带一路"倡议，深度融入全球产业链、价值链和供应链，推进有质量走出去、高水平引进来，提升开放发展水平。

——紧盯两大目标。一是发展保持中高速。就是确保全年全省规模工业增加值增长7%。二是产业迈向中高端。就是要适应市场需求升级的变化，通过供给侧结构性改革，减少无效供给，扩大有效供给，推出拳头品种、锤炼一流品质、创建名优品牌，打造制造业百年老店，推动湖南制造迈上中高端水平。

——落实两大责任。一是落实新兴优势产业链推进责任。就是要把推进20个工业新兴优势产业链，作为制造强省建设的主要抓手。从2017年起，每年重点推进5—8个优势产业链，一链一策，分业推进，形成规模，支撑带动制造强省建设和稳增长目标的实现。二是落实试点示范责任。就是按照"省统筹、市为主"的工作模式，落实好长株潭三市和相关产业园区推进"中国制造2025"试点示范城市群建设的主体责任，尽快打造一批有影响力的先进制造业基地，为实现党代会报告提出的"建设现代制造业基地"目标创造条件。

——抓住两个关键。一是抓大。就是抓紧培育一批具有核心竞争力的百亿、五百亿乃至千亿领军企业。二是育小。就是通过大力扶持小巨人企业，带动中小企业发展，每年至少新培育1000户规模工业企业。

三、2017年的重点工作要统筹推进

（一）把稳增长摆在首位，保持工业经济健康稳定发展

一是提高精准调度水平。进一步强化对重点项目、重点企业、重点产业、重点关联指标和新增长点的精准调度，防止个别行业、个别企业和个别重点关联指标出现大的起落。有针对性地开展国际国内宏观经济形势研究，根据重点领域的变化趋势，及时提出政策建议，引导全省工业经济向更加稳健的方向运行。二是促进新旧动能接续发展。传统优势产业是稳增长的重要基础。要抢抓国家重视技术改造的难得机遇，在传统产业领域，实施一批技术改造项目，推广一批新兴适用技术，裂变一批新兴业态，通过老树发新芽，形成新的增长点。按照创新引领的要求，加快培育发展高端制造业，做强做大新材料、节能环保和通用航空产业，通过浇灌幼苗成材，形成新的产业支撑。三是优化惠企服务手段。紧紧围绕"降成本、减负担"目标，强化企业减负绩效评估，发挥减轻企业负担监督评议员作用，健全涉企负担问题交办、查处和通报机制，开展涉企收费和涉企保证金清理规范、百户大型骨干企业精准帮扶和扶持小微企业等专项行动。以新兴优势产业链为重点，组织20场左右产业对接活动。帮助企业减轻负担、降低成本、开拓市场、增加订单，焕发出新的活力。

（二）以新兴优势产业链为抓手，落实制造强省建设任务

一是继续完善一批配套政策。抓紧启动构建现代产业体系、打造现代制造业基地课题研究，提出推进方案，尽快实施。按照每月有活动、每季有小结的要求，抓紧出台推进新兴优势产业链和建设长株潭"中国制造2025"试点示范城市群的工作方案、责任分工以及配套政策，强力推进制造强省建设。二是率先突破一批新兴优势产业链。力争先进轨道交通装备（含磁浮）、先进储能材料及电动汽车、3D打印及机器人、航空航天（含北斗）、中药等新兴优势产业链率先突破，力争年内初具规模，形成引领。三是加快开发建设一批重点项目。年内再启动1—2批制造强省重点项目，加快前两批制造强省重点项目建设进度，推动尽快建成投产，并想方设法引进一批重点项目，为制造强省建设奠定重要基础，为稳增长贡献新的增量。四是抓紧建成一批智能制造示范项目。支持建设一批智能制造示范企业和示范车间，夯实智能制造标准、核心支撑软件、工业互联网等智能制造三大基础，培育推广离散型智能制造等

5种智能制造新模式，推进智能制造关键技术装备在12大重点领域的集成应用，努力提升高档数控机床、增材制造等智能制造装备（产品）水平，打造先进轨道交通装备、工程机械等7个世界级现代产业基地和集群，带动湖南制造加快向数字化、网络化和智能化迈进。

（三）以供给侧结构性改革为主线，满足需求结构变化升级

一是切实落实绿色发展要求。启动省两型工业企业认证工作，评估确认一批省级绿色工厂和绿色园区，推荐申报一批国家级绿色工厂、绿色园区和绿色制造系统集成项目。制定完善工业节能地方标准，强化工业节能监察工作。实施电机能效提升、锅（窑）炉改造、余热余压余气利用和能量系统优化等重点节能工程。组织100家工业企业开展自愿性清洁生产审核，培育发展100家重点调度协调的节能环保企业。引导企业优化工业资源能源配置，提高利用效率，减少污染物排放。二是切实完成去产能重点任务。市州经信委要落实属地责任制和问责制，严防死守，坚决防止"地条钢"等落后产能和非法产能向我省转移。进一步推动市场化兼并重组，引导钢铁、煤炭、烟花等领域过剩产能加快市场化退出。整顿和规范稀土生产秩序，加快产业转型升级。充分发挥工程机械和有色金属行业供给侧结构性改革协调小组作用，帮助企业降低库存、化解风险、促进发展。三是切实提升质量品牌影响力。继续以消费品领域为突出重点，大力实施增品种、提品质、创品牌"三品"工程，推进"品质革命"。配合相关部门，严厉打击制售假冒伪劣产品特别是医药食品制造领域的失信行为，支持食品企业开展产品可溯源试点示范，打造三湘名品。支持企业适应消费升级趋势，创新产品开发、外观设计、产品包装，开展个性化定制、柔性化生产，丰富和细化产品种类。引导企业树立质量为先、信誉至上的经营理念，强化品牌意识，打造百年老店。四是切实落实深化改革措施。坚决落实省委确定的重点改革任务，释放促进制造业发展的改革红利。尤其是大力弘扬"企业家精神"和"工匠精神"，继续深入开展中小企业领军人才培训、中小企业"银河培训工程"和"十行状元、百优工匠"竞赛活动，培育具有国内外影响力的优秀企业家和湖南工匠、中国工匠，乃至世界工匠，造就一大批制造强省建设英才。

（四）以全民创业为重点，大力促进两个健康发展

一是不断完善中小企业服务体系。紧紧围绕制造强省建设重点任务，进一步完善中小企业融资服务、技术服务、政策服务体系。支持大型制造企业建设一批基于互联网的开放式"双创"平台，支持大型互联网企业、基础电信企业建设一批面向制造企业和中小企业的"双创"服务平台，培育一批支持制造业发展的融合创新技术产业孵化基地，提升全省中小企业公共服务平台网络服务能力和水平，为中小微企业和创业创新者提供更加快捷、便利、高效的专业服务。二是加快中小企业转型升级步伐。发挥核心服务机构作用，帮助中小企业加快管理升级。支持中小企业兼并重组，鼓励有条件的中小企业建立现代企业制度。引导中小企业走"专精特新"发展路子，加快提质升级。三是促进两个健康发展。落实省委非公有制经济工作会议精神，为非公经济和中小企业健康发展，创造权利平等、机会平等、规则平等的市场竞争环境。召开非公经济人士座谈会，完善重点问题交办机制，加大各项优惠政策宣传和落实力度，进一步增强民营企业政策获得感。

（五）以技术创新为引领，努力提升核心竞争实力

一是继续推进围绕产业链部署创新链。以新兴优势产业链为突出重点，年内再组织发布一批产业链技术创新路线图。加快制造业创新基地、创新平台建设，年内再认定一批省级企业技术中心，支持创

建一批国家级技术创新平台，引导各类创新资源和创新要素向核心关键环节集中，率先在技术环节取得新突破。二是继续实施"315"创新计划。鼓励支持具有国家级技术创新平台和较强研发能力的大型制造业企业、科研院所，组建技术联盟，每年集中攻克30项重大关键共性技术。组织有创新需求、创新意愿的中小企业，每年开发100项左右重点新产品、转化100项左右重点专利技术，让技术成果尽快转化为现实生产力。每年认定和奖补首台（套）重大技术装备和首批次重点新材料各50项左右，继续兑现新能源汽车推广应用奖补政策，为创新发展成果勇闯市场铺路搭桥。三是继续深入推进"两化"融合。实施"制造+互联网+服务"专项行动，深入推进"传统制造业+互联网"。突出抓好移动互联网、云计算、大数据、物联网等关键技术与制造业融合发展。大力发展工业电子商务，推进两化融合管理体系建设，促进传统制造业加快转型升级。四是继续深入推进军民融合。全面实施国防科技工业"十三五"规划，深入推进军工核心能力体系效能型建设，确保武器装备科研生产任务保质保量按计划完成。发挥国家级示范基地和各类创新平台作用，推动国防科技工业和民用工业资源要素共享。鼓励企业军转民、民参军融合发展，加快技术双向转移转化。五是继续推进制造业与生产性服务业深度融合。培育一批专业化、开放型的工业设计企业，指导帮助企业创建国家级、省级工业设计中心。支持一批有条件的企业参加国际国内知名创意和设计大赛。争取三大运营商总部在湖南布局发展新业态、新模式、新业务，支持面向制造业的"互联网+"双创平台建设，重点推动移动互联网与生产性服务业领域的集成创新应用。

（六）加快开放发展步伐，积极拓展新空间挖掘新潜力

一是深化区域产业合作。利用"一带一部"优势，借助"港洽周""欧洽周""中博会"等合作平台，围绕建链、补链、强链工作，加大新兴优势产业链招商引资力度，引进一批重大产业项目、重点企业、研发中心。二是深化央企合作对接。通过举办产业合作对接会等形式，引进一批央企合作项目。重点跟踪落实局省战略合作协议，加大与军工央企签约项目的协调推进力度，争取早日落地。三是深化国际产能合作。对接"一带一路"倡议，鼓励和引导工程机械、钢铁、有色、轨道交通等领域骨干企业到海外投资设厂，建立海外生产基地和产业园区。鼓励龙头企业开拓国际市场，与中小企业组建"走出去"战略联盟，以大带小，抱团出海。重点支持省内高端装备、先进轨道交通装备、装配式建筑等领域重点企业承接国际业务，全产业链出口；开展国际技术合作，在全球范围内整合创新资源，推动湖南制造有质量走出去、高水平引进来。

（七）深入落实全面从严治党要求，提升系统总体形象

一是牢固树立政治意识、大局意识、核心意识、看齐意识。严守党的政治纪律和政治规矩，坚决维护以习近平同志为核心的党中央权威。二是大兴爱岗敬业之风。以强化"规范、和谐、廉洁、高效"的经信文化为重点，开创性地做好思想政治工作，努力形成爱岗敬业的良好风尚。三是大兴廉洁从政之风。全系统要认真落实全面从严治党有关要求，始终坚持把纪律挺在前面，严格落实中央八项规定和省委九项规定精神，坚决防止"四风"问题反弹回潮。进一步加强专项资金管理，加大对重点领域、关键环节的防控力度。支持驻委纪检组的工作，对腐败问题零容忍，有案必查、有腐必惩，树立经信系统廉洁从政形象。四是大兴团结进取之风。通过以训代会等多种方式，加强省市县经信系统工作协调，进一步凝聚合力、振奋精神，确保稳增长和制造强省建设的重点任务圆满完成。

(八) 统筹做好其他各项重点工作

一是继续抓好精准扶贫工作。全面完成扶贫攻坚任务。二是切实抓好依法行政工作。全面落实"法治政府建设实施纲要"要求，扎实推进制造领域信用体系建设，不断提升依法行政工作水平。三是切实保障能源平稳运行。继续推动电力体制改革，扩大直供电实施范围，加强煤电协调，做好能源保障工作。四是加强安全生产和保密指导。督促企业落实安全生产主体责任，严防责任事故，严防涉军单位发生失泄密案件。五是提升无线电管理服务水平。按照国家两级管理体制的要求，理顺无线电管理体制。加大对"黑广播""伪基站"、违规设台的打击力度，维护空中电波秩序，保障无线电安全。六是抓好委属院校的规范管理。聚焦制造强省建设，不断提升办学水平，努力把委属院校打造成培育"湖湘工匠"的摇篮。

同志们，做好2017年的工作至关重要。让我们更加紧密地团结在以习近平同志为核心的党中央周围，在省委、省政府坚强领导下，坚定信心，攻坚克难，以更加饱满的精神状态、更加务实的工作作风、更加有效的工作举措，努力完成工业稳增长和加快制造强省建设等各项工作任务，为建设富饶美丽幸福新湖南贡献力量，以优异成绩迎接党的十九大胜利召开。

2017 湖南 100 强企业发展评点

湖南大学教授 袁 凌

100强企业是湖南省经济发展建设的关键力量。从湖南省企业与工业经济联合会发布的2017湖南100强企业的数据来看，尽管资产总额增速放缓，企业间规模差距有所拉大，但是与2016湖南100强企业相比，2017湖南100强企业的入围门槛略有提高，总体规模继续扩大，盈利水平大幅提高。总体来看，面对错综复杂的国内外形势和经济下行压力，100强企业砥砺前行，为湖南经济保持总体平稳、稳中有进、稳中趋好态势做出突出贡献。

从榜单变化来看：一是新企业强势上榜，老面孔在榜单中继续占据主导地位。2017湖南100强企业榜单中，有12家企业是新上榜，其中，湖南中烟工业有限公司居榜单第2位；五矿有色金属控股有限公司继续领衔湖南100强企业排行榜，保持首位。二是老面孔名次变化巨大。88家老企业中，仅有4家企业位次与去年相同，35家企业在榜单排名中取得突破，49家企业名次出现下滑现象，甚至有企业位次差达45位。三是民营企业发展迅速，国有企业与民营企业各占榜单半壁江山。50家在榜民营企业中，有8家企业是新上榜；而50家国有企业中，4家企业初次进入榜单。

从100强企业整体发展态势来看：一是100强企业总体规模继续扩大。2017湖南100强企业资产总额达29016.17亿元，相比2016湖南100强企业增长12.47%，尽管增长速度有所放缓，但是考虑到总规模越来越大，此增长速度也较为难得。中国建设银行股份有限公司湖南省分行、长沙银行股份有限公司和华融湘江银行股份有限公司占据资产总额前三甲。值得一提的是，连续多年在资产总额排行中位列前三甲的五矿有色金属控股有限公司仅列第十名，这与其在过去一年出于发展考虑退出某些业务、进行改革重组有关。二是100强企业整体盈利水平和能力提高。从总体净利润来看，2017湖南100强企业净利润总和为566.52亿元，相较于上年度上榜企业增长83.19%，扭转了净利润连续四年下滑的颓势。从盈利企业数量来看，共有95家企业实现盈利，利润总额达631.43亿元，与上年度湖南100强企业榜单中的盈利企业相比，增长17.93%；亏损企业有5家，与上一年相比，数量大大减少。从盈利能力来看，收入利润率在30%~50%的企业有3家，在10%~30%的企业16家，在0~10%的企业76家，收入利润率为负数的企业仅有5家。尽管没有一家100强企业像去年一样收入利润率超过50%，但从收入利润率大于零的企业数量上来看，2017湖南100强企业比2016湖南100强企业的盈利能力有所增强。三是100强企业的劳动生产率有所提高。2017湖南100强企业人均营业收入和人均资产分别为210.61万元与419.70万元，相较于上年度上榜企业，分别上涨36.67%和30.85%，人均量的上升表明2017湖南100强企业的生产效率相比上年100强企业大幅上升。四是100强企业对全省经济贡献大。在生产总值方面，2017湖南100强企业营业收入总额达到14560.61亿元，占当年全省地区生产总值31244.70亿元的46.60%，相比上年度入榜企业对地区生产总值42.67%的贡献，有大幅增加。在纳税方面，2017湖南100强企业纳税总额为1204.68亿元（实报76家企业的数据），相比上一年度100强企业纳税636.31亿元，增幅达89.32%，在2016年湖南省税收总收入中占到了38.79%，贡献突出。

2017湖南100强企业在复杂的国内外形势下和经济下行压力下，取得丰硕成果，但其中存在的问题不容忽视，需要企业与社会各界关注：

第一，传统支柱行业企业发展乏力。近些年来，受宏观经济运行情况、产能过剩等因素影响，湖南的烟草、工程机械、有色、冶金、石化等传统支柱行业，发展略显乏力。烟草行业，中国烟草湖南总公司营业收入、利润双双负增长，湖南中烟工业有限责任公司尽管利润增长，但营业收入下滑。工程机械行业持续低迷五年，尽管泰富重装表现出色，但三一重工、中联重科两大巨头营业收入、净利润继续下降。湖南有色金属行业龙头企业五矿有色金属控股有限公司营业收入有所增长，净利润下跌速度减缓，但净利润总额仍在下降，金龙集团、长沙新振升集团有限公司、湖南宇腾有色金属股份有限公司净利润也出现不同程度的下滑。石化方面，中国石油化工股份有限公司巴陵分公司，尽管营业收入上涨，但受运营成本上升、产能结构性矛盾等因素影响，净利润大幅下滑。这些传统支柱行业中的大企业尚未从不景气中恢复，转型升级仍需继续，未来发展依旧困难重重。

第二，服务业难以继续保持高增长，现代服务业企业较少。2017湖南100强企业中，服务业企业35家，与上年相比，减少6家，数额尽管有所减少，但这35家企业净利润总额占到了100强总利润的60.09%。近些年来，服务业经历了高速增长，但是随着总体数量的越来越大，继续保持高速增长越来越难。尤其值得注意的是，批发零售业一直是湖南服务业中的大类，100强企业中，15家上榜企业属于批发零售业，这部分批发零售企业由于缺乏新的消费热点，已经显示出了发展乏力的情况，利润正在下滑。而100强企业中，现代服务业企业较为缺乏，这一点也限制了湖南省服务业的未来发展。

第三，企业发展不平衡。从收入利润率来看，2017湖南100强企业中属于第二产业的企业收入利润率低于第三产业企业，营业收入与利润不相称，第二产业企业利润低。而第二产业企业中，以传统制造业为主，高技术制造业缺乏。这些都显现出第二产业企业急需转型升级，一方面需要提高产品附加值，另一方面需要向高技术、高效益转型。而就第三产业企业来看，批发零售业这种传统服务业企业占据大半江山，但盈利情况不尽如人意；而属于现代服务业的企业利润高，但数量有限。地区发展不平衡仍旧是老生常谈，长株潭地区企业几乎垄断了整个100强排行榜，其他11个地区中仅有18个企业上榜。如何平衡地区发展，发挥核心地区企业带动作用是急需解决的问题。

第四，企业研发投入热情仍待提高，高学历人才缺乏。百强企业平均研发投入在不断提高，并对全省研发工作做出巨大贡献。但是，从总体上看，湖南大企业的研发投入仍然偏低，2017湖南100强企业中，仅有59家企业上报了研发费用，企业填写热情较低。在这些填报研发费用的企业中，仅有25家达到省政府提出的研发投入强度达到3%的要求，更有20家企业研发费用出现减少情况，企业的研发投入情况和科技创新积极性并不乐观。另外，从人作为科技创新、企业发展的关键来看，根据100强企业中33家上市企业公开数据，发现本科及本科以上学历员工仅占33家企业员工总人数的20.47%，中专及以下学历占比最大，接近50%。这一数据尽管并不能完全反映出100强企业的完全学历分布情况，但是该数据并不乐观，可能制约企业转型。无论是第二产业向工业4.0迈进，还是服务业向现代服务业的转型，都要依靠高素质人才的支持。

2017年作为"十三五"规划落实的关键之年，湖南100强企业必须要走创新之路，加快转型升级，利用一切发展机遇，实现新发展，助力我国现代化经济体系建设。

第一，把握政策机遇。近年来，国家和湖南省政府推出"一带一路"、长江经济带发展、两型建设、长株潭国家自主创新示范区等长期发展规划与经济发展政策，这些政策不仅有利于整体经济发展，同时也为企业发展指明了方向。2017湖南100强企业作为湖南经济发展的排头兵，要积极响应政府规划与政策，这不仅能够为国家、人民奉献属于企业的力量，同时也能促进企业未来的经营发展。参与"一带一路"建设，积极走向中西部、加快海外布局，有利于企业消耗库存、扩大规模、向国际化转型。投入长江经济带发展，有利于企业提高地区影响力。企业要密切关注政策发展动向，顺势而上。企业在把握政策机遇的同时，为自己发展谋福利的同时，更要承担起社会责任，为建设现代化经济体系、全面建设小康社会做贡献。

第二，加快转型升级。转型升级既是企业发展内在的要求，又是企业顺应外部环境变化的必然选择。2017湖南100强企业依旧以传统行业企业为主，高技术制造业、现代服务业企业较少。企业要结合内外部环境，分析优劣势，重新审视自身的增长模式、盈利模式和行业地位，积极寻找新的增长点和突破点，明确未来发展思路，果断及时地进行转型升级调整，坚持以创新为动力，走绿色之路、开放之路，充分发扬企业家精神和工匠精神，为可持续发展努力。100强企业也需要审时度势，加快在战略性新兴行业的布局，掌握竞争主动权。

第三，提高创新能力。部分100强企业对创新研发的热情与积极性仍有待提高。创新作为企业发展、国家进步的关键，在中共十九大报告中被反复提及。企业必须正视创新，以创新为驱动力，提高竞争力。企业的创新不仅仅是技术方面的，而是涉及方方面面的。企业要进行管理创新，不断提高管理质量。企业重视技术创新，可以通过内部人员与机构进行，也可以通过收购技术优势企业、产学研平台等方式补充自己的薄弱之处，提高创新效率。

第四，注重人才培养。人才是支持企业不断进步的重要力量。目前，100强企业中高层次员工仍旧较为缺乏，制约企业向更高层次产业转型，因此，企业一定要加强人才引进，强化员工培训，不断提高员工综合素质，为企业发展提供人才支持。

第一章
2016年湖南省经济社会发展概况

第一节 2016年湖南经济发展总体情况

2016年,面对经济下行压力加大的严峻形势,省委、省政府带领全省人民认真贯彻落实党中央、国务院各项决策部署,全面贯彻新发展理念,坚持稳中求进工作总基调,坚定不移地推进供给侧结构性改革,统筹稳增长、促改革、调结构、惠民生、防风险各项工作,全省经济运行保持总体平稳、稳中有进、稳中向好的发展态势,实现"十三五"良好开局。

2016年,全省地区生产总值31244.7亿元,比上年增长7.9%。其中,第一产业增加值3578.4亿元,增长3.3%;第二产业增加值13181.0亿元,增长6.6%;第三产业增加值14485.3亿元,增长10.5%。按常住人口计算,人均地区生产总值45931元,比上年增长7.3%。全省三次产业结构为11.5∶42.2∶46.3。规模以上服务业实现营业收入2577.2亿元,比上年增长18.3%;实现利润总额243.5亿元,比上年增长12.1%。第三产业比重比上年提高2.1个百分点;工业增加值占地区生产总值的比重为35.8%,比上年下降2.1个百分点;高新技术产业增加值占地区生产总值的比重为22.0%,比上年提高0.8个百分点;非公有制经济增加值18739.9亿元,比上年增长8.7%,占地区生产总值的比重为60.0%,比上年提高0.4个百分点;战略性新兴产业增加值3499.2亿元,比上年增长9.4%,占地区生产总值的比重为11.2%。第一、二、三产业对经济增长的贡献率分别为4.8%、37.0%和58.2%,第三产业贡献率比上年提高4.3个百分点。其中,工业增加值对经济增长的贡献率为31.6%,生产性服务业增加值对经济增长的贡献率为20.0%。资本形成总额、最终消费支出、货物和服务净流出对经济增长的贡献率分别为49.5%、52.7%和-2.2%。

农业总体呈现平稳发展态势。农业经济稳中有增。全省农林牧渔业实现增加值3725.9亿元,按可比价格计算,比上年增长3.5%。农产品生产者价格整体上扬,全省农产品生产者价格同比上涨4.7%。其中,畜牧业和渔业产品价格分别上扬15.9%和3.1%,种植业和林业产品价格分别下跌3.8%和7.0%。畜牧业产品价格涨幅之大主要受生猪价格拉动影响,生猪价格比上年上涨22.9%。主要特点明显：粮食产量同比下降，全省粮食总产590.6亿斤，同比减少1.7%；播种面积4890.6千公顷，同比减少1.1%；蔬菜水果持续向好，蔬菜播种面积、产量同比增长3.5%和5%，水果产量同比增长5.9%，其中柑橘产量同比增长8.9%；茶叶生产形势喜人，茶园总面积达到139千公顷，比上年增长5.7%；茶叶产量18.6万吨，比上年增长5.9%；生猪养殖实现盈利，仔猪均价、活猪均价、市场猪肉均价较去年分别上扬28.4%、2.4%、6.4%，猪粮比价为8.3∶1，养殖户出栏生猪头均盈利400元以上；草食动物稳定发展，牛羊生产稳定增长，牛出栏172.71万头，牛肉产量20.4万吨，分别增长2.5%和2.6%；羊出栏725.5万头，羊肉产量11.97万吨，分别增长3.7%和3.2%；现代渔业发展进程加快，全省水产品产量271.81万吨，增长4%；水产品养殖面积486.91千公顷，增长0.3%。

工业经济运行缓中趋稳。全省规模工业增加值比上年增长6.9%，增速减缓0.9个百分点。其中，食品等民生性消费品工业增长平稳，增加值合计占全部规模工业的13.7%；卷烟等特殊消费品工业遭遇寒流，增加值下降5.7%；化工等基础性原材料工业和重点化解过剩产能行业整体低位运行，规模以上工业化学原料和化学制品制造业增加值同比增长3.0%，煤炭、钢铁是年内化解过剩产能重点行业，全年增加值下降5.2%，黑色金属冶炼和压延加工业增加值则与上年持平；医药制造业增加值增长14.1%，对规模工业的增长贡献率为5.7%；文教、工艺美术、体育和娱乐用品制造业增加值增长10.5%，印刷和记录媒介复制业增加值增长7.9%，两个行业合计拉动规模工业增长0.2个百分点；非金属矿物制品业增加值增长9.6%，对规模工业的增长贡献率为11.9%，拉动增长0.8个百分点。企业盈利状况有所好转，全省规模以上工业企业实现利润1620.52亿元，较上年增长4.5%，增幅提升4.2个百分点。39个大类工业行业全部实现盈利。其中，汽车制造业实现利润72.16亿元，同比增长1.4倍；黑色金属冶炼和压延加工业扭亏为盈，实现利润25.91亿元；计算机、通信和其他电子设备制造业实现利润89.97亿元，同比增长20.3%；医药制造业实现利润67.68亿元，同比增长28.2%。非公经济保持活力，规模以上非公有制工业企业增加值增长8.7%，增幅比全省规模工业平均水平高1.8个百分点；增加值总量占全省规模工业的比重为77.0%，比上年提高1.4个百分点；非公经济占主导的股份制企业和外商及港澳台商投资企业增加值分别增长7.7%和14.7%，其生产运行均好于国有企业。产业升级稳步推进，高加工度工业、高技术产业增加值分别增长10.6%和11.4%，增长速度明显领先于制造业和全部规模工业。产业集聚发展有效提升，省级及以上产业园区（含省级工业集中区）规模工业增加值增长9.4%，增幅比全省规模工业高2.5个百分点，增加值占全省规模工业的65.7%，比上年提升4.2个百分点；长株潭城市群规模工业增速领先全省，规模工业增加值占全省工业的49.9%，比上年提高1.8个百分点。

内需增长巩固向好。投资较快增长，全省完成固定资产投资27688.5亿元，比上年增长13.8%。其中，工业投资增长7.5%，战略性新兴产业投资增长17.5%；高耗能产业投资增速回落，完成投资2657.91亿元，比上年下降0.3%，增速比全部投资低14.1个百分点；高新技术产业投资保持较快增长，完成投资1774.41亿元，比上年增长19.7%，其增速比全部投资的增速快5.9个百分点；基础设施建设快速增长，完成投资7349.88亿元，比上年增长26.2%，增速比全部投资的增速快12.4个百分点；农业投资增速回升，全年增长11.6%；房地产开发投资回升，完成投资2957.04亿元，比上年增长13.1%。消费平稳增长，全省实现社会消费品零售总额13436.5亿元，同比增长11.7%，比年初加快

0.7个百分点,其中,限额以上法人批发零售业中,日用品类商品零售额增长17.8%,烟酒类增长18.7%,粮油食品类增长17.8%。楼市销售持续回暖,全省商品房销售面积8085.4万平方米,增长27.1%,商品房销售额3751.9亿元,增长37%,分别比上年加快10.1个和17.9个百分点。房屋销售回升拉动了相关消费较快增长,家具类、建筑及装潢材料类商品零售额分别增长54.2%和37.3%。

经济结构进一步优化。全省第三产业增加值占GDP的比重达46.3%,比上年提高2.1个百分点。积极推进制造强省建设,对接"中国制造2025",电子信息、生物医药、新能源汽车等新兴优势产业增长态势良好。规模以上工业中,高技术产业和高加工度工业比重持续提升。同时,需求结构不断优化。最终消费对经济增长的贡献率达52.7%,同比提高5.1个百分点。政策支持鼓励的生态环境、战略性新兴产业、高新技术产业投资保持较快增长,符合消费升级方向的汽车、文化娱乐、体育健康类商品增长较快。"互联网+"经济蓬勃发展。计算机、通信和其他电子设备制造业增加值增长12.1%。计算机及其配套产品零售额成倍增长,通信器材类产品零售额增长20%,网上商品零售额增长17.3%。互联网和相关服务业、软件和信息技术服务业增势喜人。

供给侧结构性改革成效明显。一是去产能有深化。规模工业原煤产量同比下降11%,粗钢产量仅增长0.9%,煤炭、钢铁去产能年度目标全面完成。二是去库存有力度。在房地产销售快速增长带动下,2016年12月末,全省商品房待售面积下降12.3%,比上年末减少408.1万平方米。三是去杠杆有进展。2016年11月末,规模工业企业资产负债率为52.9%,比年初下降1.1个百分点。四是降成本有成效。2016年1—11月,规模以上服务业平均税负为3.3%,同比下降0.5个百分点;规模以上工业企业利息支出下降7.4%,每百元主营业务收入中的成本同比下降0.10元。五是补短板有突破。基础设施投资增长26.2%,占全部投资的比重为26.5%,同比提高2.6个百分点;水利、环境和公共设施管理业投资增长32.6%。

转型升级有效推进。一是工业结构继续改善。全省高加工度工业增加值增长10.6%,占规模工业的比重为38%,同比提高0.8个百分点;高技术产业增加值增长11.4%,占规模工业的比重为11.2%,提高0.7个百分点;六大高耗能行业增加值增长5.1%,低于规模工业平均增速1.8个百分点;园区工业比重为65.7%,提高4.2个百分点。二是服务业比重不断提升。全省第三产业增加值占GDP的比重为46.3%,同比提高2.1个百分点。其中,金融业增加值比重为4.1%,提高0.1个百分点。三是投资结构逐步优化。第三产业投资占全部投资的比重达58.2%,同比提高4.2个百分点;民生投资增长46.4%,占全部投资的比重为9.7%,提高2.3个百分点;高新技术产业投资增长19.7%,占工业投资的比重为17.3%,提高2.1个百分点。四是消费结构稳步升级。全省消费升级类商品快速增长。书报杂志类零售额增长64.8%,通信器材类增长20%,文化办公用品类增长19.2%,汽车类增长15.1%。

创新引领动能增强。一是新产业加快培育。全省高新技术产业实现增加值6859.2亿元,增长16%,占GDP比重达到22%,同比提高0.8个百分点。高技术服务业、生物与新医药技术、电子信息技术等领域产品增加值分别增长25.1%、21%和16.2%。二是新经济加速成长。2016年1—11月,规模以上服务业大类行业中,互联网和相关服务业营业收入增长56%,软件和信息技术服务业增长35.6%。三是新业态发展较快。全省限额以上批发零售业中,通过公共网络实现的商品零售额增长17.3%。在互联网销售持续增长带动下,全省实现快递业务量4.86亿件,同比增长52.9%。

开放型经济继续发展。一是招商引资平稳增长。全省新批利用外资项目661个，实际利用外资128.5亿美元，增长11.1%。其中，第三产业实际利用外资53.7亿美元，增长41.5%。全省新批省外境内引资项目5377个，实际到位资金4361.8亿元，增长15%。二是对外贸易降幅收窄。全省实现进出口总额1782.2亿元，下降2.1%，降幅同比收窄1.6个百分点。其中，出口额1205.2亿元，增长1.5%，为全年首次正增长；进口额577亿元，下降8.9%。

民生保障持续改善。一是物价涨幅稳定。全省居民消费价格同比上涨1.9%，全年涨幅维持在2%以内，波动较小。二是民生投入力度较大。全省财政用于民生的支出4435.86亿元，增长11.5%；占一般公共预算支出的比重达70%，同比提高0.6个百分点。三是城乡居民收入同步增长。国家统计局湖南调查总队抽样调查显示，2016年，湖南省居民人均可支配收入21115元，比上年增长9.3%；全省城镇居民人均可支配收入31284元，增长8.5%；农村居民人均可支配收入11930元，增长8.5%。四是重点民生项目全面完成。全省新增城镇就业77.36万人，完成年度目标任务的110.5%；农村自来水建设普及率达到76.6%，超过年度目标任务11.6个百分点；新增管输天然气用户52.3万户，完成年度目标任务的145.3%；减少贫困人口125万，完成年度目标任务的113.6%。

第二节 2016年湖南经济发展基本特点

一、经济增长逐步趋稳，总量跃上3万亿元新台阶

2016年，湖南地区生产总值首次迈上3万亿元新台阶，达31244.7亿元，居全国第9位，同比增长7.9%，增速高于全国平均水平1.2个百分点，呈现逐步向好的局面。分产业看，2016年第一产业增加值3578.37亿元，增长3.3%；第二产业增加值13180.97亿元，增长6.6%；第三产业增加值14485.34亿元，增长10.5%，增速比上半年和前三季度分别上升1.0和0.5个百分点。三次产业对经济增长的贡献率分别为4.8%、37.0%和58.2%。

二、产业结构继续优化，转型升级步伐加快

一是服务业主导地位提升。全省三次产业结构由2015年的11.5：44.3：44.2演变为2016年的11.5：42.2：46.3，第三产业增加值占地区生产总值的比重提升明显，提高了2.1个百分点，高于第二产业比重4.1个百分点，对经济增长的贡献率为58.2%，比上年提高了4.7个百分点，拉动GDP增长4.6个百分点。二是消费成为经济增长的第一拉动力。全省最终消费支出对经济增长的贡献率为52.7%，比上年提高5.1个百分点，对促进湖南经济增长发挥着举足轻重的作用；资本形成总额对经济增长的贡献率为49.5%，比上年下降6.7个百分点。三是工业发展质量明显提高。2016年，全省高技术产业和高加工度工业增加值增速分别比规模以上工业快3.7和4.5个百分点，占全部规模工业的比重分别为38.0%和11.2%，分别比上年提高0.8和0.7个百分点。

三、新兴经济加快发展，动力转换迈出新步伐

一是新产业加速成长。2016年，全省战略性新兴产业实现增加值3499.24亿元，同比增长9.4%，

增速比地区生产总值的增速快1.5个百分点。二是新产品快速增长。2016年，全省新能源汽车增长66.8%，智能电视增长3.7倍，安全、自动化监控设备增长137.1%，工业机器人增长12.6%。三是新业态蓬勃发展。2016年，全省快递完成业务量4.86亿件，增长52.9%，实现业务收入51.60亿元，占全部邮政业务收入的比重接近一半，占比47.1%，增长52.2%。

四、战略布局成效显露，多点支撑的增长局面开始形成

工业经济由扩张性增长向挤压式竞争性增长全面转换，近几年来全省高度重视培育多点支撑工业增长的行业体系，为全省工业经济稳定增长注入了新动力。一是汽车制造业预期保持较快增长，主要受新车型上市并逐步达产、同期基数较低的影响，全省汽车制造业超常规增长，担当全省工业经济增长的第一动力。二是食品制造业，皮革、毛皮、羽毛及其制品和制鞋业，化学原料和化学制品制造业，金属制品业，非金属矿物制品业，有色金属冶炼和压延加工业，电气机械和器材制造业等传统工业和基础性工业预期继续保持稳定增长。这些行业大多具有生产和消费双重属性，整个国民经济的平稳增长和工业的稳定发展为其提供了良好支撑。三是黑色金属冶炼和压延加工业，铁路、船舶、航空航天和其他运输设备制造业预期出现回升。四是专用设备制造业、烟草制品业增长压力有所减轻，但运行仍将比较困难。主要是去库存的压力持续较大，市场新增容量有限。五是计算机、通信和其他电子设备制造业预期增长压力持续加大。

五、质量效益不断提升，生态环境有所改善

一是财政收入增长平稳。全省一般公共预算收入4252.1亿元，增长6%。其中，地方财政收入2697.9亿元，增长7.3%。二是企业效益得到提升。2016年，全省规模以上工业企业盈亏相抵后实现利润总额1620.52亿元，增长4.5%，比上年提高4.2个百分点。其中，汽车制造业实现利润增长1.4倍，计算机、通信和其他电子设备制造业利润增长20.3%，医药制造业实现利润增长28.2%。三是节能降耗成效明显。全省规模工业综合能源消费量同比下降1.5%，低于规模工业增速8.4个百分点，其中六大高耗能行业综合能源消费量下降1.7%。

第三节 2016年湖南经济发展中存在的主要问题

一、工业经济增长后劲不足

近年来，受国内外环境影响，全省工业经济发展遭遇较多困难，增幅出现较大幅度回落。从工业用电量来看，2016年工业用电量同比下降4.9%，降幅虽逐月收窄，但仍然在低位徘徊。从工业行业来看，2016年，增加值前十大行业中有5个行业增速同比回落，其中受控烟力度加大、卷烟提税调价以及市场销售等因素的影响，烟草制品业增加值下降5.7%；有色金属冶炼及压延加工业，化学原料和化学制品制造业，计算机、通信和其他电子设备制造业，农副食品加工业增速比上年分别回落6.8、4.9、4.4和0.2个百分点。从发展后劲来看，2016年，全省新入规工业企业1600多家，较上年有所增加，

但新入规企业以中小规模为主,大型企业少,发展后劲比较乏力,全省工业经济回升动力不足。

二、投资增速回落的态势明显

受市场需求疲软、重大项目支撑不足等因素影响,全省投资增速呈现回落态势。2016年,全省固定资产投资增长13.8%,比上年回落4.4个百分点,其中民间投资、工业等实体经济投资受到冲击比较明显。2016年,全省工业投资增长7.5%,增速比上年回落9.3个百分点,比全部固定资产投资增速低6.3个百分点;民间投资16381.34亿元,增长3.8%,增速比上年回落14.0个百分点,占全部固定资产投资比重下降6.2个百分点。

三、制约服务业继续高速发展因素增多

近年来,其他营利性服务业、以财政八项支出代表的非营利性服务业连续保持20%以上的增速,电信业务、邮政业务也连续保持在35%以上增长水平,成为服务业新的增长点,但总量越来越大,继续保持较高增速难度加大。同时,批发、零售业缺乏消费热点,特别是遭遇电商冲击,一部分实体店关店、停业。虽然电商发展迅速,成为社会消费品零售总额的新增长点,但全国电商增速已进入下降通道,从2014年的49.7%,到2015年的33.3%,再到2016年的26.2%。从我省来看,全省限上批零行业中电商单位较少、占比较低、发展不充分,且存在严重的购买力外流。据测算,2016年全省购买力外流接近1000亿元,我省消费市场的持续稳定增长面临较大困难。房地产业在趋紧的调控政策下,销售市场必将降温。从金融业来看,银行贷款受房地产调控趋紧的影响,预计2017年个人住房消费贷款和房地产企业贷款增速将出现下滑,加之银行债务置换,银行贷款余额增速减缓,拖累金融业的增长。

第四节 2017年全省经济形势展望

在国际国内经济环境的双重影响下,2017年中国宏观经济的复杂程度将继续加深,可能出现经济增长下行与系统性风险上升压力并存的局面。预计GDP增长速度将达到6.6%左右,CPI上涨率约为2.3%。

首先,经济增速将继续探底,物价水平增速将有所上升。基于总供给和总需求的分析框架判断,2017年,总供给缺乏短期扩张动力,有效需求继续收缩的概率增加,宏观经济可能出现"双收缩"的自然走势。一方面,总供给扩张能力下降,将出现一定程度的收缩。受到生产要素红利衰减、产业结构转型升级乏力、国有企业改革迟缓等结构性和制度性因素的制约,中长期经济增长速度继续下行将不可避免。另一方面,三大需求并无明显扩张迹象,收缩态势或将维持。消费方面,预期收入增速下降、政府消费增速受制和边际消费倾向递减效应将继续施压消费增速。投资方面,由于产业结构升级难度较大,传统产能收缩的同时新兴产业未能及时填补,经济缺乏优质投资机会,再加上经济下行压力导致经济系统性风险上升,民间资本预期收益空间收窄,投资增速或将继续下行。外贸方面,受全球贸易量下滑、发达国家再工业化、传统比较优势衰减和贸易保护主义抬头等不利因素的影响,外贸疲弱的压力在短期内难以明显缓解,贸易顺差可能进一步收窄。

2017年宏观经济政策的取向已经明确，继续实施积极的财政政策和稳健的货币政策，坚持稳中求进工作总基调，并突出强调以优异成绩迎接党的十九大胜利召开，这将有利于积极引导2017年国内经济发展预期。

农业生产有望平稳增长。国家强农富农惠农政策和农业现代化改革及农业供给侧结构性改革的大力推进，将持续稳定"三农"经济发展，农业龙头企业、农民合作社、种养大户等新型农业经营体将继续保持较快的发展态势，农业生产效率将逐步提升，为第一产业平稳发展奠定了坚实基础，预计2017年农业生产将保持3%以上的增速。

工业生产维持中速增长。2016年下半年工业产品价格企稳回升，企业效益逐步好转，有利于促进工业企业生产。此外，振兴实体经济被列为2017年的主要经济任务，工业作为实体经济的重中之重，振兴工业也将放在重要位置，预计全省工业经济保持6.5%左右的增速。

第三产业有望继续保持较快增长。近年来，服务业发展环境进一步优化，发展氛围进一步浓厚，全省第三产业持续快速发展，年均增速维持在10%以上，特别是金融业、营利性服务业、非营利性服务业等对第三产业增长的贡献较大。预计2017年第三产业继续保持10%左右的增速。

百强综合分析

第二章
2017 湖南 100 强企业综合分析

今年是湖南省工业经济联合会、湖南省企业联合会、湖南省企业家协会整合成立的湖南省企业和工业经济联合会第一年向社会发布湖南 100 强企业排行榜，并同步推出 2017 湖南 100 强企业年度发展报告。与 2016 湖南 100 强企业相比，2017 湖南 100 强企业总体规模继续扩大，盈利能力大幅提高，但资产总额增速放缓，企业间规模差距开始拉大，且今年的榜单入围门槛略有提高。

2016 年是"十三五"规划的开局之年，本章以湖南 100 强企业在 2016 年所创造的实绩为依托，重点围绕企业经营规模、地区分布、行业分布、创新能力以及经营成果这五大指标（营业收入、资产总额、净利润、从业人数、纳税总额），通过数据汇总分析和典型企业调查，从多个层面对 2017 湖南 100 强企业进行深入细致的分析与对比，以总结经验，彰显成绩，寻找差距，探讨问题，为湖南企业在适应经济发展新常态，加快转型升级，提升自主创新能力等方面提供有价值的指导。

第一节 2017 湖南 100 强企业特征分析

一、2017 湖南 100 强榜单变化分析

（一）群雄并起，新企业强势入围

相比 2016 湖南 100 强企业排行榜，入围 2017 湖南 100 强企业排行榜中的企业新秀有 12 家。新上榜的企业中，有 4 家国有企业，它们借助国有资源优势和技术优势迅猛发展；其余 8 家属于民营企业，凭借其创新能力、良好的经营状况和较强的盈利能力，迅速发展。值得注意的是，这 12 家新进入湖南 100 强的企业行业分布广泛，其中各类制造业企业 9 家，农林牧渔业 1 家，水利、环境和公共设施管理

第二章 2017湖南100强企业综合分析

业1家，文化、体育和娱乐业企业1家，这与湖南的经济发展现状有很大关系。2017湖南100强企业新上榜名单如表2-1所示。

表2-1　　　　　　　　　　　　　2017湖南100强企业新上榜名单

企业名称	营业收入（亿元）	上榜排名位次
永清环保股份有限公司	15.36	100
湖南科力远新能源股份有限公司	17	97
山河智能装备股份有限公司	19.92	91
湖南航天有限责任公司	21.47	89
湖南正和通矿产资源供应链有限公司	21.5	88
威胜集团有限公司	26.08	82
湖南南岭民用爆破器材股份有限公司	26.61	80
九芝堂股份有限公司	26.74	79
绝味食品股份有限公司	32.74	70
湖南大康国际农业食品股份有限公司	62.23	49
中南出版传媒集团股份有限公司	111.05	26
湖南中烟工业有限责任公司	1004.12	2

（二）老当益壮，老企业稳步发展

相对于2017湖南100强企业中的12家企业新秀，其余88家老企业则继续荣登"2017湖南100强"排行榜。与上年相比，在这些老企业中，仅有35家企业位次前移，其中，位次前进了10位以上的企业有5家。整体而言，2017湖南100强老企业前进位次幅度比上年度要小很多。

值得注意的是，中国石油化工股份有限公司巴陵分公司，2015年以167.88亿元的营业收入位列2016湖南100强企业第67位，但2016年以202.81亿元的营业收入跻身至2017湖南100强企业榜单中第17位，位次前进50位，成为位次前进最多的持续在榜企业。这与其在2016年合并了中国石化集团资产经营管理有限公司巴陵石化分公司有关。通过合并使其技术力量更加雄厚，公司资产更加充足，市场占有份额更大，同时通过独到的经营管理模式，可靠的质量、环境、职业健康安全和管理体系，实现了多项业务收入较上年有大幅增长。其次，长丰集团有限责任公司，按照"国际化推动战略"的指导思想，实现技术、人才、资本、管理及市场的国际化发展战略，平稳发展，2016年以营业收入87.78亿元位居2017湖南100强企业第31位，位次前进26位。该企业连续两年都以较大幅度的前进位次排名不断靠前。同样，湖南尔康制药股份有限公司，2015年刚进入100强榜单，位居榜单第94位，2016年以29.61亿元的营业收入位列2017湖南100强企业第75位，位次前进19位。这与它"和谐、忠诚、勤奋、绩效"的核心价值观，"专业成就未来，品质铸就辉煌"的经营理念，"一切为了药品的安全"的使命，"尔康人在市场竞争中不断取胜，在反省中超越自我，在学习中超越平庸，不断进步"的企业文化密切相关。另外，湖南电广传媒股份有限公司的排名前进20位，长沙银行股份有限公司的排名前进10位，泰富重装集团有限公司和益丰大药房连锁股份有限公司的排名同时前进9位等，以上足以表明这些企业在2016年实现了快速迅猛的发展。2017湖南100强企业位次前进详情如表2-2所示。

表2-2　　　　　　　　　　　2017湖南100强企业位次前进企业名单

公司名称	2016名次	2017名次	前进位次
中国石油化工股份有限公司巴陵分公司	67	17	50
长丰集团有限责任公司	57	31	26
湖南电广传媒股份有限公司	59	39	20
湖南尔康制药股份有限公司	94	75	19
长沙银行股份有限公司	30	20	10
泰富重装集团有限公司	42	33	9
益丰大药房连锁股份有限公司	74	65	9
现代投资股份有限公司	38	30	8
湖南新天地投资控股集团有限公司	77	69	8
益海嘉里（岳阳）粮油工业有限公司	92	84	8
郴州市金贵银业股份有限公司	43	36	7
蓝思科技股份有限公司	17	11	6
湖南黄金集团有限责任公司	48	42	6
爱尔眼科医院集团股份有限公司	69	63	6
湖南湘江涂料集团有限公司	72	66	6
道道全粮油股份有限公司	84	78	6
克明面业股份有限公司	91	87	4
湖南粮食集团有限责任公司	41	38	3
湖南省轻工盐业集团有限公司	61	58	3
湖南新长海发展集团有限公司	63	60	3
湖南建工集团有限公司	7	5	2
株洲旗滨集团股份有限公司	47	45	2
快乐购物股份有限公司	75	73	2
株洲千金药业股份有限公司	79	77	2
袁隆平农业高科技股份有限公司	88	86	2

第二章 2017湖南100强企业综合分析

续表

公司名称	2016名次	2017名次	前进位次
伟大集团	100	98	2
湖南华菱钢铁集团有限责任公司	5	4	1
湖南省新华书店有限责任公司	24	23	1
华融湘江银行股份有限公司	26	25	1
唐人神集团股份有限公司	28	27	1
老百姓大药房连锁股份有限公司	52	51	1
湖南省沙坪建设有限公司	58	57	1
望建（集团）有限公司	62	61	1
加加食品集团股份有限公司	95	94	1
长沙水业集团有限公司	96	95	1

2017湖南100强与2016湖南100强相比，有4家企业位次保持不变，分别是五矿有色金属控股有限公司（连续四年蝉联第1名）、湖南博长控股集团有限公司（第12名）、湖南佳惠百货有限责任公司（第40名）和中国邮政集团湖南省分公司（第50名）。说明这些企业在2016年发展相对稳健，经营状况良好。2017湖南100强企业位次没有变化的企业如表2-3所示。

表2-3　　　　　　　　　　　　2017湖南100强企业位次没有变化的企业名单

公司名称	2016名次	2017名次	前进位次
五矿有色金属控股有限公司	1	1	0
湖南博长控股集团有限公司	12	12	0
湖南佳惠百货有限责任公司	40	40	0
中国邮政集团湖南省分公司	50	50	0

2017湖南100强企业中，位次后退的有49家，较上年增加16家，且位次后退超过10位的有9家，江南工业集团有限公司后退45位，岳阳林纸股份有限公司（原泰格林纸集团股份有限公司）后退23位，中冶长天国际工程有限责任公司后退16位等。后退企业整体后退位次较上年大幅增大。这些企业位次后退的原因有经营业绩提升不大，因而在激烈的竞争中落后；也有自身经营管理不善，造成营业收入相对增加幅度减少，管理成本相对增加等。需要指出的是，尽管这些企业在我国当前经济下行压力加大的严峻形势下名次有一定的退后，但是它们依然保持一定的速度在发展。2017湖南100强企业位次后退企业情况如表2-4所示。

表 2-4　　2017 湖南 100 强企业位次后退企业名单

公司名称	2016 名次	2017 名次	后退位次
中国建筑第五工程局有限公司	2	3	1
国网湖南省电力公司	6	7	1
中联重科股份有限公司	8	9	1
中国石化销售有限公司湖南石油分公司	9	10	1
中车株洲电力机车研究所有限公司	13	14	1
湘电集团有限公司	21	22	1
湖南安石企业（集团）有限公司	31	32	1
湖南顺天建设集团有限公司	70	71	1
中国能源建设集团湖南火电建设有限公司	71	72	1
恩瑞集团有限公司	89	90	1
步步高投资集团股份有限公司	11	13	2
中国建设银行股份有限公司湖南分公司	14	16	2
中国水利水电第八工程局有限公司	16	18	2
金龙集团	19	21	2
五矿二十三冶建设集团有限公司	27	29	2
中国航发南方工业有限公司	53	55	2
中国烟草总公司湖南省公司	3	6	3
湖南路桥建设集团有限责任公司	25	28	3
湖南省茶业集团股份有限公司	51	54	3
株洲联诚集团有限责任公司	64	67	3
中华联合财产保险股份有限公司湖南分公司	65	68	3
湖南对外建设集团有限公司	73	76	3
湖南景峰医药股份有限公司	78	81	3
三一集团有限公司	4	8	4
中车株洲电力机车有限公司	15	19	4
中国石油天然气股份有限公司湖南销售分公司	20	24	4
中国铁建重工集团有限公司	49	53	4

第二章 2017 湖南 100 强企业综合分析

续表

公司名称	2016 名次	2017 名次	后退位次
湖南郴电国际发展股份有限公司	81	85	4
大汉控股集团有限公司	10	15	5
长沙新振升集团有限公司	39	44	5
中国电子科技集团公司第四十八研究所	29	35	6
湖南兰天集团有限公司	35	41	6
中车株洲电机有限公司	37	43	6
金杯电工股份有限公司	68	74	6
大唐湘潭发电有限责任公司	87	93	6
江麓机电集团有限公司	55	62	7
湖南黄花建设集团股份有限公司	76	83	7
特变电工衡阳变压器有限公司	44	52	8
长沙通程控股股份有限公司	56	64	8
长安益阳发电有限公司	83	92	9
湖南高岭建设集团股份有限公司	36	46	10
湖南九龙经贸集团有限公司	23	34	11
湖南宇腾有色金属股份有限公司	46	59	13
湖南友谊阿波罗商业股份有限公司	34	48	14
方正证券股份有限公司	22	37	15
大唐华银电力股份有限公司	32	47	15
中冶长天国际工程有限责任公司	80	96	16
岳阳林纸股份有限公司	33	56	23
江南工业集团有限公司	54	99	45

(三) 重视不够,少数企业退出榜单

由于各种复杂的原因,尤其是有些企业对进入 100 强企业榜单的积极性不高,没有提供数据,因此导致 11 家企业退出 2017 湖南 100 强企业榜单。其退出榜单的企业情况如下:①注册地址迁出湖南的 1 家,即嘉凯城集团股份有限公司;②已经联系不上的企业 1 家,即心连心集团有限公司;③明确表示不愿申报的企业 6 家,分别是国药控股湖南有限公司、华润电力湖南有限公司、盛仕达钢铁股份有限公司、长城信息产业股份有限公司、中国人寿财产保险股份有限公司湖南省分公司和华天实业控股集团有限公司;④由于 2015 年排名靠后,2016 年企业就没有进行申报的企业 2 家,分别是常德烟草机械有

限责任公司和湖南东信集团有限公司企业；⑤经过核实不够入围条件的企业 1 家，即湖南梦洁家纺股份有限公司。

二、2017 湖南 100 强企业规模特征分析

（一）百尺竿头更进一步

值得肯定的是，2017 湖南 100 强企业总体规模继续扩大，实现了"十三五"的良好开局。作为"十三五"规划开局之年，2016 年的资产总额达到 29016.17 亿元，同比 2015 年增长 12.47%，相比上年虽然资产总额继续增长，但资产总额的增长速度却放缓。由此可以看出，即使面对复杂多变的国内外市场环境，大家依然在抢抓机遇，谋求发展，整体规模不断攀升。2013—2017 湖南 100 强企业资产总额变化趋势如图 2-1 所示。

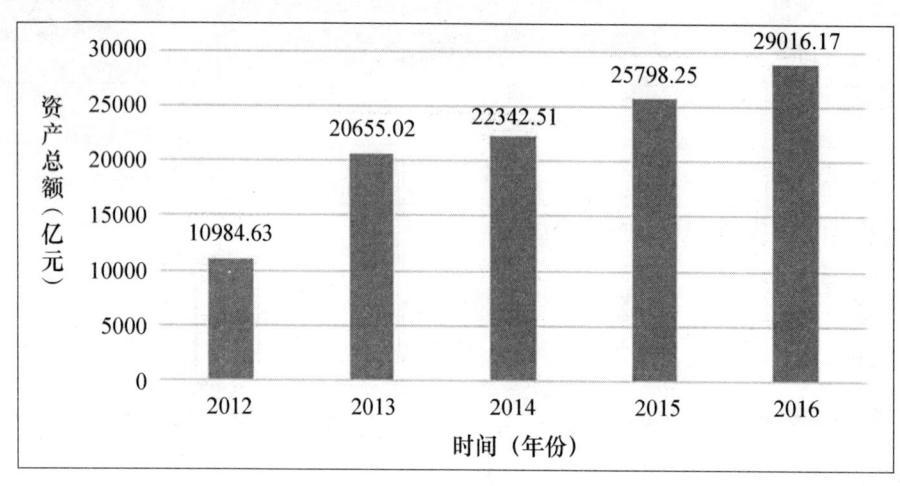

图 2-1　2013—2017 湖南 100 强企业资产总额变化对比

2017 湖南 100 强企业营业收入总额达到 14560.61 亿元，占当年全省地区生产总值 31244.70 亿元的 46.60%，相比上年度湖南 100 强企业营业收入总额的 12394.51 亿元有大幅增加。2017 湖南 100 强企业营业收入总额占全省地区总值比重相比上年的 42.67% 有所增长，可看出湖南 100 强企业在全省经济发展中发挥的重要贡献。

（二）2017 湖南 100 强入围门槛增加 0.78 亿元

2017 湖南 100 强企业的营业收入入围门槛为 15.36 亿元，较上年的 14.58 亿上升 0.78 亿元，增幅为 5.35%。2017 湖南 100 强入围门槛提高，突破过去四年连续下降趋势，上升幅度明显。这与我国坚持全面深化改革，积极适应和引领经济发展新常态，加快经济发展方式转变和经济结构调整具有一定的关系。2013—2017 湖南 100 强入围门槛变化如图 2-2 所示。

（三）企业规模差距进一步拉大

近几年来，湖南 100 强企业的整体规模在不断扩大，但由于行业特征、自身经营等因素的影响，进入榜单中的企业依然存在较大的规模差距，值得注意的是，2017 湖南 100 强企业规模差距相比上年有增大的趋势。其中，排名第一的五矿有色金属控股有限公司，年营业收入为 1263.60 亿元，而第 100 位的新进企业永清环保股份有限公司，年营业收入为 15.36 亿元，只相当于五矿有色金属控股有限公司的 1.22%。将这个比例数值与上年相比较可以看出，末位企业对首位企业的总营业收入占比略有下降，说

第二章 2017湖南100强企业综合分析

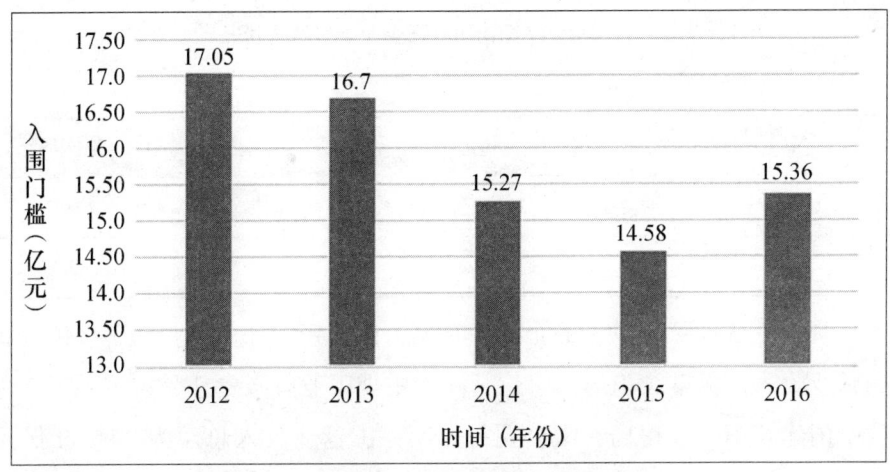

图2-2 2013—2017湖南100强入围门槛变化

明入围企业的规模差距进一步拉大。造成这种变化的主要原因有外部经济环境压力、产业结构调整以及企业本身经营策略等问题，位于榜首的五矿有色金属控股有限公司营业收入相较上年上升了154.10亿元，增幅为13.89%。由于榜首企业营业收入增长幅度大于末位企业的营业收入增长幅度，从而进一步拉大了100强企业的规模差距。

2013湖南100强企业中首位企业的营业收入是末位企业的70倍；2014湖南100强企业中首位企业的营业收入是末位企业的90倍；2015湖南100强企业中首位企业的营业收入是末位企业的82倍；2016湖南100强企业中首位企业的营业收入是末位企业的76倍；2017湖南100强企业中首位企业的营业收入是末位企业的82倍。与2016湖南100强企业规模差距相比，2017湖南100强企业规模差距进一步拉大，说明100强的发展水平很不平衡。相对而言，今年的不平衡状况并未得到有效改善，反而加剧了不平衡，如表2-5所示。

表2-5　　　　　　　　2013—2017湖南100强企业的企业规模分布对比

年份	首位企业营业收入 i（亿元）	末位企业营业收入 j（亿元）	i/j
2012	1195.37	17.05	70
2013	1510.69	16.7	90
2014	1246.77	15.27	82
2015	1109.5	14.58	76
2016	1263.6	15.36	82

（四）大企业成为拉动经济发展的强劲"引擎"

从2017湖南100强企业规模分布的特征可以看出，按营业收入计算，100亿元以上的超大型企业有29家，与2016湖南100强企业相比增加2家，充分显示出大企业对湖南省经济发展的带动作用；按资产计算，100亿元以上的企业有41家，与2016湖南100强企业相比增加11家。2017湖南100强企业规模结构状况如表2-6所示。

表 2-6　　　　　　　　　　　　2017 湖南 100 强企业规模结构状况

单位：个

企业规模	超过 500 亿元	100 亿~500 亿元	10 亿~100 亿元	10 亿元以下	实报数
按营业收入计算	9	20	71	0	100
按资产计算	11	30	57	2	100

从营业收入看，规模在 500 亿元以上的企业有 9 家，比上年增加 1 家：五矿有色金属控股有限公司以 1263.60 亿元的营业收入总额继续稳居第一位；湖南中烟工业有限责任公司位列第二，营业收入总额为 1004.12 亿元；中国建筑第五工程局有限公司排名第三，营业收入总额为 908.30 亿元。营业收入总额前三强企业与 2016 相比，其营业收入总额大幅度增加。营业收入总额在 100 亿~500 亿元的企业有 20 家，比上年增加 1 家；规模在 10 亿~100 亿元的企业有 71 家，比上年减少 2 家；没有一家企业的营业收入总额在 10 亿元以下。其中 2017 湖南 100 强企业中按营业收入计算 100 亿元以上的超大型企业具体名单如表 2-7 所示。

表 2-7　　　　　　　　　　　　按营业收入计算的超大型企业

排名	公司名称	营业收入（亿元）
1	五矿有色金属控股有限公司	1263.6
2	湖南中烟工业有限责任公司	1004.12
3	中国建筑第五工程局有限公司	908.3
4	湖南华菱钢铁集团有限责任公司	836.7
5	湖南建工集团有限公司	724.84
6	中国烟草总公司湖南省公司	722.04
7	国网湖南省电力公司	696.17
8	三一集团有限公司	637.58
9	中联重科股份有限公司	502.69
10	中国石化销售有限公司湖南石油分公司	427.29
11	蓝思科技股份有限公司	367.82
12	湖南博长控股集团有限公司	329.33
13	步步高投资集团股份有限公司	321.45
14	中车株洲电力机车研究所有限公司	317.79
15	大汉控股集团有限公司	315.21
16	中国建设银行股份有限公司湖南分公司	263.44

第二章 2017 湖南 100 强企业综合分析

续表

排名	公司名称	营业收入（亿元）
17	中国石油化工股份有限公司巴陵分公司	202.81
18	中国水利水电第八工程局有限公司	191.13
19	中车株洲电力机车有限公司	170.46
20	长沙银行股份有限公司	168.45
21	金龙集团	135.18
22	湘电集团有限公司	121.11
23	湖南省新华书店有限责任公司	120.33
24	中国石油天然气股份有限公司湖南销售分公司	118.44
25	华融湘江银行股份有限公司	113.54
26	中南出版传媒集团股份有限公司	111.05
27	唐人神集团股份有限公司	108.84
28	湖南路桥建设集团有限责任公司	107.23
29	五矿二十三冶建设集团有限公司	106.07

从资产总额看，规模在 500 亿元以上的企业有 11 家，比去年增加 1 家：中国建设银行股份有限公司湖南分公司以 6230.79 亿元的资产规模持续位居第一；长沙银行股份有限公司位列第二，资产总额为 3835.05 亿元；华融湘江银行股份有限公司排名第三，资产总额为 2601.86 亿元。资产总额前三强企业与 2016 年相比，其资产规模大幅增长。资产总额规模在 100 亿~500 亿元的企业有 30 家，比去年增加 10 家；规模在 10 亿~100 亿元的企业 57 家，比去年减少 5 家；规模在 10 亿元以下的企业有 2 家，比去年减少 5 家。其中 2017 湖南 100 强企业中按资产总额计算 100 亿元以上的超大型企业具体名单如表 2-8 所示。

表 2-8　　　　　　　　　　按资产总额计算的超大型企业

排名	公司名称	资产总额（亿元）
16	中国建设银行股份有限公司湖南分公司	6230.79
20	长沙银行股份有限公司	3835.05
25	华融湘江银行股份有限公司	2601.86
37	方正证券股份有限公司	1523.39
4	湖南华菱钢铁集团有限责任公司	1302.39
8	三一集团有限公司	1048.37
7	国网湖南省电力公司	976.75

续表

排名	公司名称	资产总额（亿元）
9	中联重科股份有限公司	891.41
2	湖南中烟工业有限责任公司	875.08
1	五矿有色金属控股有限公司	835.56
3	中国建筑第五工程局有限公司	734.5
14	中车株洲电力机车研究所有限公司	498.16
11	蓝思科技股份有限公司	459.44
6	中国烟草总公司湖南省公司	393.93
22	湘电集团有限公司	264.35
19	中车株洲电力机车有限公司	254.96
39	湖南电广传媒股份有限公司	225.17
18	中国水利水电第八工程局有限公司	223.07
30	现代投资股份有限公司	220.17
5	湖南建工集团有限公司	217.18
47	大唐华银电力股份有限公司	192.88
26	中南出版传媒集团股份有限公司	186.19
23	湖南省新华书店有限责任公司	175.28
10	中国石化销售有限公司湖南石油分公司	168.69
49	湖南大康国际农业食品股份有限公司	163.69
29	五矿二十三冶建设集团有限公司	163.55
95	长沙水业集团有限公司	153.39
31	长丰集团有限责任公司	151.22
15	大汉控股集团有限公司	149.93
13	步步高投资集团股份有限公司	144.78
56	岳阳林纸股份有限公司	142.28
28	湖南路桥建设集团有限责任公司	141.01
38	湖南粮食集团有限责任公司	138.79
45	株洲旗滨集团股份有限公司	123.66
48	湖南友谊阿波罗商业股份有限公司	118.09

续表

排名	公司名称	资产总额（亿元）
53	中国铁建重工集团有限公司	113
85	湖南郴电国际发展股份有限公司	111.01
33	泰富重装集团有限公司	102.9
91	山河智能装备股份有限公司	101.72
58	湖南省轻工盐业集团有限公司	100.72
12	湖南博长控股集团有限公司	100.47

三、2017湖南100强企业地区分布分析

100强企业总部所在地的地域分布与地区经济发展状况一致，因此2017湖南100强企业主要集中在经济发达地区。从入围的企业数量来看，长沙作为湖南省的政治经济文化中心，入围湖南100强的企业数量最多，占比上升到67%。与2016湖南100强企业相比，除新增永州市1个席位，常德市减少1个席位，湘潭市减少2个席位外，2017湖南100强企业的地区分布特征总体变化不大，100强企业仍然主要集中在长沙、株洲、湘潭三市。与上年一致，长株潭占据了100强企业中的82席。其中，长沙市67席，增加2席；株洲市9席，与上年数量一样；湘潭市6席，减少2席。这82家企业2016年共实现营业收入13294.04亿元，共拥有资产27864.17亿元，分别占全省100强企业总量的91.30%和96.03%，相比上年营业收入增加0.33%，资产总额减少0.92%。2017湖南100强的其他18席分布在8个地级市，值得关注的是永州市今年新占有1席，岳阳市5席，郴州市4席，娄底市3席，怀化市2席，常德市1席，益阳市1席，衡阳市1席。邵阳市、湘西自治州和张家界市，均无企业入围2017湖南100强。2017湖南100强企业的地区分布结构状况如表2-9所示。

表2-9　　　　　　　　　　2017湖南100强企业地区分布结构状况

地区	企业个数	营业收入（亿元）	比重	资产总额（亿元）	比重
长沙市	67	11824.53	81.21%	26089.56	89.91%
株洲市	9	867.01	5.95%	1164.43	4.01%
湘潭市	6	602.5	4.14%	610.18	2.10%
岳阳市	5	329.9	2.27%	303.05	1.04%
益阳市	1	19.86	0.14%	65.92	0.23%
衡阳市	1	53.79	0.37%	59.42	0.20%
怀化市	2	133.03	0.91%	178.58	0.62%
娄底市	3	496.78	3.41%	230.66	0.79%

续表

地区	企业个数	营业收入（亿元）	比重	资产总额（亿元）	比重
郴州市	4	169.26	1.16%	227.58	0.78%
常德市	1	37.34	0.26%	42.21	0.15%
永州市	1	26.61	0.18%	44.58	0.15%
全省	100	14560.61	100.00%	29016.17	100.00%

从营业收入看，2017湖南100强企业超过90%的收入都来自长株潭地区，这与该地区的经济发达程度相一致。2013—2017湖南100强企业营业收入总额中，经济较发达的长株潭地区所占比重一直保持在85%以上，虽然有所波动，但波动幅度较小；与上年相比，营业收入所占比重，长沙市上升2.59个百分点，岳阳市上升0.39个百分点，永州市新进入榜单1家企业占比0.18%。其他地区基本呈下降趋势。

长沙地区入围湖南100强企业的营业收入占2017湖南100强企业营业收入的比重从去年的78.62%增长到81.21%，提升2.59个百分点，营业收入占比增幅较大。如表2-10所示。

表2-10　　　　　　　　　2013—2017湖南100强企业营业收入在各地域的分布

单位：%

地区	2012	2013	2014	2015	2016
长沙	84.05	82.16	81.3	78.62	81.21
株洲	4.36	4.57	5.67	7.16	5.95
湘潭	3.49	3.72	3.79	5.19	4.14
岳阳	2.65	2.51	2.62	1.88	2.27
衡阳	0.36	0.54	0.39	0.46	0.37
郴州	1.25	1.32	1.34	1.25	1.16
怀化	0.76	0.75	0.46	0.92	0.91
娄底	3.34	4.07	4.1	3.98	3.41
益阳	0.22	0.24	0.33	0.18	0.14
常德	—	—	—	0.36	0.26
永州	—	—	—	—	0.18
自治州	—	—	—	—	—
邵阳	—	—	—	—	—
张家界	—	—	—	—	—

湖南100强企业营业收入中，长株潭地区所占比例从2012年到2016年总体在90%以上波动，占绝对优势地位，说明长株潭一体化发展所形成的综合经济中心增强了长株潭地区的整体经济实力，从经

济一体化、交通一体化、通信一体化等多方面为企业提供了更加优越的发展环境。2013—2017湖南100强企业长株潭地区营业收入占总营业收入占比的分布趋势，如图2-3所示。

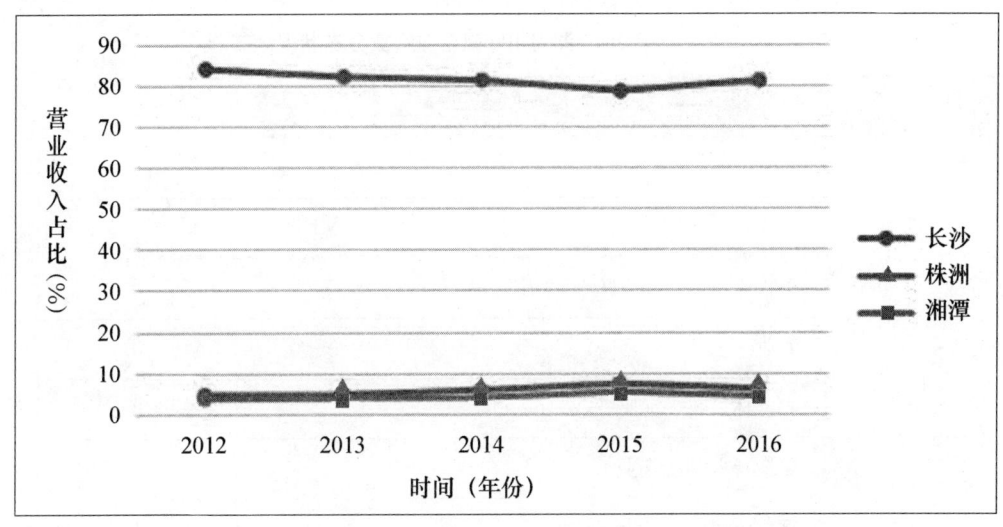

图2-3 2013—2017湖南100强企业营业收入在长株潭地区的分布趋势

长株潭地区入围湖南100强的企业数量从2012年到2016年一直维持在80家左右，浮动的范围较小，从入围数量的变化上看长株潭地区保持着较为稳定的经济增长，可见长株潭一体化经济政策的实施加强了该地区的经济发展实力和综合竞争力，优化了企业的经营发展环境，如图2-4所示。

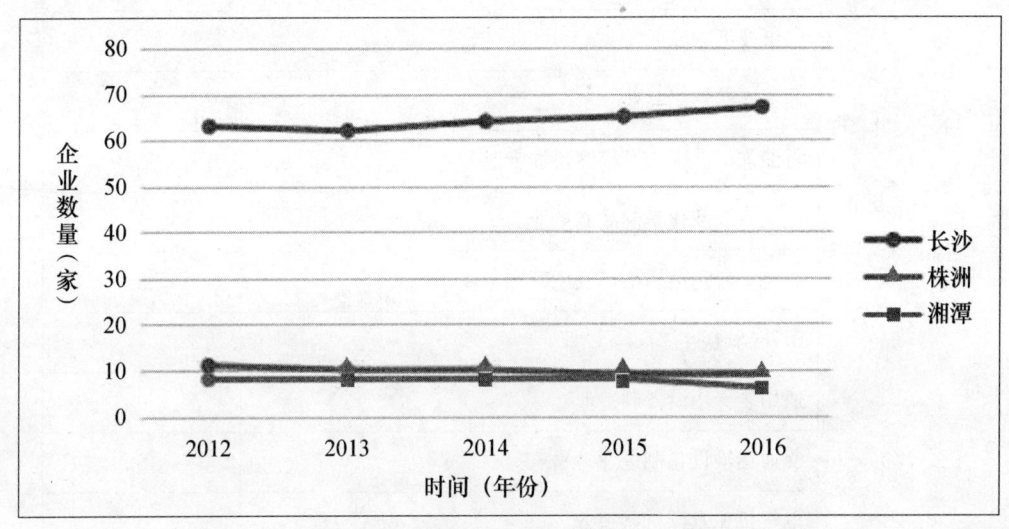

图2-4 2013—2017湖南100强企业在长株潭的数量分布趋势

四、2017湖南100强企业行业分布分析

（一）2017湖南100强企业行业分布总体分析

按行业门类划分，虽然2017湖南100强企业的行业数目相比往年有所变化，但是制造业和服务业企业仍占100强席位大多数，总共83家，其中制造业企业48家，与去年相比增加3家，服务业企业35家，与去年相比减少6家。其他行业企业17家，与去年相比减少3家。按行业大类划分，2017湖南100强企业分布于27类行业中，与上年基本保持一致。其中批发、零售业15家，房屋和土木工程建筑和其他建筑业13家，电力、热力、燃气及水的生产和供应业6家，农副食品加工业7家，黑色、有色

金属冶炼及压延加工业8家，通用、专用设备制造业9家，交通运输设备制造业6家，这些行业分布的企业数量较多，共计64家。2017湖南100强企业行业分布详情如表2-11所示。

表2-11　　　　　　　　　　　　　　2017湖南100强企业行业分布状况

行业门类	行业大类	企业数	企业总数
农、林、牧、渔业	农业	3	3
	林业	0	
	畜牧业	0	
	渔业	0	
	农、林、牧、渔服务业	0	
采掘业	煤炭开采和洗选业	0	1
	有色金属矿采选业	1	
	其他采矿业	0	
制造业	农副食品加工业	7	48
	烟草制品业	1	
	造纸及纸制品业	1	
	非金属矿物制品业	1	
	石油加工、炼焦及核燃料加工业	2	
	化学原料及化学制品制造业	3	
	黑色、有色金属冶炼及压延加工业	8	
	医药制造业	4	
	通用、专用设备制造业	9	
	交通运输设备制造业	6	
	电气机械及器材制造业	3	
	通信设备、计算机及其他电子设备制造业	2	
	仪器仪表及文化、办公用机械制造业	1	
电力、热力、燃气及水的生产和供应业	电力、热力、燃气及水的生产和供应业	6	6
建筑业	房屋建筑、土木建筑及其他建筑业	13	13
交通运输、仓储、邮政业	邮政业	1	2
	城市公共交通业	1	

第二章 2017湖南100强企业综合分析

续表

行业门类	行业大类	企业数	企业总数
信息传输、计算机服务和软件业	信息传输、计算机服务和软件业	2	2
批发和零售业	批发、零售	15	15
金融业	银行业	3	5
	其他金融活动	2	
房地产业	房地产业	2	2
水利、环境和公共设施管理业	水利、环境和公共设施管理业	1	1
卫生、社会保障和社会福利业	医院	1	1
文化、体育和娱乐业	广播、电视、电影和音像业	1	1

（二）2017湖南100强企业分行业门类的相对规模分析

从营业收入看，2017湖南100强企业分行业门类的相对规模占比在5%以上的有4个，与上年相比减少1家：①制造业，营业收入总额7515.32亿元，相对规模占比51.61%，同上年相比有大幅上升；②批发和零售业，营业收入总额2464.28亿元，相对规模占比16.92%，营业收入总额与上年相比增长幅度较大，但占比略有减少；③建筑业，营业收入总额2332.12亿元，相对规模占比16.02%，营业收入总额比上年大幅增加，占比增大；④电力、热力、燃气及水的生产和供应业，营业收入总额841.86亿元，相对规模占比5.78%。这4个门类合计的营业收入总额达到13153.58亿元，相对营业收入总规模达到90.34%，同比去年营业收入总额有较大幅度上升，相对规模占比有所减少。从资产看，2017湖南100强企业分门类相对规模占比在5%以上的门类有5个，比上年增加1个：①金融业，资产总额14227.89亿元，相对规模占比49.03%，与上年相比有较大幅度增长；②制造业，资产总额8768.01亿元，相对规模占比30.22%；③建筑业，资产总额1667.31亿元，相对规模占比5.75%；④批发和零售业，资产总额1550.31亿元，相对规模占比5.34%；⑤电力、热气、燃气及水的生产和供应业，资产总额1536.52亿元，相对规模占比5.30%。这5个门类合计的资产总额达到27750.04亿元，相对资产规模达到95.64%，相比去年增长幅度很大。排名靠前的行业门类无论从营业收入还是资产总额上，相比去年有大幅增长。有关详细数据，如表2-12所示。

表2-12　　　　2017湖南100强企业分行业门类相对规模及占比

行业门类	营业收入（亿元）	占比	资产（亿元）	占比
农林牧渔	138.18	0.95%	258.79	0.89%
采掘业	70.3	0.48%	95.41	0.33%

续表

行业门类	营业收入（亿元）	占比	资产（亿元）	占比
制造业	7515.32	51.61%	8768.01	30.22%
电力、热力、燃气及水的生产和供应业	841.86	5.78%	1536.52	5.30%
建筑业	2332.12	16.02%	1667.31	5.75%
交通运输、仓储和邮政业	156.33	1.07%	270.05	0.93%
信息传输、计算机服务和软件业	119.74	0.82%	287.62	0.99%
批发和零售业	2464.28	16.92%	1550.31	5.34%
金融业	657.29	4.51%	14227.89	49.03%
房地产业	98.77	0.68%	97.46	0.34%
水利、环境和公共设施管理业	15.36	0.11%	29.96	0.11%
卫生、社会保障和社会福利业	40	0.27%	40.66	0.14%
文化、体育和娱乐业	111.05	0.76%	186.19	0.64%
合计	14560.6	100.00%	29016.18	100%

2017湖南100强企业分布在27个行业大类。从营业收入看，相对规模占比超过5%的大类行业有7个，与去年相比增加1个。它们分别是：①黑色、有色金属冶炼及压延加工、金属制造业，营业收入总额2779.88亿元，相对规模占比19.09%；②批发和零售业，营业收入总额2464.28亿元，相对规模占比16.92%；③建筑业，营业收入总额2332.12亿元，相对规模占比16.02%；④通用、专用设备制造业，营业收入总额1430.15亿元，相对规模占比9.82%；⑤烟草制造业，营业收入总额1004.12亿元，相对规模占比6.90%；⑥电力、热力、燃气及水的生产和供应业，营业收入总额841.86亿元，相对规模占比5.78%；⑦交通运输设备制造业，营业收入总额731.64亿元，相对规模占比5.02%。这7个大类合计的营业收入总额达到11584.05亿元，相对营业收入总规模占比79.56%，值得关注的是，烟草制造业企业的加入使得行业大类营业收入总额比上年有所增长，从而超过5%的行业大类营业收入总额相对规模占比有明显的提高。从资产总额看，相对资产占比超过5%的大类行业有7个，他们分别是：①银行业，资产总额12667.71亿元，相对规模占比43.66%；②通用、专用设备制造业，资产总额2433.75亿元，相对规模占比8.39%；③黑色、有色金属冶炼及压延加工、金属制造业，资产总额2388.79亿元，相对规模占比8.23%；④建筑业，资产总额1667.31亿元，相对规模占比5.75%；⑤其他金融活动，资产总额1560.19亿元，相对规模占比5.38%；⑥批发和零售业，资产总额1550.31亿元，相对规模占比5.34%；⑦电力、热力、燃气及水的生产和供应业，资产总额1536.52亿元，相对规模占比5.30%。这7个大类合计的资产总额达到23804.58亿元，相对资产规模达到82.04%，值得注意的是，批发和零售业企业的加入使得行业大类资产总额较上年显著增加，从而超过5%的行业大类资产总额相对规模占比有较大幅度的上升。

从以上分析可以看出，与去年相比，2017湖南100强企业的行业集聚特征更加明显，7个大类行业在营业总收入和资产总额上具有绝对的规模优势。表 2-13 展示了 2017 湖南 100 强企业分大类行业的相对规模及占比情况。

表 2-13　　　　　　　　　　2017 湖南 100 强企业分大类行业的相对规模及占比

行业大类	营业收入（亿元）	占比	资产（亿元）	占比
农业	138.18	0.95%	258.79	0.89%
有色金属矿采选业	70.3	0.48%	95.41	0.33%
农副食品加工业	312.21	2.14%	284.27	0.98%
烟草制品业	1004.12	6.90%	875.08	3.02%
造纸及纸制品业	47.99	0.33%	142.28	0.49%
石油化工、炼焦及核燃料加工业	287.55	1.97%	143.84	0.50%
化学原料及化学制品制造、化学纤维制造业	95.77	0.66%	149.53	0.52%
医药制造业	111.4	0.77%	186.17	0.64%
非金属矿物制品业	69.61	0.48%	123.66	0.43%
黑色、有色金属冶炼及压延加工、金属制品业	2779.88	19.09%	2388.79	8.23%
通用、专用设备制造业	1430.15	9.82%	2433.75	8.39%
交通运输设备制造业	731.64	5.02%	1087.36	3.75%
电气机械及器材制造业	169.36	1.16%	347.89	1.20%
计算机、通信及其他电子设备制造业	449.57	3.09%	530.35	1.83%
仪器仪表及文化、办公用机械制造业	26.08	0.18%	75.03	0.26%
电力、热力、燃气及水的生产和供应业	841.86	5.78%	1536.52	5.30%
建筑业	2332.12	16.02%	1667.31	5.75%
邮政业	61.09	0.42%	49.88	0.17%
城市公共交通业	95.24	0.65%	220.17	0.76%
信息传输、计算机服务和软件业	119.74	0.82%	287.62	0.99%
批发、零售	2464.28	16.92%	1550.31	5.34%
银行业	545.43	3.75%	12667.71	43.66%
其他金融活动	111.86	0.77%	1560.19	5.38%
房地产业	98.77	0.68%	97.46	0.34%

续表

行业大类	营业收入（亿元）	占比	资产（亿元）	占比
水利、环境和公共设施管理业	15.36	0.11%	29.96	0.10%
卫生、社会保障和社会福利业	40	0.27%	40.66	0.14%
文化、体育和娱乐业	111.05	0.76%	186.19	0.64%
合计	14560.61	100.00%	29016.18	100.00%

五、2017 湖南 100 强企业所有制性质分布分析

在 2017 湖南 100 强企业所有制性质分布（见表 2-14）中，国有及国有控股企业与民营企业平分秋色，其中，国有及国有控股企业 50 家，比上年减少 4 家，营业收入合计为 10077.27 亿元，占综合百强企业营业收入的 69.21%；实现净利润 459.59 亿元，占综合百强企业净利润的 81.13%；纳税合计为 1109.55 亿元，占综合百强企业纳税总额的 92.10%；资产总额总计为 24219.10 亿元。由此可以看出，2017 湖南 100 强国有及国有控股企业在 100 强中和湖南省经济发展中的带动辐射影响力举足轻重。民营企业进入 2017 湖南 100 强的有 50 家，比上年增加 4 家。营业收入总计为 4483.34 亿元，占综合百强企业营业收入总额的 30.79%；实现净利润 106.94 亿元，占综合百强企业净利润的 18.88%；纳税合计为 95.13 亿元，占综合百强企业纳税总额的 7.90%；资产总额合计为 4797.07 亿元。根据以上对民营企业的分析，我们意识到民营企业将成为湖南省经济发展中的一支重要力量。2017 湖南 100 强企业所有制性质分布状况如表 2-14 所示。

表 2-14　　　　　　　　　　2017 湖南 100 强企业所有制性质分布状况

单位：亿元

所有制	上榜数（家）	营业收入	净利润	纳税总额	资产总额
国有	50	10077.27	459.59	1109.55	24219.10
民营	50	4483.34	106.94	95.13	4797.07

六、2017 湖南 100 强企业"拼"创新

2017 湖南 100 强企业中有研发活动并填报研发费用的有 59 家，比去年减少 5 家，合计研发费用为 175.73 亿元，平均研发费用 2.98 亿元，平均研发费用相比上年投入增加 0.47 亿元。研发费用占营业收入比率高于 3% 的企业有 25 家，与去年相比增加 1 家，企业数量占比达到 42.37%；占比超过 10% 的企业数目为 0；其中研发投入占比在 5% 到 10% 之间的企业有 6 家，与去年数目一样，这 6 家企业分别为中国铁建重工集团有限公司、威胜集团有限公司、中车株洲电力机车研究所有限公司、江南工业集团有限公司、湘电集团有限公司、江麓机电集团有限公司；在 3% 到 5% 的有 19 家，比去年增加 1 家；在 1% 到 3% 之间的有 7 家，比去年减少 7 家；研发投入比小于 1% 的企业有 27 家。在 59 家填报研发费用的企

业中只有25家企业的研发投入比重达到了省政府提出的3%的要求，占填报企业数的42.37%，同比上年增加4.86个百分点。虽然企业的研发投入情况在持续改善，但是还有近六成的企业未达标，如表2-15所示。

表2-15　　　　　　　　　2017湖南100强企业研发投入状况分布表

企业数目/比例	超过10%	5%~10%	3%~5%	1%~3%	1%以下	总数
按研发投入分类（个）	0	6	19	7	27	59
企业数目比例（%）	0	10.17	32.20	11.86	45.76	100

第二节　2017湖南100强企业效益与纳税分析

一、2017湖南100强经济效益状况分析

（一）100强企业扭转颓势，盈利水平大幅增加

值得关注的是，2017湖南100强企业在规模继续扩大的同时，净利润也在大幅度增长。2016湖南100强企业的净利润总额为309.25亿元，2017湖南100强的净利润总和为566.52亿元，同比上年增长了83.19%，100强企业净利润开始有所增长。其中盈利企业95家，利润总额为631.43亿元，与2016湖南100强企业相比，盈利企业利润总额增加95.98亿元，增幅为17.93%；亏损企业有5家，亏损总额64.91亿元，亏损企业亏损总额比去年减少161.3亿元，减幅为71.31%。2013—2017湖南100强企业净利润及其增长速度如表2-16所示。

表2-16　　　　　　　　2013—2017湖南100强企业净利润及增长率比较

年份	净利润（亿元）	年增长率（%）
2012	606.63	-7.63
2013	560.52	-7.6
2014	514.94	-8.13
2015	309.25	-39.95
2016	566.52	83.19

至2016年，100强企业的盈利水平突破持续四年的下降趋势，开始大幅回升，2017湖南100强企业净利润比上年大幅度增加，亏损总额大幅减少，这与经济新常态下经济运行总体平稳，经济结构不断优化，新旧动能加快转换，质量效益明显提升等有关。我国经济稳中有进、稳中向好的态势为企业的发展奠定了基础。

（二）盈利大户略有增加

在上榜的100家企业中，实现净利润10亿元以上的企业共有12家，相比去年增加1家，利润总额

达到424.99亿元，这12家超级盈利大户占100强中95家盈利企业利润总额的67.31%。与2016湖南100强企业11家10亿元以上的盈利大户相比，利润总额增加70.98亿元，增幅为20.05%，同比去年有较大的增长。其余在2016年度盈利的83家企业中，净利润为5亿~10亿元的企业共有12家，与去年相比增加3家；净利润为1亿~5亿元的企业共有52家，比上年增加4家；净利润在1000万~1亿元的企业共有19家，与去年相同。需要重视的是，中联重科股份有限公司由2015年盈利0.91亿元变为2016年亏损9.05亿元。这与自2011年以来，一直延续到今天的受宏观经济走弱的影响，工程机械行业陷入低迷情况有关。中国石油化工股份有限公司巴陵分公司2016年亏损面持续加大，亏损14.70亿元。这与当前我国很多传统石化产品的产能基本饱和，有些甚至相对过剩，而且很多产品同质化现象严重有极大关系。

排在利润榜前12位的盈利大户有：中国建设银行股份有限公司湖南分公司（91.73亿元），湖南中烟工业有限责任公司（85.20亿元），中国烟草总公司湖南省公司（63.30亿元），长沙银行股份有限公司（32.52亿元），中车株洲电力机车研究所有限公司（29.29亿元），方正证券股份有限公司（25.69亿元），华融湘江银行股份有限公司（23.37亿元），中国建筑第五工程局有限公司（20.61亿元），中南出版传媒集团股份有限公司（18.05亿元），蓝思科技股份有限公司（13.27亿元），湖南省新华书店有限责任公司（11.70亿元），湖南尔康制药股份有限公司（10.26亿元）。2017湖南100强盈利大户与2016湖南100强盈利大户的比较如表2-17所示。

表2-17　　　　　　　2017湖南100强盈利大户与2016湖南100强盈利大户比较

单位：亿元

2017湖南100强盈利大户名称	净利润	2016湖南100强盈利大户名称	净利润
中国建设银行股份有限公司湖南分公司	91.73	中国建设银行股份有限公司湖南分公司	93.68
湖南中烟工业有限责任公司	85.2	中国烟草总公司湖南省公司	66.28
中国烟草总公司湖南省公司	63.3	方正证券股份有限公司	40.98
长沙银行股份有限公司	32.52	中车株洲电力机车研究所有限公司	30.21
中车株洲电力机车研究所有限公司	29.29	长沙银行股份有限公司	27.67
方正证券股份有限公司	25.69	华融湘江银行股份有限公司	22.87
华融湘江银行股份有限公司	23.37	中国建筑第五工程局有限公司	19.37
中国建筑第五工程局有限公司	20.61	蓝思科技股份有限公司	15.42
中南出版传媒集团股份有限公司	18.05	中车株洲电力机车有限公司	14.23
蓝思科技股份有限公司	13.27	三一集团有限公司	11.89
湖南省新华书店有限责任公司	11.7	湖南省仙湖书店有限责任公司	11.40
湖南尔康制药股份有限公司	10.26		

（三）企业盈利能力略有提升，能力差距扩大

2017湖南100强企业中有盈利企业95家，亏损企业5家。

1. 收入盈利能力分析

从收入利润率看，2017湖南100强中没有企业达到50%以上，但是收入利润率在10%~50%之间的企业有19家，比上年减少1家；收入利润率在10%~30%的企业有16家，与去年一样；30%~50%的企业有3家，与去年相比减少1家；收入利润率在0~10%的企业有76家，比上年增加7家；收入利润率为负的企业有5家，同比上年减少6家。从收入利润率在0以上的企业数来看，与上年相比，2017湖南100强企业收入盈利能力有所提高，如图2-5所示。

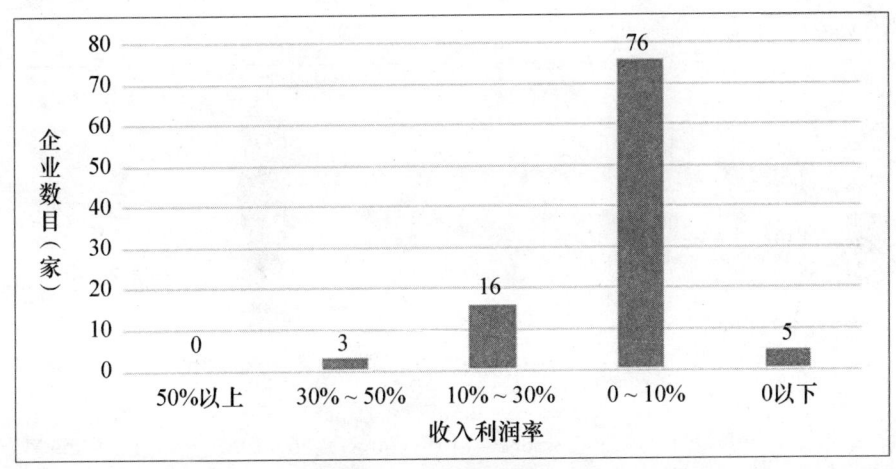

图2-5　2017湖南100强企业收入利润率分布状况

其中，中国建设银行股份有限公司湖南分公司以34.82%的收入利润率高居榜首；2016年平均收入利润率为5.97%，较上年的4.36%有所增长，超过平均水平的企业只有33家，100强的收入利润率还存在较大的差距。2017湖南100强企业收入利润率排名前十名的企业如表2-18所示。

表2-18　　　　　　　　　　　2017湖南100强企业收入利润率前十名

在100强中的排名	企业名称	利润率（%）
16	中国建设银行股份有限公司湖南分公司	34.82
75	湖南尔康制药股份有限公司	34.67
37	方正证券股份有限公司	33.11
79	九芝堂股份有限公司	24.38
86	袁隆平农业高科技股份有限公司	21.8
25	华融湘江银行股份有限公司	20.59
20	长沙银行股份有限公司	19.3
53	中国铁建重工集团有限公司	17.93
26	中南出版传媒集团股份有限公司	16.25
60	湖南新长海发展集团有限公司	15.24

2. 资产盈利能力分析

从资产利润率来看，2017湖南100强企业中没有企业达到资产利润率50%以上，比上年少3家；同时与去年一样也没有企业在30%到50%之间；资产利润率在10%到30%的有11家，同比上年减少1家；0~10%的企业有84家，较上年增加10家；而资产利润率为负数的企业有5家。从该比例可以看出，相比2016湖南100强，2017上报的100强企业总体资产盈利能力有一定的下降，具体表现在没有企业资产利润比率大于30%以上，表明2017湖南100强企业的资产利用效益有所下滑，经营管理并没有改善。如图2-6所示。

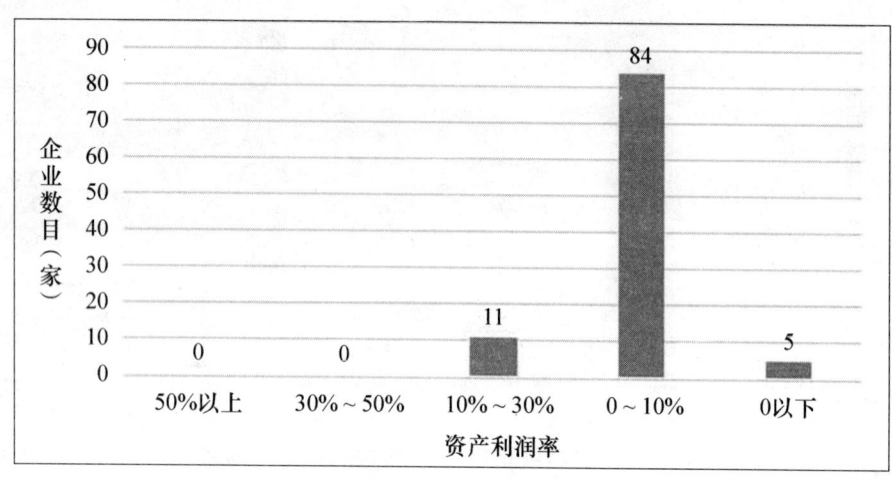

图2-6　2017湖南100强企业资产利润率分布状况

其中，绝味食品股份有限公司以19.38%的资产利润率居各企业之首，而2017湖南100强企业平均资产利润率为4.36%，比上年的8.30%大幅减少。超过平均资产利润率的企业有41家，较上年增加18家。虽然100强的资产利润率差距有所减小，但是企业的资产盈利能力差距仍然存在。2017湖南100强企业资产利润率排名前十的企业如表2-19所示。

表2-19　　　　　　　　　　2017湖南100强企业资产利润率前十名

在100强中的排名	企业名称	资产利润率（%）
70	绝味食品股份有限公司	19.38
75	湖南尔康制药股份有限公司	18.16
78	道道全粮油股份有限公司	17.13
44	长沙新振升集团有限公司	16.82
6	中国烟草总公司湖南省公司	16.07
63	爱尔眼科医院集团股份有限公司	13.71
79	九芝堂股份有限公司	13.59
66	湖南湘江涂料集团有限公司	12.86
76	湖南对外建设集团有限公司	12.22
60	湖南新长海发展集团有限公司	10.95

3. 资产周转率

从资产周转率来看，2017 湖南 100 强企业平均资产周转率为 124.91%，相比 2016 湖南 100 强企业平均资产周转率 223.17%大幅下降。这表明 2017 湖南 100 强企业对于资产的管理质量和利用效率大幅下降。

其中有 30 家企业资产周转率超过平均数，同比去年增加 10 家。这反映出 2017 湖南 100 强的盈利差距有所减少。金龙集团以资产周转率高达 1125.83%的业绩排名榜首。值得注意的是，2017 湖南 100 强新申报企业中湖南正和通矿产资源供应链有限公司以资产周转率 337.94%排在资产周转率前五名榜单中的第 5 名，湖南黄花建设集团股份有限公司和湖南省茶业集团股份有限公司分别以资产周转率 483.59%和 338.08%上升至资产周转率前五名榜单中的第 2 名和第 4 名，湖南佳惠百货有限责任公司以资产周转率 475.58%仍居前五名之中，资产周转率排名前五的企业有较大变动。2017 湖南 100 强企业资产周转率排名前五的企业如表 2-20 所示。

表 2-20　　　　　　　　　　2017 湖南 100 强企业资产周转率前五名

在 100 强中的排名	企业名称	资产周转率（%）
21	金龙集团	1125.83
83	湖南黄花建设集团股份有限公司	483.59
40	湖南佳惠百货有限责任公司	475.58
54	湖南省茶业集团股份有限公司	338.08
88	湖南正和通矿产资源供应链有限公司	337.94

二、2017 湖南 100 强企业纳税状况分析

2017 湖南 100 强企业纳税总额为 1204.68 亿元（实报 76 家企业的数据），相比上一年的 636.31 亿元增加 568.37 亿元，增幅为 89.32%，占 2016 年湖南省税收收入总额 3105.52 亿元的 38.79%，相比上年有较大幅度上升。主要与在经济新常态下经济运行总体平稳，经济结构不断优化，使得企业盈利水平普遍提升；2016 年湖南省相继推出"营改增"试点及多项结构性减税的政策，由此带来较大规模的税收减收效应等因素有关。2013—2017 湖南 100 强企业的纳税情况如表 2-21 所示。

表 2-21　　　　　　　　　　2013—2017 湖南 100 强企业的纳税情况

年份	2012	2013	2014	2015	2016
纳税总额（亿元）	1135.55	612.08	585.01	636.31	1204.68
占全省税收收入比重（%）	38.73	18.51	20.85	23.9	38.79
纳税额增长率（%）	3.65	-46.1	-4.42	8.77	89.32

2017 湖南 100 强企业中纳税大户贡献突出。2016 年纳税额在 5 亿元以上的纳税大户有 22 家，其纳税总额达到 1106.37 亿元，相比上年增加 583.07 亿元，占 100 强企业年纳税总额的 91.84%，同比上年

占比上升。值得关注的是，纳税额居首位的是新申报的湖南中烟工业有限责任公司，年纳税额达到627.23亿元。位列第2位至第10位的分别是：中国烟草总公司湖南省公司（153.69亿元），国网湖南省电力公司（41.02亿元），中国建设银行股份有限公司湖南分公司（37.88亿元），湖南建工集团有限公司（30.14亿元），中国石油化工股份有限公司巴陵分公司（28.66亿元），中车株洲电力机车研究所有限公司（25.14亿元），中国建筑第五工程局有限公司（24.58亿元），长沙银行股份有限公司（19.79亿元），三一集团有限公司（18.90亿元）。位列前十位的纳税大户合计纳税1007.04亿元，占2017湖南100强企业纳税总额的83.59%，同比去年占比大幅增长。2017湖南100强企业纳税金额排名前十的企业如表2-22所示。

表2-22　　　　　　　　　　　2017湖南100强企业纳税金额前十名

在100强中的排名	企业名称	纳税金额（亿元）
2	湖南中烟工业有限责任公司	627.23
6	中国烟草总公司湖南省公司	153.69
7	国网湖南省电力公司	41.02
16	中国建设银行股份有限公司湖南分公司	37.88
5	湖南建工集团有限公司	30.14
17	中国石油化工股份有限公司巴陵分公司	28.66
14	中车株洲电力机车研究所有限公司	25.14
3	中国建筑第五工程局有限公司	24.58
20	长沙银行股份有限公司	19.79
8	三一集团有限公司	18.9

从行业分布看，2017湖南100强企业在27个大类行业中有分布。其中有11个行业的纳税额在5亿元以上，比去年减少2个行业。烟草制品业以627.23亿元的纳税实绩，位居各行业之首。纳税额第2位至第5位的大类行业依次是：批发零售业（186.45亿元），建筑业（88.14亿元），银行业（71.62亿元），交通运输设备制造业（52.43亿元）。

三、2017湖南100强企业平均经济指标变化趋势

（一）2017湖南100强企业平均营业收入变化趋势

2017湖南100强企业平均营业收入为145.61亿元，相比上年123.95亿元增加17.47%。2013—2017湖南100强企业平均营业收入在100亿元到150亿元之间小幅波动，但2017湖南100强企业的平均营业收入较上年有大幅度的提升。详见表2-23和图2-7。

表 2-23　　　　　　　　　　　2013—2017 湖南 100 强企业平均营业收入指标

年份	2012	2013	2014	2015	2016
平均营业收入（亿元）	114.55	125.64	123.00	123.95	145.61
平均营业收入净增长率（%）	-6.80	9.68	-2.10	0.77	17.47

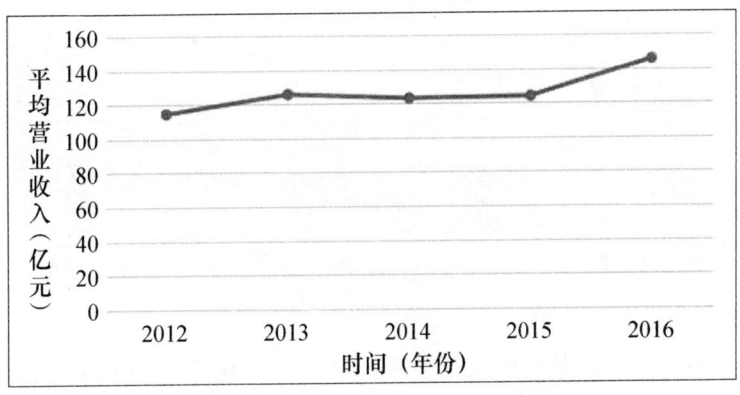

图 2-7　2013—2017 湖南 100 强企业平均营业收入变化趋势图

（二）2017 湖南 100 强企业平均资产变化趋势

2017 湖南 100 强企业平均资产为 290.16 亿元，较上年增加 29.57 亿元，平均资产增长率为 11.35%，上升趋势有所减缓。但从整体来说，2013—2017 湖南 100 强企业平均资产持续呈增长趋势。2013—2017 湖南 100 强企业平均资产变化趋势如表 2-24 和图 2-8 所示。

表 2-24　　　　　　　　　　　2013—2017 湖南 100 强企业平均资产指标

年份	2012	2013	2014	2015	2016
平均资产（亿元）	187.34	206.55	225.68	260.59	290.16
平均资产净增长率（%）	8.4	10.25	9.26	15.47	11.35

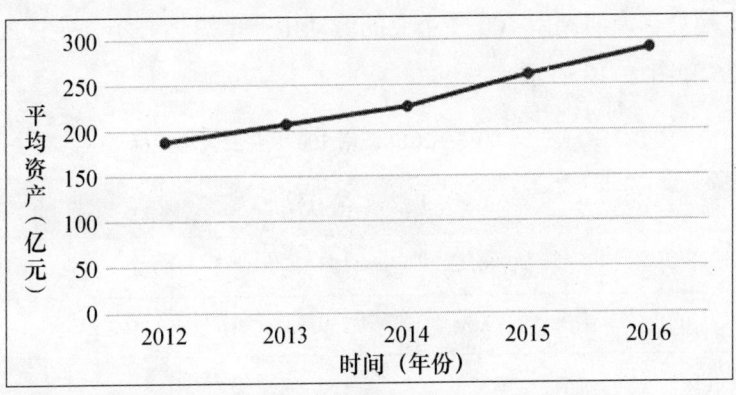

图 2-8　2013—2017 湖南 100 强企业平均资产变化趋势图

2017 湖南 100 强企业平均资产净增长率为 11.35%，比 2016 湖南 100 强企业平均资产增速降低

4.12个百分点。2017湖南100强企业平均资产净增长率的变化趋势说明金融危机后企业的资产规模增长速度已基本恢复到危机之前的水平，保持稳步上升。2013—2017湖南100强企业平均资产净增长率变化趋势如图2-9所示。

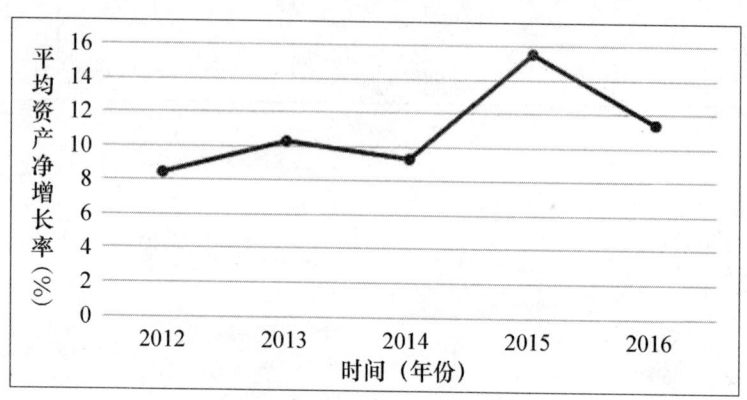

图2-9 2013—2017湖南100强企业平均资产净增长率变化趋势图

（三）2017湖南100强企业平均利润变化趋势

2017湖南100强企业平均利润为5.67亿元，同比去年3.09亿元增加83.50%，相比上年的下降趋势，今年有大幅回升。从平均利润指标来看，湖南100强企业的竞争力还有较大的提升潜力，需要努力提高自身的盈利能力，充分发掘市场利润空间，寻找新的利润增长点，为湖南经济的进步做出更大的贡献。2013—2017湖南100强企业平均利润指标如表2-25所示。

表2-25　　　　　　　　　2013—2017湖南100强企业平均利润指标

年份	2012	2013	2014	2015	2016
平均利润（亿元）	6.13	5.66	5.15	3.09	5.67
平均利润增长率（%）	-6.7	-7.67	-9	-40	83.50

（四）2017湖南100强企业人均指标变化趋势

2017湖南100强企业人均营业收入为210.61万元，相比上年增加56.51万元。2017湖南100强企业人均营业收入净增长率为36.67%，比上年增长40.53个百分点。从2013年开始，湖南100强企业人均营业收入呈波动变化趋势，说明湖南100强企业的劳动生产率总体并不稳定。2013—2017湖南100强企业人均指标如表2-26和图2-10所示。

表2-26　　　　　　　　　2013—2017湖南100强企业人均指标

年份	2012	2013	2014	2015	2016
人均营业收入（万元）	238.92	158.06	160.29	154.1	210.61
人均资产（万元）	339.34	259.83	291.16	320.75	419.70
人均营业收入净增长率（%）	61.32	-33.84	1.41	-3.86	36.67
人均资产净增长率（%）	62.99	-23.43	12.06	10.16	30.85

2017湖南100强企业人均资产从2012年的339.34万元上升到2016年的419.70万元，增长了

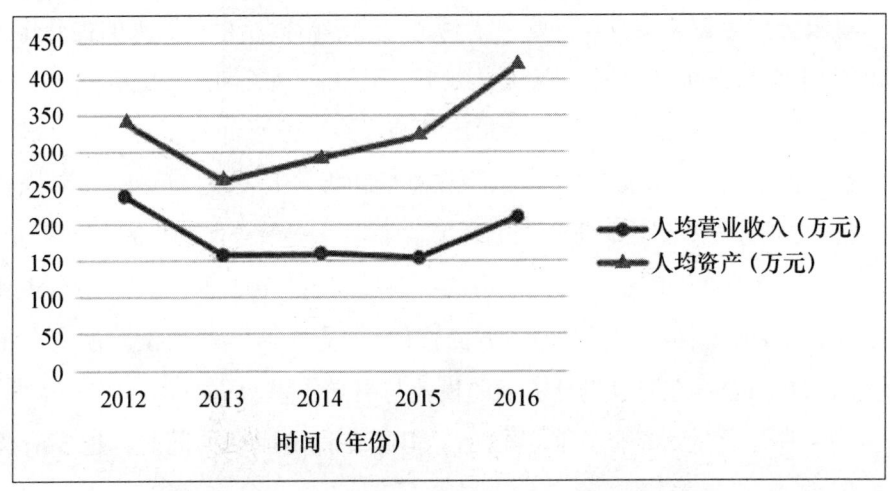

图 2-10　2013—2017 湖南 100 强企业人均指标变化趋势图

23.68%，从 2013 年开始逐年呈波动上升趋势；2017 湖南 100 强企业人均资产为 419.70 万元，相比上年净增长率为 30.85%，高于上一年净增长率 20.69 个百分点。2017 湖南 100 强企业人均营业收入和人均资产的净增长率的变化趋势说明了企业人均指标的增长速度保持波动上升的趋势，企业的劳动生产率得到一定的提高，整体竞争力逐渐增强，如图 2-11 所示。

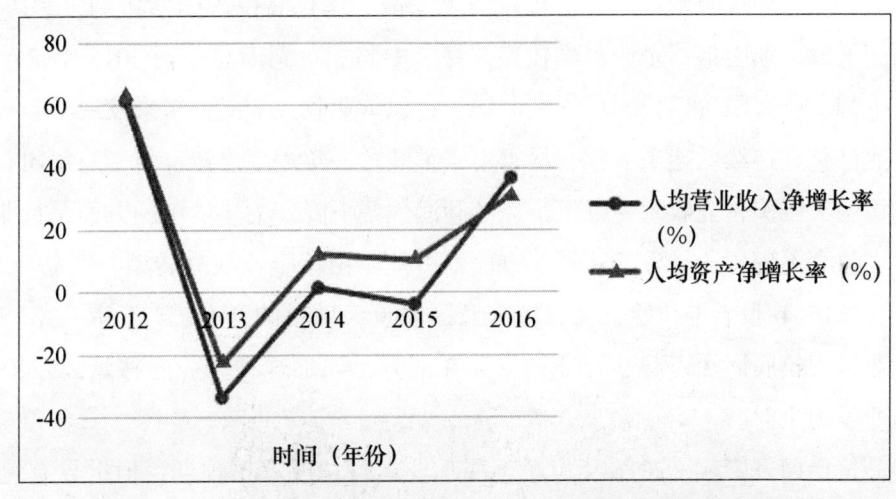

图 2-11　2013—2017 湖南 100 强企业人均指标净增长率变化趋势图

第三节　2017 湖南 100 强企业发展中存在的主要问题

在错综复杂的国内外形势下，2017 湖南 100 强企业顶住了经济下行压力，表现可圈可点，对湖南经济保持总体平稳、稳中有进、稳中趋好态势起到重要作用，实现了"十三五"的良好开局。

100 强企业在过去一年中，在整体规模、经营效益和人均量上都取得了不错的成绩，为全省经济发展做出了巨大贡献。2016 年，100 强企业总体规模继续扩大，总体营业收入、资产总额均都保持了增长态势，净利润总额同比增长 83.19%，扭转了 100 强企业盈利水平连续四年下降的趋势。同时，100 强企业的盈利能力也有所提高，企业在收入利润率、资产利润率上的总体表现优于 2015 年。值得注意的是，湖南中烟工业有限公司等超大型企业的强势入榜，对许多指标产生了巨大的提升作用。为了能够更为准确地了解2017湖南100强企业的发展状况，我们对比了入榜企业2016年与2015年的经营数据，发现100强企业2016年总体经营成果的确相较2015年有了令人欣喜的进步，资产总额、营业收入均保持了5%以上的增速，净利润同比增加21.87%。除在总量和质量上表现出色外，100强企业在人均量的表现上也有所突破，实现了"三量齐升"。2016年营业收入达14560.61亿元，占全省生产总值的46.6%，体现出了100强企业在湖南省经济发展中的排头兵作用。100强企业2016年共纳税1204.68亿元，为全省贡献了38.79%的税收收入。在创新方面，100强企业研发费用投入占全省相关费用投入的三分之一以上，显示100强企业在研发创新方面的模范与引导作用。

2016年100强企业所取得的成绩固然值得骄傲，但是在肯定成绩的同时，也要清醒地认识到其中的问题和所面临的困难。

一、传统支柱行业发展乏力，优势企业陷困境

烟草、工程机械、有色、冶金、石化等行业是湖南省传统支柱行业，受宏观经济运行情况、产能过剩等因素影响，近年来发展略显乏力，各方面发展不尽如人意。

受控烟力度加大、卷烟提税调价、市场规模需求缩减、库存高位等因素影响，2016年烟草行业营业收入锐减，利润下滑，湖南烟草企业也难独善其身。中国烟草湖南总公司2016年营业收入、利润双双负增长，湖南中烟工业有限责任公司尽管利润增长，但营业收入下滑，未来发展不容乐观。

工程机械行业已整整持续低迷了五年，尽管泰富重装这一年表现出色，但三一集团有限公司、中联重科股份有限公司两大巨头营业收入继续下滑，净利润大幅下降。上述情况一方面是行业不景气，工程机械产品存量大，盈利不理想所导致的；另一方面则可能是由于企业战略转型、产品升级等投入加大。但需要指出的是，2016年下半年开始，随着国家及区域重大项目的开工、"一带一路"沿线项目启动等，工程机械行业呈现筑底回暖态势，行业销量正在回升，如果这种态势能够延续，2017年将又是湖南工业机械类企业发力之时。

受供需改善、价格回升影响，2016年有色金属工业运行情况好于预期，但世界有色金属市场供应过剩的局面没有根本扭转，市场环境依然严峻。整体来看，属于该行业的100强企业整体营业收入上涨，净利润却大幅下滑。湖南有色金属行业龙头企业五矿有色金属控股有限公司营业收入有所增长，净利润下降速度减缓，但总额仍在下滑，金龙集团、长沙新振升集团有限公司、湖南宇腾有色金属股份有限公司净利润也出现了不同程度的下滑。这些都侧面显示了产品利润空间不断在压缩，产品升级转型迫在眉睫。

2016年，石化行业在结构调整、产业发展质量等方面取得进展，价格触底回升，但产能结构性过剩矛盾和风险依然存在、行业投资总体疲软、国际化工市场压力增大等问题仍旧困扰着行业发展。在湖南石化领域，中国石化集团资产经营管理有限公司巴陵分公司并入中国石油化工股份有限公司巴陵分公司，尽管营业收入上涨，但受运营成本上升、产能结构性矛盾等因素影响，净利润大幅下滑，未来发展仍旧艰难。

湖南省工业经济发展情况不容乐观。一是湖南规模工业增加值、企业利润增速有待提高。2016年

湖南省规模工业增加值增速尽管高于全国平均水平，但仅居全国第16位、中部第5位；企业利润增速低于全国平均水平，位居全国第22位、中部第5位。二是湖南规模工业增加值下滑压力大。2016年湖南规模工业增加值增速再度回落0.9%，未能扭转2015年的下滑态势。三是工业企业成本上升。湖南规模工业企业每百元主营业务收入中，成本占到84.44%，同比上升0.11元，利润率仅为4.3%，下降0.11个百分点。在此背景下，属于传统支柱行业的100强企业在未来发展中仍旧面临着重重困难。

二、服务业企业遇挑战，高速增长难以继续

2017湖南100强企业中，服务业企业35家，与2016相比，减少6家。服务类企业数量减少了，但其对100强企业总体数据贡献十分突出，35家企业净利润总额占到100强企业净利润总额的60%以上。服务业企业总体数据亮眼，然而我们也必须注意到总体数据背后隐藏的问题。

部分服务业企业发展形势不容乐观。2016年，面对电力市场需求增长放缓、交易价格不断下降、燃料成本大幅上涨、产能过剩等因素，大唐华银电力股份有限公司、长安益阳发电有限公司等电力企业利润大幅下降，未来发展前景尚不明朗。批发零售业是湖南省服务业的重要支撑点，本年度100强企业榜单中，批发零售业企业多达15家，但由于行业缺乏消费热点，特别是遭遇电商冲击，一部分实体店关店、停业，不少批发零售业企业，如步步高投资集团股份有限公司、湖南友谊阿波罗商业股份有限公司等，在营业收入增长的情况下，利润减少，侧面反映出企业经营产品利润有限，未来发展急需新消费热点。入围2017湖南100强企业的5家金融企业，总营业收入和净利润增速放缓，仅有长沙银行股份有限公司净利润增速小幅提高，部分企业甚至出现了负增长情况，方正证券股份有限公司与中华联合财产保险股份有限公司湖南分公司的营业收入与净利润大幅下滑，与2015年的快速发展形成了鲜明对比。

服务类企业继续高速发展难度大。从盈利情况来看，总体销售净利率水平小幅下滑，侧面显示出服务业企业在经历连续高速发展后，产品利润空间有限，整体继续保持高速增长面临困难。近年来，电信业务、邮政业务、其他营利性服务业、以财政八项支出为代表的非营利性服务业连年高速增长，但随着总量越来越大，继续保持较高增长速度难度加大。总体来看，2017湖南100强企业中的35家服务业企业营业收入总额仅增长2.39%。100强企业的主力——批发零售业企业——营业收入增长速度已连续两年接近于零，迫切需要新消费增长点。交通运输、仓储和邮政业企业2016年营业收入增长速度仍旧可观，但增速相较2015年有所放缓，利润增长大幅降速，但仍持续超高速增长，未来继续保持如此高速增长并不现实，增长速度可能进一步下降。

三、企业发展不平衡，转型升级有待深入

营业收入与利润不相称，第二产业企业利润低。2017湖南100强企业中，第二产业企业达62家，其总营业收入在100强企业总营业收入中占据绝对优势地位，达68.11%，但是高营业收入并未带来高利润，这些企业的净利润总额仅占100强企业净利润总额的38.60%，销售净利率仅有2.20%，侧面显示出产品附加值低，迫切需要企业继续深入进行转型升级，提高产品科技含量，延长产品价值链条，提高整体盈利能力。

高技术制造业缺乏，传统制造业发展乏力。制造业是对于湖南经济发展至关重要，在 2017 湖南 100 强企业中，制造业企业占据半壁江山，共 48 家，营业收入在 100 强企业中占比超过了 50%。制造业企业仍以传统制造业为主，在外部环境不景气与产品技术层次不高等内外压力挤压下，销售净利率仅有 2.34%。与此相对，高技术制造业利润增长幅度大，但数量少，仅有 8 家，考虑到其资产规模发展正在快速增长，发展仍有提升空间。

批发零售业企业占半壁江山，现代服务业企业缺乏。2017 湖南 100 强企业中，共包含 35 家服务业企业，其中 15 家是批发零售业，正如之前所提到的随着总量越来越大，高增长难以保持，同时由于缺乏新的消费热点，企业数量众多，利润情况不尽如人意。与此相对，现代服务业企业发展迅速，与文化、公共设施等行业相关的企业营业收入、净利润增长迅速，但能够辐射中部地区乃至全国的企业数量较少。

长株潭地区 100 强企业众多，地区分布不平衡。2017 湖南 100 强企业主要集中在经济发达地区，占据了 100 强企业中的 82 席，总营业收入占比超过了 90%，其他 11 个地区总共仅有 18 家。这一方面反映了长株潭一体化的发展模式所形成的综合经济中心增强了长株潭地区的整体经济实力，从经济一体化、交通一体化、通信一体化等多方面为企业提供了更加优越的发展环境。但同时，地区马太效应也在显现，核心城市辐射作用有限，其他区域经济发展较为缓慢，区域经济发展纽带不强，使得 100 强企业地域分布过于集中，地区分布不平衡。

四、企业研发热情低，高学历人才需增加

根据湖南省科技厅发布的数据，湖南省 2016 年研究与试验发展经费预计为 460 亿元，其中 100 强企业研发费用总计 175.73 亿元，作用显著。2017 湖南 100 强企业投入的平均研发费用增加，相较于 2016 百强企业，增长了 18.72%，发展态势令人欣喜。并且，许多企业加快新技术、新产品、新工艺的研发应用，对外技术依存度逐渐降低，企业技术创新主体地位明显得到加强。但是，总体上看，湖南大企业的研发投入仍然偏低，自主创新意识和基础薄弱，高层次人才还相当匮乏。

企业研发投入热情仍旧较低。在研发费用填写方面，百强企业中，仅有 59 家企业填写了相关数据。在研发投入方面，尽管平均研发费用有所增长，但是只有 25 家企业的研发投入比重达到省政府提出的 3% 的要求，20 家企业的研发费用出现了下降情况。上述数据反映出企业的研发投入和科技创新积极性并不乐观，制约了创新驱动作用的发挥。

高学历人才缺乏。各企业并未上报员工学历，但是根据 100 强企业中 33 家上市企业 2016 年的公开数据可以发现：在 281316 名员工中，中专及以下学历员工占据主要地位，比重达 47.29%，大专学历员工占 32.24%，大学及以上学历员工仅占 20.47%。这些数据尽管不能完全展示 100 强企业的员工学历分布，然而也从侧面反映了 100 强企业高学历人才缺乏的状况，可能会影响企业创新能力，难以推动企业转型升级，抑制企业发展潜力，影响企业长期经营能力。因此，100 强企业要通过制度安排吸引、留住高学历优秀人才。

第二章 2017湖南100强企业综合分析

第四节　湖南100强企业未来发展的对策与建议

2016年，湖南省经济运行稳步向好，实现了"十三五"规划良好开局。2017年将是"十三五"规划落实的关键之年。展望未来，世界经济与国际贸易在2016年经历了7年以来的最低点后，世界经济将保持低速温和增长态势。尽管经济发展的不确定性因素依旧较多，国内外经济仍存在下行风险，但向好因素持续积累，国内经济逐渐复苏。2017年，湖南省经济增速有望稳中略升，农业生产有望平稳增长，工业生产预计低位趋稳，第三产业有望继续保持较快增长。湖南100强企业作为湖南经济发展的排头兵，在未来发展中，要把握战略机遇，推动产品转型升级，提高管理效率，以创新驱发展。面对未来经济发展中的不确定因素，100强企业也要警惕风险，时时居安思危。

一、把握战略机遇，实现新发展

党的十九大报告指出，当前，国内外形势正在发生深刻复杂变化，我国发展仍处于重要战略机遇期，前景十分光明，挑战也十分严峻。过去几年，立足未来发展，国家推出了一系列重大长期计划与战略，这既为中国未来发展定下了行动指南，也为企业未来发展指明了方向。2017年是"十三五"规划落实的关键之年，湖南100强企业要发挥自己在资本、规模、技术等方面的优势，把握战略机遇，实现新发展。

贯彻建设现代化经济体系发展目标。习近平总书记在十九大报告中明确指出，我国经济已由高速增长阶段转向高质量发展阶段，正处在转变发展方式、优化经济结构、转换增长动力的攻关期，建设现代化经济体系是跨越关口的迫切要求和我国发展的战略目标。建设现代化经济体系是十九大至二十大的重大战略目标，发展现代化经济体系既是经济已由高速增长阶段转向高质量发展阶段的内在要求，也是转变发展方式、优化经济结构、转换增长动力的迫切需要。现代化经济体系建设对企业提出了新要求，指出了发展方向。100强企业要把握、学习、贯彻现代经济体系的要求与精神，将创新、协调、绿色、开放、共享五大发展理念全面落实到位，提高质量与效益，向高质量、高效益转型，为建设现代化经济体系战略目标的实现奋斗。

积极参与"一带一路"建设。湖南是东部沿海地区和中西部地区过渡带、长江开放经济带和沿海开放经济带结合部，承东启西、贯通南北、通江达海，发展空间广阔。"一带一路"建设为企业发展提供了众多难得的机遇。参与"一带一路"建设是企业升级转型的机遇，利用产能"走出去"有助于缓解当前产能过剩的突出矛盾，并通过引进先进技术推动企业迈向中高端。同时，这也是市场拓展的机遇，有利于挖掘沿线资源丰富但发展相对滞后国家巨大的市场需求潜力，拓展企业产品市场空间。100强企业要积极对接"一带一路"建设、自由贸易试验区等国家战略，实现借船出海，加快在沿线国家的布局，开发新市场，加快产能、装备、技术、标准、服务整体"走出去"。2017湖南100强企业中，许多企业积极对接"一带一路"建设，成果显著。以三一重工为例，其2016年实现国际销售收入92.86亿元，占总业绩的40%以上；其中海外业务中70%的收益来自于"一带一路"沿线国家和地区。100强企业要积极把握"一带一路"建设机遇，为企业更高质量、更广空间发展添助力。

2017湖南100强企业发展报告

把握政策动向。100强企业要密切关注跟踪国家"一带一路"建设、长江经济带发展和供给侧结构性改革等政策动向，发挥企业优势，积极对接国家投资重点，谋划争取储备重点项目，争取政策支持。2017年是"十三五"规划落实的关键之年，从国家"十三五"规划来看，重大项目和重大工程主要聚焦科技创新、结构升级、基础设施、民生改善等方面。2017湖南100强企业中，许多企业业务与这些项目、工程相关，要把握建设时机，发挥自身优势，利用PPP模式，深化政企合作，实现互利共赢。

企业要以"四个全面"为引领。100强企业要学习榜样企业，以"加快转型升级"建设"全面小康"，以"创新企业制度"呼应"深化改革"，以"依法治企"对接"依法治国"，以"四抓四看"落实"从严治党"。100强企业在实现企业目标的同时，要始终不忘社会目标，要在自身发展的同时，考虑社会责任的实现，在利用社会资源的同时，回报社会。

100强企业也要把握省内政策机遇。湖南省为了促进经济发展，也推出了一系列支持政策与发展规划：提出了对接"一带一路"倡议的行动方案，为省内企业走出去搭桥铺路；发布《长株潭衡"中国制造2025"试点示范城市群建设推进计划（2017—2019）》，推动打造以中国智能制造示范引领区为目标的现代制造业基地；实施新兴优势产业链行动计划，布局新兴产业发展；实施制造业创新能力建设、智能制造、工业强基、绿色制造、中小企业"专精特新"发展、"制造+互联网+服务"、高端装备创新工程等7大专项行动，积极发展制造业。2017湖南100强企业要积极利用这些省内政策，与政府共鸣，推动企业扩大发展、转型升级。

二、加快转型升级，助推经济发展

转型升级是近年来中国经济发展的关键词。十九大报告中指出，建设现代化经济体系，必须把提高供给体系质量作为主攻方向，显著增强我国经济质量优势。过去高污染、高排放、高能耗的"三高"经济发展模式已不再适用，追求质量增长、优化结构、重塑新动力、可持续发展，才是中国经济的未来发展方向。在过去的一段时间里，湖南省在不断推进转型升级，并取得一定成效。根据湖南省统计局发布的数据，全省三次产业结构由2015年的11.5：44.3：44.2演变为2016年的11.5：42.2：46.3，服务业主导特征明显。同时，工业正在加快向中高端迈进，2016年，全省高技术产业和高加工度工业增加值增速分别比规模以上工业快3.7和4.5个百分点，占全部规模工业的比重分别为38.0%和11.2%，分别比上年提高0.8和0.7个百分点。这些数据侧面展现了湖南省企业在转型升级上的努力，但是2017湖南百强企业当中，传统行业企业比重大，高技术制造业企业、现代服务业企业相对缺乏，战略性新兴产业布局速度待提高，在传统行业发展乏力的情况下，许多企业经营效益不甚理想，急需转型升级，培育新经济增长点。转型升级既是这些企业发展的内在要求，又是企业顺应外部环境变化的必然选择，同时也是助推国家经济发展的重要举措。

企业要加快转型升级。企业必须转变思想，杜绝"等靠要"的政府依赖心理，认识到转型升级的必要性与重要性。在推动转型升级中，企业要结合内外部环境，分析优劣势，重新审视自身的增长模式、盈利模式和行业地位，积极寻找新的增长点和突破点，明确未来发展思路，果断及时地进行升级调整，转变发展模式。创新是转型升级第一动力，企业要依靠科技进步、劳动者素质提高、管理创新转变，推动产品、产业和价值链从中低端迈向中高端。企业要把绿色作为转型升级的重要方向，淘汰落后生产线，降低能耗，走集约高效之路。随着产业不断融合，单纯的产品制造、农业发展或服务满足已不能再产生更多的附加价值，企业在产业升级中要加强工业化与信息化融合，推动二、三产业融合，提升产品附加价值。制造业是湖南经济发展的支撑点，传统制造业企业要积极进行产业升级，推动移动互联网和工业的融合，实现智能制造，迈向工业4.0。企业要走开放之路，深入全球产业链、价值链、物流链，积极参与"一带一路"建设。企业在转型升级之中，更要充分发扬企业家精神和工匠精神，以"百年老店"为发展目标，建设具有持续广泛影响力的品牌。

企业要布局战略性新兴产业。发展战略性新兴产业是掌握竞争主动权的重要支点，是建设现代化经济体系的重要要求。战略性新兴产业广泛融合，涌现了大批新技术、新产品、新业态、新模式。未来5到10年将是全球新一轮科技革命和产业变革从蓄势待发到群体迸发的关键时期，战略性新兴企业发展速度将进一步提高。未来涌现出的新技术、新产品、新业态、新模式极有可能颠覆已有产业。目前来看，我国整体战略性新兴产业整体创新水平还不高，急需加快发展一批新兴支柱行业。而在2017湖南100强企业中，属于战略性新兴产业的企业仍旧较少。百强企业在未来发展中应把握市场发展动向，凭借自身资源与优势，借助政策支持，加大对新兴业务的战略性布局。当然，企业在进入这些新兴产业时，也切忌盲目跟风，必须结合现有产业特征、技术储备情况及研发优势、市场需求变化趋势，科学做出产业进入决策。

三、提高创新能力，以创新驱动发展

创新是十九大报告中的高频词。习近平总书记在十九大报告中指出，创新是引领发展的第一动力，是建设现代化经济体系的战略支撑。而对于企业发展来说，创新能力是决定企业竞争能力的关键因素之一，提高企业的自主创新能力是企业实现发展方式转型、增强发展后劲、提高核心竞争力的重要举措。改革开放近四十年来，随着经济体量越来越大，经济规模扩张与资源环境之间的矛盾日益突出，投入约束对企业发展的制约作用越来越明显，企业低成本发展的空间更是越来越小。伴随着我国人口红利的消失、生产成本的上升、结构性矛盾尖锐，低成本经营盈利空间不断被压缩，威胁着企业生存。湖南省受困于创新能力差、产品技术含量低，百强企业中，不少企业面临着营业收入、净利润双双下降尴尬局面。解决这一困局的根本在于提高企业创新能力。2017湖南100强企业当中，一些企业已经认识到了创新对于企业发展的重要性，研发费用不断提高，但是整体来说，百强企业创新意识、创新积极性仍然有待提高。

通过创新提升管理质量，驱动企业发展。企业可以适当转变企业组织结构等对企业体制与机制进行创新，激发组织创新热情。进行经营模式创新，重新设定企业在产业链中的位置，确定企业未来业务定位、资源分布等，以充分有效利用资源，优化经营效益。进行文化和制度创新，将企业的创新提升到文化理念层面，形成新的企业文化、企业精神和企业文化氛围。

伴随着企业规模扩大，企业内部管理日益复杂，为了提高管理者的反应速度，及时应对市场变化，企业可以引进先进的管理技术和手段，提升管理质量与效率。

重视企业技术创新，通过多种方式提升企业技术创新能力。2017湖南100强企业的平均研发投入增长，但是增长幅度较小，且很多企业研发投入未达到政府期望数量，说明仍有部分100强企业仍不太

重视创新。企业技术创新能力的提高，首先要求企业转变对创新的看法，否则即便向研发创新投入大量费用，也难以转化为企业经营成果。企业要加大研发投入力度，随着产品技术层次要求越来越高，对研发创新费用的投入也越来越大，如若想要取得突破性成果，在市场上占据优势竞争地位，就必须增加在这方面的投入。企业内部需要加强员工技能培训，畅通创新人才就业渠道，引进培养大批研发技术人才，建立研发机构，专注产品研发与技术创新，激励内部员工在工作中对技术进行改善创新等。同时健全管理体制，以企业为主体，以市场为导向，合理搭配资金与人才投入，最大限度地激发创新热情，提升创新能力。除企业内部创新外，还可以通过收购具有技术创新优势的企业，快速提高自身某方面的创新能力。企业也可以通过产学研平台，构建高层次产学研关系，借助专业机构力量，共同攻克技术创新难题，提高创新效率。人是创新创造的关键，要发挥人在创新中的重要作用。

大力引进、培养一批高素质人才。党的十九大报告中提到，人才是实现民族振兴、赢得国际竞争主动的战略资源。对于企业来说，无论是管理创新，还是技术创新，高素质人才都在其中发挥着重要作用。从统计数据来看，2017湖南100强企业中，高学历人才比重低，高素质人才仍旧比较缺乏，侧面反映了100强企业忽视了高素质人才的引进与培养，可能会制约企业未来转型升级发展。企业要注重引进和培养更多优秀的高素质人才，借助人才优势提升创新能力和竞争能力。同时，企业也要通过制度安排等，留住人才，激发其主动性、创造性，为企业发展进步献谋略。

第三章 2017湖南制造业50强企业综合分析

制造业作为湖南的经济支柱，一直备受社会各界的关注。中共湖南省委、省政府高度重视制造业的发展，并且根据不同时期科技和经济的发展，不断摆正制造业在国民经济中的地位，不断调整制造业的发展战略和政策方针。2017年1月召开的全省加速推进新型工业化工作会议提出：要抢抓当前制造业发展面临的难得机遇，借国家着力振兴实体经济、重视关注湖南制造业发展、长株潭获批"中国制造2025"试点示范城市群的东风（编者注：2017年4月，衡阳市获批加入长株潭"中国制造2025"试点示范城市群），强力推进制造强省建设。当前，我国经济发展新常态下速度变化、结构优化、动能转换的特征更加明显，稳中向好的态势不断巩固。同时，随着计算机技术、信息技术、自动化技术、通信技术等在制造业中的广泛应用，传统生产技术升华而形成的先进制造技术发展十分迅速，应用也越来越广。完全可以相信，未来湖南制造业的发展一定会更加辉煌。

由湖南省企业和工业经济联合会推出的2017湖南制造业50强企业排行榜，为我们展示了湖南制造业强势企业的基本情况和在过去一年中所取得的巨大成就。本章拟对2017湖南制造业50强企业的基本特征、发展状况、效益和效率水平进行综合分析，在肯定成绩和进步的同时，找出存在的问题和差距，提出一些可行的建议，供企业和有关部门参考。

第一节 2017湖南制造业50强企业特征分析

一、2017湖南制造业50强企业总体规模及分布特征

（一）总体规模继续扩大，"十三五"开局良好

2016年，面对经济下行压力加大的严峻形势，中共湖南省委、省人民政府带领全省人民认真贯彻落实党中央、国务院各项决策部署，对接国家促进中部地区崛起的发展战略，把稳增长与供给侧结构性改革紧密结合起来，全省工业经济运行保持总体平稳、稳中有进、稳中向好的发展态势，实现了"十三五"的良好开局，全部工业增加值11177.3亿元，比上年增长6.6%。其中，规模以上工业增加值增

长 6.9%。在这种大背景下，2017 湖南制造业 50 强企业总体规模继续扩大，入围门槛由上年的 12.37 亿元提高到 17 亿元，营业收入总额由 2016 湖南制造业 50 强企业的 5966.14 亿元增加到 7627.45 亿元，增幅为 27.84%；资产总额由 2016 湖南制造业 50 强企业的 8387.30 亿元增加到 8993.24 亿元，增幅为 7.22%。2015—2017 湖南制造业 50 强企业的入围门槛和总体规模变化情况如图 3-1 所示。

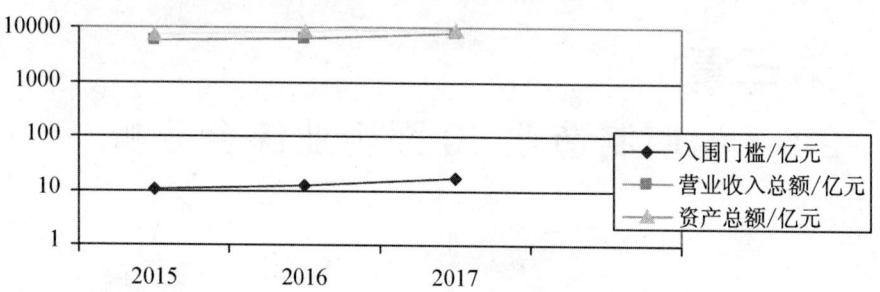

图 3-1　2015—2017 湖南制造业 50 强企业入围门槛和总体规模变化情况图

（二）企业规模分布差异较大

2017 湖南制造业 50 强企业的规模分布情况可以从营业收入、资产规模两个指标来衡量。营业收入最高的企业是五矿有色金属控股有限公司，达 1263.60 亿元；最低的企业是湖南科力远新能源股份有限公司，为 17.00 亿元。资产规模最大的企业是湖南华菱钢铁集团有限责任公司，达 1302.39 亿元；最低的企业是湖南正和通矿产资源供应链有限公司，为 6.36 亿元。根据上面的对比分析，说明 2017 湖南制造业 50 强企业的规模存在较大的差异。其差异状况如图 3-2 所示。从图中可以看出，营业收入额超过 100 亿元的企业有 13 家，营业收入总计 5998.03 亿元，占 50 强企业营业收入总额的 78.64%。资产额超过 100 亿元的企业有 18 家，资产额总计为 7567.43 亿元，占 50 强企业资产总额的 84.14%。所有者权益额超过 200 亿元的企业有 6 家，所有者权益额总计为 2329.31 亿元，占 50 强企业所有者权益总额的 65.40%。

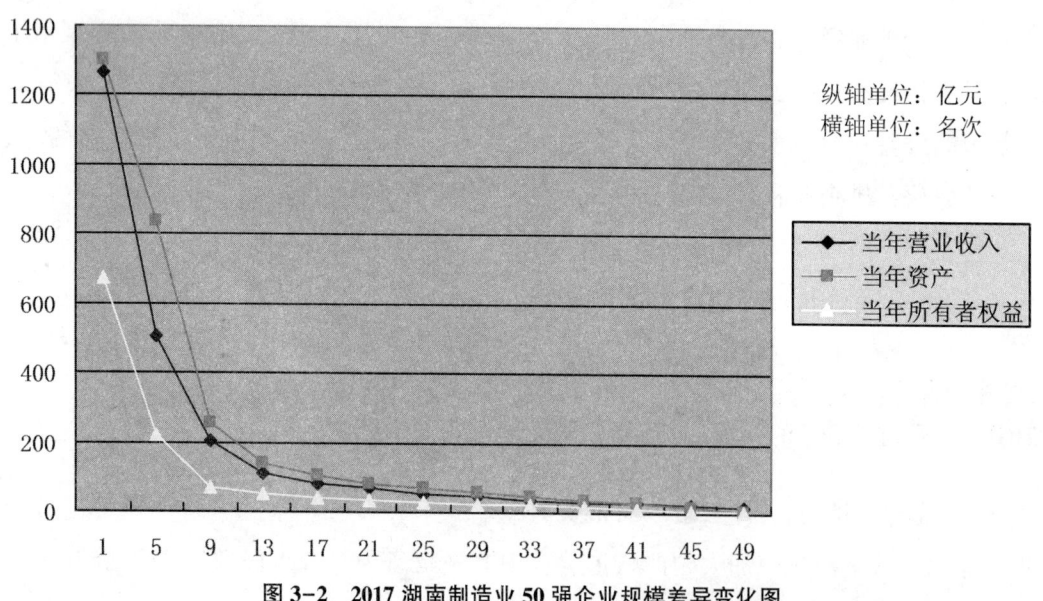

图 3-2　2017 湖南制造业 50 强企业规模差异变化图

从营业收入额来看，2017 湖南制造业 50 强企业中有近一半企业的营业收入额集中在 10 亿元至 50 亿元区间内，超过 500 亿元的企业有 5 家，比上年多 1 家，但最高的与最低的企业之间相距 1 倍以上。

排在首位的五矿有色金属控股有限公司，营业收入额为1263.60亿元，排在第五位的中联重科股份有限公司，营业收入额为502.69亿元。营业收入额在100亿元至500亿元之间的企业共有8家，较上年增加1家；营业收入额高于50亿元低于100亿元的企业有13家，较上年减少1家；其余24家企业的营业收入额均低于50亿元。

从资产规模来看，2017湖南制造业50强企业中，有2家企业的资产规模超过了1000亿元，它们是：湖南华菱钢铁集团有限责任公司（1302.39亿元）、三一集团有限公司（1048.37亿元）。资产规模超过500亿元的企业共有5家，5家企业的资产总额为4952.82亿元，占50强企业资产总额的55.07%。有关详情如表3-1所示。

表3-1　　　　　　　　　　　　2017湖南制造业50强企业规模分布状况

单位：个

项目/占比	500亿元以上	100亿~500亿元	50亿~100亿元	10亿~50亿元	10亿元以下
按营业收入分类	5	8	13	24	—
企业数目占比	10%	16%	26%	48%	—
按资产总额分类	5	14	14	13	1
企业数目占比	10%	28%	28%	26%	2%

（三）七成以上企业营业收入实现正增长

2017湖南制造业50强企业中，有37家企业的营业收入与上年相比实现了正增长，13家企业的营业收入与上年相比是负增长。其中，增长率在5%~10%的企业有13家；增长率在10%~20%的企业有7家；增长率在20%以上的企业有17家；增长率在-10%~0的企业有8家；增长率在-10%以下的企业有5家。九芝堂股份有限公司、长丰集团有限责任公司、湖南尔康制药股份有限公司3家企业的营业收入增长率最高，分别为206.80%、109.57%和68.62%。

表3-2　　　　　　　　　　　2017湖南制造业50强企业营收增长率分布状况

单位：个

项目/占比	20%以上	10%~20%	5%~10%	-10%~0	-10%以下
按营业收入增长率分类企业数	17	7	13	8	5
企业数目占比	34%	14%	26%	16%	10%

二、2017湖南制造业50强企业地域分布特征

2017湖南制造业50强企业的地域分布特征与上年基本相同，主要集中在长沙、株洲、湘潭、岳阳4市。其中，有37家企业位于长、株、潭三市，5家企业位于岳阳市，其余8家企业分别分布在娄底（2家）、郴州（3家）、怀化（1家）、永州（1家）、衡阳（1家）5市。常德、益阳两市上年度分别有1家企业上榜，今年已无；同前几年一样，邵阳、张家界和湘西自治州仍没有一家企业上榜湖南制造业

50强企业排行榜。无论是从营业收入总额来看还是从资产总额来看，长、株、潭三市在全省制造业50强企业中，都处于绝对领先地位。在2017湖南制造业50强企业中，长、株、潭三市37家企业的营业收入总额为6595.74亿元，占50强企业营业收入总额的86.47%；资产总额为8146.26亿元，占50强企业资产总额的90.58%。彰显长、株、潭三市在全省制造业中的主导地位。有关数据如表3-3所示。

表3-3　　　　　　　　　　2017湖南制造业50强企业地域分布状况

单位：亿元

企业所在地区	2016			2017		
	企业个数	营业收入/占比	资产/占比	企业个数	营业收入/占比	资产/占比
全省50强	50	5966.14/100%	8387.30/100%	50	7637.45/100%	8993.24/100%
长沙市	22	3962.53/66.42%	6307.83/75.21%	26	5508.75/72.13%	6613.03/73.53%
株洲市	9	885.54/14.84%	1081.04/12.89%	8	850.96/11.14%	1137.95/12.65%
湘潭市	5	227.20/4.64%	457.93/5.46%	3	246.03/3.22%	395.27/4.40%
岳阳市	6	246.38/4.13%	148.22/1.77%	5	329.80/4.32%	303.05/3.37%
衡阳市	1	57.02/0.96%	56.13/0.67%	1	53.79/0.73%	59.41/0.66%
娄底市	2	384.99/6.45%	150.82/1.80%	2	414.07/5.42%	159.68/1.78%
郴州市	3	123.86/2.08%	142.60/1.70%	3	145.11/1.90%	116.57/1.30%
永州市	—	—	—	1	26.61/0.35%	44.58/0.50%
怀化市	—	—	—	1	62.23/0.81%	163.69/1.82%
益阳市	1	13.09/0.22%	20.45/0.24%	—	—	—
常德市	1	15.72/0.26%	22.33/0.26%	—	—	—

值得注意的是，岳阳市在2017湖南制造业50强企业排行榜中有5家企业上榜，与上年相比，上榜企业数虽然少1家，但保持了除长、株、潭三市以外上榜制造业50强企业数量最多的地位。从表3-3中可以看出，岳阳市在上榜企业数比上年减少1家的情况，制造业总体规模仍有扩大，其中，营业收入总额增加了33.90%，资产总额增加了104.46%。显示出岳阳市5家上榜企业生产规模迅速扩大，营业收入大幅度增加，发展势头十分强劲，值得点赞。2017湖南制造业50强中岳阳市5家企业的生产经营规模如表3-4所示。

表3-4　　　　　　　2017湖南制造业50强中岳阳市5家企业的生产经营规模

企业名称	资产（亿元）	营业收入（亿元）
中国石油化工股份有限公司巴陵分公司	84.64	202.81
岳阳林纸股份有限公司	142.28	47.99
道道全粮油股份有限公司	12.01	26.91

续表

企业名称	资产（亿元）	营业收入（亿元）
湖南景峰医药股份有限公司	51.34	26.41
益海嘉里（岳阳）粮油工业有限公司	12.78	25.79
合计	303.05	329.91

三、2017湖南制造业50强企业的行业结构及分布特征

（一）2017湖南制造业50强企业的行业结构总括

按行业划分，2017湖南制造业50强企业分布于14个大类行业，与上年相比，上榜的大类行业增加3个、退出2个。增加的3个行业是：烟草制品业（上年未申报），仪器仪表及文化、办公用机械制造业和农林牧渔业；退出的2个行业是：纺织、服装、鞋帽、皮革毛皮及羽绒制品制造业和废弃资源及废旧材料回收加工业，由于2017湖南制造业50强企业的入围门槛较上年提高了37%，这2个行业均无企业达标。

2017湖南制造业50强企业的行业差距比较明显，企业主要集中在少数几个行业。其中上榜企业数量较多的行业有4个，它们是：黑色、有色金属冶炼及压延加工、金属制品业（8个），通用、专用设备制造业（8个），农副食品加工、食品制造、饮料制造业（7个），交通运输设备制造业（6个），企业总数达29个。这29家企业的营业收入总额为5257.82亿元，占50强企业营业收入总额的68.84%；资产总额为6160.61亿元，占50强企业资产总额的68.50%。无论是营业收入还是资产总额，上述4个行业都处于绝对领先地位。

表3-5　　　　　　　　　2017湖南制造业50强企业分行业主要指标

单位：亿元

行业名称	企业个数	营业收入总额	利润总额	资产总额	平均收入利润率	平均资产利润率
农副食品加工、食品制造、饮料制造业	7	312.21	12.25	284.27	3.92%	4.31%
烟草制品业	1	1004.12	85.20	875.08	8.49%	9.74%
农林牧渔业	3	138.18	7.40	258.79	5.36%	2.86%
造纸及纸制品业	1	47.99	0.28	142.28	0.58%	0.20%
仪器仪表及文化、办公用机械制造业	1	26.08	3.07	75.03	11.77%	4.09%
石油加工、炼焦及核燃料加工业	2	287.55	-13.28	143.84	-4.62%	-9.23%
化学原料及化学制品制造业	3	95.77	5.11	149.53	5.34%	3.42%
医药制造业	4	111.40	21.68	186.17	19.46%	11.65%

续表

行业名称	企业个数	营业收入总额	利润总额	资产总额	平均收入利润率	平均资产利润率
黑色、有色金属冶炼及压延加工、金属制品业	8	2799.88	-11.20	2388.79	-0.40%	-0.47%
非金属矿物制品业	1	69.61	8.35	123.66	12.00%	6.75%
通用、专用设备制造业	8	1414.09	-3.96	2400.19	-0.28%	-0.16%
交通运输设备制造业	6	731.64	52.46	1087.36	7.17%	4.82%
电气机械及器材制造业	4	169.36	-0.09	347.89	-0.05%	-0.02%
通信设备、计算机及其他电子设备制造业	2	449.57	15.36	530.35	3.42%	2.90%
总计	50	7637.45	182.65	8993.24	2.39%	2.03%

（二）黑色、有色金属冶炼及压延加工和金属制品业保持制造业第一大行业地位

在2017湖南制造业50强企业中，黑色、有色金属冶炼及压延加工和金属制品业共有8个企业，比上年增加1个企业，新上榜的企业是湖南正和通矿产资源供应链有限公司。营业收入额排名前三的依旧是五矿有色金属控股有限公司、湖南华菱钢铁集团有限责任公司和湖南博长控股集团有限公司，它们的营业收入额分别是1263.60亿元、836.70亿元和329.33亿元；与上年相比分别增长13.89%、25.26%和7.94%。该行业已整体扭亏为盈，实现利润25.91亿元，拉动全省工业利润增长2.0个百分点。值得注意的是，湖南最大的有色金属工业企业五矿有色金属控股有限公司，近年来出现生产发展、效益下降，2016年的亏损总额达22.14亿元，企业今后的走势如何，何时能走出困境，各方特别关注。

（三）通用、专用设备制造业的营业收入总额保持了行业排名第二的地位，但其生产经营规模有所下降，经济效益严重滑坡，由上年的第一大利润行业变为净亏损行业

2017湖南制造业50强企业中，通用、专用设备制造业企业有8家，与上年完全相同，其营业收入总额为1414.09亿元，较上年的1497.12亿元下降5.54%，利润总额为净亏损3.96亿元，较上年的29.01亿元减少利润32.97亿元，由上年的第一大利润行业变为净亏损行业，形势严峻。其中，两大巨头三一集团有限公司和中联重科股份有限公司都是营业收入下降并且发生净亏损，净亏损总额高达25.95亿元，引起各界的特别关注；泰富重装集团有限公司和山河智能装备股份有限公司发展势头强劲，其营业收入分别为84.09亿元和19.92亿元，均比上年增长36%以上，利润总额分别为5.75亿元和6692万元，成为2017湖南制造业50强企业中的佼佼者。

（四）医药制造业、仪器仪表及文化、办公用机械制造业和烟草制品业利润率较高

从收入利润率来看，2017湖南制造业50强企业14个大类行业的平均收入利润率为2.39%，低于上年的3.69%。其中有9个行业的平均收入利润率超过总的平均收入利润率，与上年一样，医药制造业的收入利润率最高，达19.46%，与上年相比又提高了4.19个百分点；非金属矿物制品业次之，收入利润率达12%；其他收入利润率较高的行业还有：烟草制品业8.49%，仪器仪表及文化、办公用机械制造业11.77%，交通运输设备制造业7.17%，农林牧渔业5.36%，化学原料及化学制品制造业5.34%。但也有4个行业的收入利润率是负增长。它们是：石油加工、炼焦及核燃料加工业（-4.62%），黑色、有色金属冶炼及压延加工、金属制品业（-0.40%），通用、专用设备制造业（-0.28%），电气机械及器材制造业（-0.05%）。2017湖南制造业50强企业分行业平均收入利润率如图3-3所示。

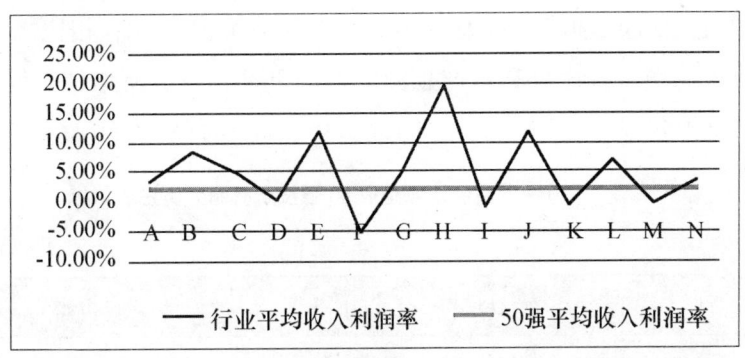

图3-3　2017湖南制造业50强企业分行业平均收入利润率示意图

说明：图中英文字母代表的行业：A农副食品加工、食品制造、饮料制造业，B烟草制品业，C农林牧渔业，D造纸及纸制品业，E仪器仪表及文化、办公用机械制造业，F石油加工、炼焦及核燃料加工业，G化学原料及化学制品制造业，H医药制造业，I黑色、有色金属冶炼及压延加工、金属制品业，J非金属矿物制品业，G通用、专用设备制造业，L交通运输设备制造业，M电气机械及器材制造业，N通信设备、计算机及其他电子设备制造业。图3-4相同，不另注。

从资产利润率来看，2017湖南制造业50强企业14个大类行业的平均资产利润率为2.03%，较上年的2.92%有所降低。有9个行业的平均资产利润率超过总的平均资产利润率，医药制造业的资产利润率最高，达11.65%，其次是烟草制品业为9.74%，第三是非金属矿物制品业6.75%。有4个行业的资产利润率为负数。资产利润率的行业分布状况与收入利润率的行业分布状况基本一致。无论是从收入利润率来看还是从资产利润率来看，盈利能力较强的行业多为知识技术密集型产业、新兴产业或特殊产业（如烟草制造业）。2017湖南制造业50强企业分行业平均资产利润率如图3-4所示。

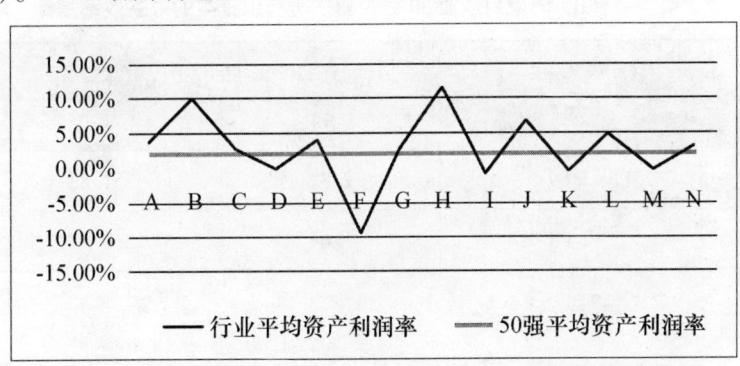

图3-4　2017湖南制造业50强企业分行业平均资产利润率示意图

四、2017湖南制造业50强企业所有制分布特征

（一）国有及国有控股企业总体规模继续保持主导地位

从所有制结构来看，2017湖南制造业50强企业中有国有及国有控股企业20家，民营企业有30家。国有企业数量虽然少于民营企业，但其生产经营规模却继续保持领先地位。20家国有企业的营业收入

总额为 4589.63 亿元,资产总额为 5135.38 亿元,利润总额为 119.29 亿元,分别占 50 强企业总额的 60.09%、57.10%和 65.31%。与 2016 湖南制造业 50 强企业相比,本年度 50 强中的国有企业数目虽然减少 3 家,国有企业营业收入总额所占比重下降了 3.11 个百分点,资产总额所占比重下降了 16.04 个百分点,但是利润总额由上年净亏损 91.24 亿元转为净盈利 119.29 亿元;相比之下,本年度 50 强中的民营企业数目、营业收入总额所占比重和资产总额所占比重都相应有所增加,但是其净利润总额却由上年的 70.17 亿元下降至本年度的 63.36 亿元,降幅达 9.71%。详情见表 3-6。

表 3-6　2017 湖南制造业企业 50 强按所有制分类主要指标

单位:亿元

名　称	企业个数	营业收入总额/占比	资产总额/占比	利润总额/占比
国有及国有控股	20	4589.63/60.09%	5135.38/57.10%	119.29/65.31%
民营	30	3047.82/39.91%	3857.86/42.90%	63.36/34.69%
制造业 50 强	50	7637.45/100%	8993.24/100%	182.65/100%

(二) 国有及国有控股企业的盈利水平高于民营企业

与 2016 湖南制造业 50 强中的国有企业净亏损局面完全不同,2017 湖南制造业 50 强企业中的国有及国有控股企业不仅已扭亏为盈,而且其盈利水平要比民营企业高很多。首先,从营业收入利润率来看,2017 湖南制造业 50 强国有及国有控股企业的营业收入利润率为 2.60%,民营企业为 2.08%,国有高于民营 0.52 个百分点。其次,从资产利润率来看,国有及国有控股企业的资产利润率为 2.32%,民营企业的资产利润率为 1.64%,国有高于民营 0.68 个百分点。最后,从人均净利润来看,国有及国有控股企业的人均净利润为 6.55 万元,而民营企业只有 4.38 万元,国有比民营高 2.17 万元。具体数据如表 3-7 所示。

表 3-7　2017 湖南制造业 50 强企业按所有制分类的效益效率指标

所有制类型	营业收入利润率(%)	资产利润率(%)	人均营业收入(万元)	人均净利润(万元)
国有及国有控股企业	2.60	2.32	251.88	6.55
民营企业	2.08	1.64	210.47	4.38

第二节　2017 湖南制造业 50 强企业纳税情况分析

一、国有企业纳税总额有所下降,民营企业纳税总额略有上升

2017 湖南制造业 50 强企业共纳税 798.70 亿元(实报 35 家企业的数据),同比上年的 891.84 亿元下降 10.54%。其中,17 家国有企业共纳税 736.98 亿元,同比上年下降 11.36%;18 家民营企业共纳税

61.72亿元,同比上年增长2.17%。国有企业纳税总额虽然有所下降,但仍保持着数额巨大、绝对领先的地位,对国家的贡献十分突出。有关数据详见表3-8。

表3-8 2017湖南制造业50强企业总体纳税情况

单位:亿元

湖南制造业50强企业	2017纳税总额	2016纳税总额	2017比2016增减百分比
实报35家企业	798.70	891.84	-10.54
其中:国有企业17家	736.98	831.43	-11.36
民营企业18家	61.72	60.41	+2.17

二、长株潭三市的企业纳税总额占九成以上

长期以来,长沙、株洲、湘潭三市一直是湖南制造业的核心区域,不仅企业多、规模大,而且经济效益水平较高。从2017湖南制造业50强企业的纳税情况来看(实报35家企业的数据),也证明了这一点。2016年,该地区26家企业共纳税758.05亿元,占当年50强企业纳税总额的94.91%;其余9家企业分别分布在岳阳、衡阳、娄底和郴州四市,共纳税40.65亿元,占当年50强企业纳税总额的5.09%。详情如表3-9所示。

表3-9 2017湖南制造业50强企业按地区分类的纳税情况

地区分类	实报企业个数	纳税总额(亿元)	占比
湖南制造业50强	35	798.70	100%
长沙	17	703.65	88.10%
株洲	6	45.32	5.67%
湘潭	3	9.08	1.14%
岳阳	3	30.92	3.87%
娄底	2	6.10	0.76%
郴州	3	2.04	0.26%
衡阳	1	1.59	0.20%

三、烟草制品业纳税额保持绝对领先地位

烟草制品业一直是湖南工业经济的纳税先锋,对国家财政收入的贡献巨大。在2017湖南制造业50强企业中,烟草制品业(湖南中烟工业有限责任公司)纳税总额达627.23亿元,占50强企业纳税总额的78.53%,保持绝对领先地位。由于烟草行业的特殊性,全国统一实行烟草专营,设置的税率也较高,最受关注的莫过于吸烟有害健康,2016年国家进一步加大了控烟力度,对卷烟实行了提税顺价。预计该行业在未来的发展中将是一个缓慢的逐步退化的过程。近几年湖南烟草制品业的纳税情况如图3-5所示。

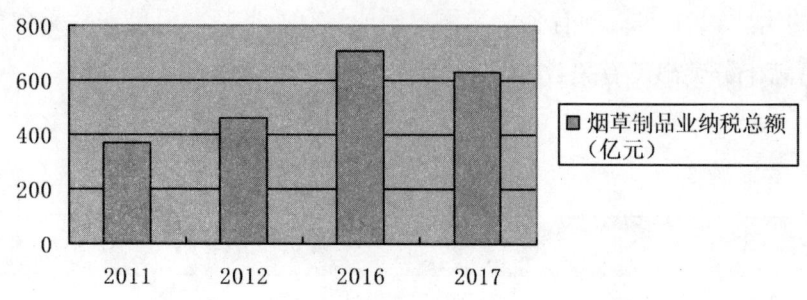

图 3-5 近几年湖南烟草制品业纳税情况示意图

四、除烟草制品业外，纳税多集中于交通运输设备制造业，黑色、有色金属冶炼及压延加工业，通用、专用设备制造业和石油加工、炼焦及核燃料加工业

2017 湖南制造业 50 强企业的行业纳税分布集中，除烟草制品业外，主要集中在以下 4 个行业，它们是：交通运输设备制造业（52.43 亿元），黑色、有色金属冶炼及压延加工业（24.98 亿元），通用、专用设备制造业（39.69 亿元），石油加工、炼焦及核燃料加工业（28.66 亿元），分别占 50 强企业纳税总额的 6.56%、3.13%、4.97%和 3.59%。与 2016 湖南制造业 50 强企业分行业纳税情况相比，本年度由于实报纳税情况的企业只有 35 个，因此各行业的纳税总额多呈减少之势。具体情况是：交通运输设备制造业的纳税额减少 20.73 亿元，黑色、有色金属冶炼及压延加工业的纳税额减少 31.70 亿元，通用、专用设备制造业的纳税额增加 12.31 亿元，石油加工、炼焦及核燃料加工业的纳税额减少 6.79 亿元。2016—2017 湖南制造业企业分行业纳税情况如表 3-10 所示。

表 3-10　　　　　　　2016—2017 湖南制造业 50 强企业分行业纳税情况

单位：亿元

行业名称	2016 纳税额	2017 纳税额	增减金额
农副食品加工、食品制造、饮料制造业	5.07	4.08	-0.99
烟草制品业	708.24	627.23	-81.01
仪器仪表及办公用机械制造业	无企业入围	3.54	—
造纸及纸制品业	3.00	缺报	—
石油加工、炼焦及核燃料加工业	35.45	28.66	-6.79
化学原料及化学制品制造业	4.51	6.24	+1.73
医药制造业	3.08	缺报	—
黑色、有色金属冶炼及压延加工、金属制品业	56.68	24.98	-31.70
通用、专用设备制造业	27.38	39.69	+12.31
交通运输设备制造业	73.16	52.43	-20.73
电气机械及器材制造业	8.35	7.35	-1.00
通信设备、计算机及其他电子设备制造业	10.35	0.55	-9.80

第三节 湖南制造业发展中存在的主要问题

2016年是"十三五"规划的开局之年,也是供给侧结构性改革的攻坚之年。湖南制造业按照省委、省政府的部署,认真贯彻落实中央经济工作会议提出的去产能、去库存、去杠杆、降成本、补短板五大任务,积极应对各种挑战和困难,生产经营朝着总体平稳、稳中有进、稳中向好的方向发展,实现了"十三五"的良好开局。但是,也应该看到,湖南制造业面临的形势依然复杂而严峻,在发展中遇到一些新情况尚未完全解决,还存在着一些比较突出的问题,必须引起重视,下大力气加以解决。

一、传统产业发展质量不高,结构不合理,综合竞争能力不强

湖南制造业的基础和支撑是传统产业,但其发展质量还不够高,产业结构也不尽合理,与先进地区比,存在较大差距。纺织服装、造纸、家用电器、家具、陶瓷、日用化工、农机制造等传统产业,虽具有一定生产规模,但普遍产品档次低,高附加值产品少,骨干企业的带动作用和竞争能力都不够强。在2016、2017湖南制造业50强企业排行榜中,少见或根本看不见诸如纺织服装、印刷业、记录媒介复制业、橡胶制品业、塑料制品、家用电器、家具、陶瓷、日用化工、农机等传统制造业企业的名字。在2017湖南制造业50强企业排行榜中,列有造纸及纸制品业、化学原料及化学制品制造、化学纤维制造业、非金属矿物制品业、仪器仪表及文化、办公用机械制造业的企业共8个,其营业收入总额为339.20亿元,占50强企业营业收入总额的4.44%,总量规模很小。其中,大型企业岳阳林纸股份有限公司近年来生产经营出现滑坡,2016年的营业收入总额为48.00亿元,比上年下降19.07%。仪器仪表及文化、办公用机械制造业唯一的上榜企业威胜集团有限公司,近年来瞄准国家发展智能电网战略的市场需求,致力于开发生产智能电表,连年夺得国家电网价值148万台智能电表的合约以及价值不菲的数据采集终端和集中器合约,在国内智能电表制造业居领导地位。目前,湖南在传统制造业中像这样拥有高附加值、高端产品的企业还很少。

二、部分优势产业受市场冲击较大,效益下降,竞争能力削弱

装备工业是湖南省第一个年主营业务收入过1万亿元、增加值率达30%以上的支柱产业,目前已形成工程机械、电工电器、汽车及零部件、轨道交通装备4个优势产业。其中,工程机械制造领域出现的"湖南现象"引人注目:三一重工、中联重科、山河智能等一批企业的快速崛起,使湖南迅速发展成为中国最大的工程机械制造基地,在国内外市场发挥着重要影响。然而自2012年以来,中国工程机械制造业经历了一个持续走低的时期,行业需求进一步小幅下行,供给增长明显放缓。湖南也不能独善其身,包括三一重工、中联重科、山河智能等企业在内,面临需求增长趋缓、新机销量迅速回落、存量设备大增、成本刚性上升、经济效益下降等困难,企业产能扩张速度放缓,生产经营业绩下降,并不得不主动裁员和减少临时性工人的招聘。以三一重工为例,其营业收入总额2011年为802.00亿元,2015年为750.50亿元,2016年为637.58亿元,2016年比2011年下降20.5%;年末员工总数2011年为5.18万人,2016年为1.99万人,减员幅度达61.6%;利润总额2011年为61.91亿元,2015年为11.89亿

元，2015年比2011年下降80.79%，2016年发生巨额亏损，净利润为-16.90亿元。

有色金属工业也是湖南的优势产业之一，但近年来部分产品的冶炼及低端加工产能过剩，许多企业长期处于微利或亏损状态。五矿有色金属控股有限公司所属企业"老的老、小的小"。主力企业水口山矿务局、锡矿山矿务局建矿120年，株冶、矿山院建厂60年；金铜、盐湖、新材料等新建企业都处在建设期或试生产期，青黄不接，20家企业被列入"僵尸"、特困企业名单，公司多数企业生产成本不断提高，财务成本居高不下，债务负担沉重。截至2016年底，有色控股管理口径下的112家单位，亏损72家，利润总额为净亏损14.58亿元。加上有色控股公司遭遇债务支付和资金链危机，个别企业出现贷款逾期风险；随着国家新环保法的实施，水口山、锡矿山等老企业环保风险加剧，株冶集团的铅锌冶炼系统被要求限期关停，企业绿色转型、升级改造迫在眉睫。湖南有色金属工业调结构、促转型、增效益的任务十分繁重。

三、战略性新兴产业总体规模不大，企业研发投入占比不高

战略性新兴产业是以重大技术突破和重大发展需求为基础，对经济社会全局和长远发展具有重大引领带动作用，知识技术密集、物质资源消耗少、成长潜力大、综合效益好的产业。"十二五"以来，湖南省大力发展先进装备制造、新材料、文化创意、生物医药、电子信息、节能环保、新能源等战略性新兴产业，呈现出规模化、高端化、集聚化的发展态势，增加值年均增长17.4%，成为支撑全省经济转型升级，保持经济中高速增长的核心力量。但是从目前的情况来看，全省战略性新兴产业的规模还不够大，有的刚刚起步，龙头企业很少，行业整体创新投入不够高，高质量、著名品牌产品很少，市场影响力小。我们初步统计了湖南省工程机械、电力机车、视窗玻璃面板、航空航天等新兴产业中16个领先企业的有关数据：2016年，这16个企业的营业收入总额为2687.18亿元，投入的研发费用总额为99.23亿元，研发投入费用总额占营业收入总额的比例为3.69%。虽然这一占比大大高于一般制造业企业所占的比例，但是按研发投入占当年营业收入比重的5%作为临界值来区分一个企业是否为研发型企业的标志，则整个行业稍显不足，若是与那些在全世界都有重大影响的高科技企业相比，差距更大。以华为公司为例，据欧盟委员会2016年12月底发布的"2016全球企业研发投入排行榜"，华为的研发投入位居中国第一、世界第八。作为中国企业排名最高的代表，华为的研发投入重点集中在ICT领域，主要是加大了面向未来技术、研究与创新和研发平台与能力提升等方面的投入，例如4.5G、5G、物联网、大视频、云计算、运营商数字化转型、智能终端等，居行业领先地位。年报显示，华为2016年实现全球销售收入5216亿元人民币，同比增长32%；净利润371亿元人民币；研发投入费用763.91亿元人民币，占比高达14.65%。

第四节 加快湖南制造业发展的对策建议

当前，中国经济供给侧结构性改革深入向前推进，新兴产业蓬勃兴起，传统产业加快转型升级，整个经济正迈向形态更高级、分工更优化、结构更合理的新阶段。"互联网+"行动和国家大数据战略的深入推进，《中国制造2025》的全面实施，大众创业、万众创新政策措施的落实和完善，科技进步的贡

献率明显上升,这一切都为湖南制造业的更大发展提供了新的历史性机遇。湖南制造业只有抓住机遇,加快结构调整和优化升级,向高质量的目标前进,才能打造新时代湖南经济发展的新引擎,全面提升整体素质和竞争能力,为实现"湖南制造"向"湖南创造"的转变,为加快全面建成小康社会做出更大的贡献。

一、以长、株、潭、衡四市获批"中国制造2025"试点示范城市群为契机,推进智能制造

经过数十年的发展,湖南制造业已建成了门类齐全、有一定特色的产业体系,有力地推动了工业化和现代化进程,成为全省国民经济的重要支柱,取得的巨大成绩,大家有目共睹。但是,湖南制造业也存在技术陈旧、资源浪费、环境污染等突出问题。从资源环境方面来看,由于较长时间片面地追求经济增速,一些地方不断重复上马高能耗、高污染的重化工产业,甚至搞竭泽而渔的事情,造成资源浪费、环境污染、产能过剩、结构失衡以及效率低下等问题,致使蓝天被"十面霾伏",青山绿水渐行渐远。从就业方面来看,制造业的确解决了广大农村劳动力转移就业的问题,增加了农民的收入,在一定程度上减缓了收入差距继续扩大造成的社会风险。但随着中国"人口红利"的逐步耗尽,制造业的劳动力成本优势即将消失。如果不能切实扭转这种现状,制造业将会陷入不能自拔的沼泽泥潭。湖南制造业在新的历史条件下要实现新的发展,就必须加快转型升级,推进智能制造。

我们欣喜地看到,近些年来湖南的工程机械、轨道交通装备、计算机及电子通信设备、航空航天、生物医药等产业,在迈向高端制造的路上已取得初步成绩。2017年,长、株、潭、衡四市已获批成为"中国制造2025"试点城市群,分别制订出大力推进智能制造的计划。其中,长沙将打造国际领先的工程机械之都、世界领先的新能源汽车集聚产业基地、国内领先的新材料产业基地和先进储能材料之都、全国信息安全产业基地;株洲将打造世界领先的现代轨道交通装备制造产业体系,建成全国重要的中小航空发动机产业基地和航空关键零部件生产基地;湘潭将大力实施高端装备创新工程,打造国内领先的海洋工程装备生产基地,建成国内先进的高端电力装备产业基地;衡阳将在电力装备、生物医药及高性能医疗器械、精密模具和机器人等重要领域取得突破。四市都将以"机器人+"为抓手,来推进这些产业的智能制造,在全省起到一个领先和示范作用。应该看到,智能制造在大型企业实施起来一般具有较好的资本和技术优势,它们可以通过自研或是引进国内外先进生产线、机器人,快速实现智能化升级;而量大面广的中小型企业其实也存在着智能化需求,但由于缺乏融资渠道及升级成本高的原因,目前尚处于智能化的围观阶段。建议政府有关部门以供给侧结构性改革为主线,帮助有需要有条件的中小型企业实现产品升级换代和"机器人+"的智能化生产。行业的龙头企业、高新技术企业也应积极拓展中高端产品制造、智能制造,向符合条件的中小型企业伸出援手,实现智能制造产业链的融合发展。

二、着力推进冶金工业转型发展,实现高端、绿色和创新

钢铁工业和有色金属工业是湖南的重要支柱产业之一,"十二五"以来,随着企业装备水平持续提升,兼并重组步伐加快,产品结构逐步优化。以有色金属工业为例,"十二五"期间,湖南十种有色金属产量、主营业务收入和实现利税,年平均分别增长1.42%、14.75%、7.33%。湖南冶金工业的发展有力地支撑和带动了相关产业的发展,为全省经济建设做出了重要贡献。然而,面对经济发展进入新常

态以及受国家宏观政策和市场需求萎缩影响，以基建材料为主流的钢铁行业，发展后劲明显不足；受国家过剩产能控制和金融担保方式影响，企业融资信誉降低，冶金企业生产运行资金紧张，融资成本加大，资金链断裂风险增大；株洲冶炼集团股份有限公司等企业被强制实施环保搬迁改造，湖南冶金工业自身存在的产业价值链低端、污染严重、生产经营性成本增高等深层次结构性矛盾已逐步显现，行业整体收益下滑。因此，必须把化解部分产能过剩，实现提质增效、绿色发展作为一项突出任务来抓。"十三五"期间，国家环保治理保持高压态势，同时国际竞争日趋激烈也对中国冶金企业竞争力提出更高的要求，资源环境约束进一步增强。湖南冶金工业要主动适应新形势、新要求，下大力补回在节能环保投入上的历史欠账，督促企业对节能环保设施做进一步升级改造，做到污染物全面稳定达标排放，实现绿色可持续发展。对那些连年亏损、资不抵债、扭亏无望，靠银行续贷等方式生存的僵尸企业，实行应退尽退。要以全面提高综合竞争力为目标，以化解过剩产能为主攻方向，强化企业创新主体地位，建立和完善"产学研用"协同创新体系，激发创新活力和创造力，推动智能制造，全面引领整个行业转型升级，实现湖南冶金工业发展质量和经济效益的稳定提升。

三、建立以市场为导向的产学研用支撑体系，促进中小型企业技术创新

制造业转型升级的重点是量大面广的中小型企业，关键是技术创新，这是一项投资大、周期长、风险高、收益高的活动。然而中小型企业尤其是小微企业普遍缺乏技术人才，没有多少资金可用于新产品、新技术、新工艺的创新上。可以说，当前湖南制造业转型升级面临缺乏核心技术和创新人才不足两大困境。解决这个问题，可考虑建立由政府主导的"产—学—研—用"合作创新体系，重点帮助有条件的中小微企业实现技术创新。进一步明确应用科研要以市场为导向，紧盯需求，形成以企业为主体的"产——学—研—用"创新机制，实现"产—学—研—用"的"无缝链接"。

（一）发挥政府的主导作用，建立"产—学—研—用"结合统筹协调机制。瞄准需求，统筹协调，消除障碍，理顺各个主体关系，调动各方优势和积极性，实现"产—学—研—用"的"无缝链接"。

（二）制定"产—学—研—用"专项扶持政策。政府可根据"产—学—研—用"结合中多方参与的特点，在制定政策中应充分考虑各方需求与利益，保证各方利益风险共担、知识产权共享，提高和保护"产—学—研—用"合作各方的积极性。

（三）设立"产—学—研—用"合作专项引导资金。这是一条强化政府财政投入的引导和保障机制，积极探索科技与金融结合的新路子。建立健全以政府投入为引导、企业投入为主体、社会投入为补充的多元化"产—学—研—用"结合投入体系，从而不断加大科技投入的力度。

（四）大力扶持培养中介服务机构。积极扶持和培养生产力促进中心、评估咨询机构、科技信息中心、知识产权法律中介机构等一批自主创新知识型中介服务机构，并依托中介服务机构，建立各方信息交流服务平台，通过不同类型的中介服务机构，解决"产—学—研—用"结合中信息不对称的问题。

四、进一步推进生产性服务业与制造业融合发展

生产性服务业贯穿于企业生产的上中下游诸多环节，其本质是一种中间投入，包括研发设计、物流运输、融资租赁、信息技术服务、节能环保服务、检验检测认证、电子商务、商务咨询、服务外包、人

力资源服务和品牌建设等。目前，湖南各类型制造业利用的生产性服务业多集中于批发零售、物流运输、融资等提供辅助管理作用的行业，在租赁和商务服务、科学研究和节能环保等技术服务行业提供管理支持、战略导向功能方面的利用程度相对较低。加快推进生产性服务业与制造业的融合发展，是湖南制造业功能升级的必由之路。

要加快发展生产性服务业，特别是在互联网技术、人工智能技术、大数据技术等方面为制造业的发展起到一个引领作用，实现制造业的创新驱动和产业链、价值链的重构。对于生产性服务业而言，践行"创新、协调、绿色、开放、共享"五大发展理念就是要致力于实现制造业服务化。制造业企业通过服务外包逐步改变价值增值方式，将基于产品的衍生服务作为价值链延伸，将服务供给作为更重要的价值产出，在更大程度上体现制造业的客户导向，从而深层次改变制造业的运营模式。

要引导制造业企业由制造产品向围绕产品生命周期服务延伸，在市场调查、产品开发、产品营销、售后服务、报废处理的全程提供"集合式"服务支持。总结推广特变电工衡阳变压器有限公司、中联重科等一些典型企业发展服务型制造的经验，从紧跟用户需要的角度，大规模为客户量身定制产品，实现从"硬制造"到"软服务"的转型，推动湖南制造业企业服务型制造的广泛开展和制造功能服务化水平的提高。

2017 湖南 100 强企业发展报告

第四章
2017 湖南服务业 50 强企业综合分析[①]

2016 年是"十三五"的开局之年,在供给侧结构性改革等一系列政策措施作用下,尽管面临经济下行压力加大、社会消费需求和投资者信心不足等困难,我国服务业仍保持较快发展势头,继续领跑三次产业发展,为经济增长、财源增加、民生改善和社会稳定做出重要贡献,特别是服务业新产业、新业态和新模式不断涌现和拓展,在错综复杂的国内外环境下,成为引领产业结构持续优化的新生力量。中共湖南省委、省人民政府带领全省人民认真贯彻落实党中央、国务院各项决策部署,全面贯彻新发展理念,坚持稳中求进工作总基调,坚定不移地推进供给侧结构性改革,统筹稳增长、促改革、调结构、惠民生、防风险各项工作,全省服务业发展保持总体平稳、稳中有进、稳中向好的态势,实现"十三五"良好开局。

当前全球产业结构由"工业型经济"向"服务型经济"加速转型,现代服务业的面貌日新月异,呈现四大特点:一是新一代信息技术正带动服务计算、知识图谱等技术深入研究和应用;二是第一、二产业与现代服务业更加深度融合,呈现出"跨界融合"的新态势与新特征;三是由技术原创驱动的服务创新和规则制定成为未来服务业竞争的重要内容;四是商业模式创新成为现代服务业竞争的核心要素。为实现产业的高端化、服务化、集聚化、融合化、低碳化,优化产业结构,加快发展服务业,构建现代产业体系,促进经济提质增效升级,推动社会和谐发展,湖南省人民政府在 2016 年 9 月颁布了《湖南省"十三五"服务业发展规划》,湖南服务业和服务企业的发展现状及前景备受瞩目。为此,湖南省企业和工业经济联合会向社会发布了"2017 湖南服务业 50 强企业"年度排行榜。应企业和社会各界的要求,为促进湖南省服务业的发展,增强全社会对服务业的认识,现对 2017 湖南服务业 50 强企业的整体发展情况做一些分析,并针对服务业发展中存在的问题提出政策性建议。

[①] 2017 湖南服务业 50 强企业共有 46 家企业入榜,国药控股湖南有限公司、盛仕达钢铁股份有限公司、中国人寿财产保险股份有限公司湖南省分公司、华天实业控股集团有限公司等因未申报而不纳入评选。2017 湖南服务业 50 强企业新增上榜有 8 家企业,分别是:中南出版传媒集团股份有限公司、长安益阳发电有限公司、大唐湘潭发电有限责任公司、华天酒店集团股份有限公司、湖南德天投资(集团)有限公司、株洲市自来水有限责任公司、湖南华凯文化创意股份有限公司、中广天择传媒股份有限公司。本报告所有数值均以 2017 年入榜的 46 家企业及 2016 年这 46 家企业申报数据为依据。

第一节 2017 湖南服务业 50 强企业特征分析

一、2017 湖南服务业 50 强企业的规模及特征

(一) 企业总体规模继续扩大，但增速放缓

2017 湖南服务业 50 强企业营业收入总额达 4591.47 亿元，平均营业收入为 99.81 亿元，两项均比 2016 湖南服务业 50 强企业增长 2.66%；总资产达到 18727.38 亿元，平均资产为 407.12 亿元，比上年提高 15.88%；所有者权益（以实报 45 家企业数据为有效统计）为 2698.26 亿元，平均所有者权益为 59.96 亿元，比上年增长 9.95%；利润总额为 342.40 亿元，利润增长率为 -6.89%，出现负增长。四项指标增长率均比上年低，这说明 2017 湖南服务业 50 强的总体规模虽然继续扩大，但增速放缓。尤其是利润这一指标，比上年不增反减，值得警惕。2016—2017 湖南服务业 50 强企业平均营业收入情况如图 4-1 所示。2016—2017 湖南服务业 50 强企业总营业收入、总资产、所有者权益总额与利润总额对比情况详见图 4-2、表 4-1。

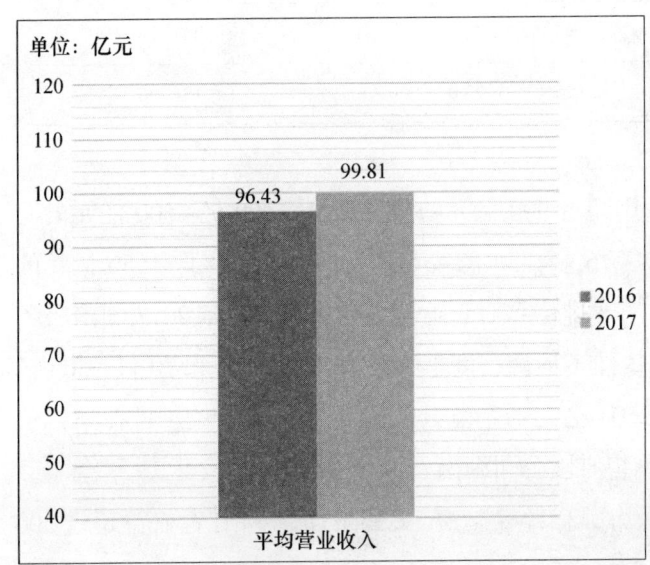

图 4-1 2016—2017 湖南服务业 50 强企业平均营业收入对比

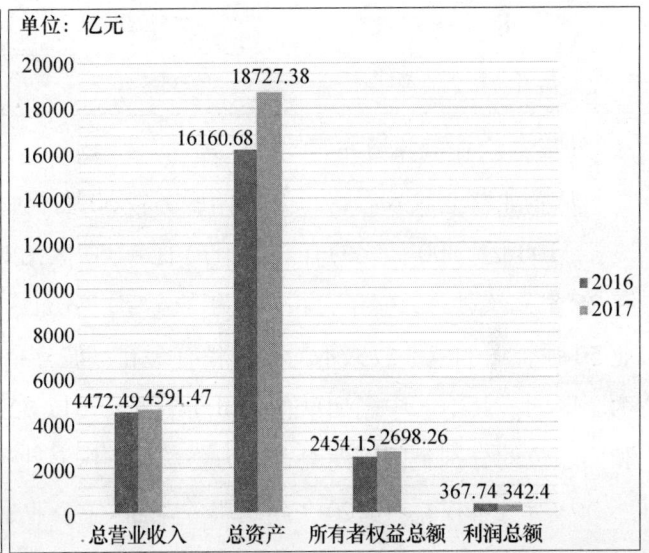

图 4-2 2016—2017 湖南服务业 50 强企业总体规模情况对比

表 4-1　　2016—2017 湖南服务业 50 强企业总体规模情况对比

单位：亿元

标示年份	总营业收入	总资产	所有者权益总额	利润总额
2017	4591.47	18727.38	2698.26	342.40
2016	4472.49	16160.68	2454.15	367.74
年增长率	2.66%	15.88%	9.95%	-6.89%

(二) 企业间规模差距较大

湖南服务业 50 强企业的整体规模及平均规模在逐年扩大，但入围服务业 50 强的企业之间仍存在较

大差距。如2017湖南服务业50强企业中排位第1位的中国烟草总公司湖南省公司拥有资产总计393.93亿元，实现营业收入722.04亿元；排在第46位（共46家企业入围）的中广天择传媒股份有限公司资产和营业收入分别为4.10亿元和4.53亿元，分别只有中国烟草总公司湖南省公司的1.04%和0.63%。

2017湖南服务业50强企业前3位企业的营业收入之和为1845.51亿元，而后3位企业的营业收入之和为15.38亿元，前3位是后3位的119.99倍；2017湖南服务业50强企业前3位企业的资产之和为12667.71亿元，而后3位企业的资产之和为13.46亿元，前3位是后3位的941.14倍。2017湖南服务业50强企业前3位企业的所有者权益之和为935.24亿元，而后3位企业的资产之和为6.93亿元，前3位是后3位的134.96倍。可见，从营业收入、资产总额以及所有者权益来看，规模差距都很大，如表4-2所示。

表4-2　　　　　　　　　2017湖南服务业50强企业前3位与后3位的规模比较

单位：亿元

项目	前3位	后3位	前3位是后3位的倍数
营业收入总额	1845.51	15.38	119.99
资产总额	12667.71	13.46	941.14
所有者权益总额	935.24	6.93	134.96

（三）企业规模分布不均衡

从企业营业收入看，2017湖南服务业50强企业中超过500亿元的只有2家，300亿~500亿元的有3家，100亿~300亿元的有6家，70亿~100亿元的有6家，50亿~70亿元的有4家，低于50亿元的有25家，超过总数一半。相比上年的金字塔分布，随着排位靠后企业营业收入的增长，2017湖南服务业50强企业的营业收入不均现象稍有缓和，但分布依然不均衡，多集中在10亿~30亿和70亿~300亿两个区间。其中，中国烟草总公司湖南省公司以722.04亿元的企业营业收入排在第一位。排在第二位和第三位的分别是国网湖南省电力公司和中国石化销售有限公司湖南石油分公司。

从所有者权益看，2017湖南服务业50强企业平均所有者权益为59.96亿元。所有者权益超过300亿元的企业有两家，100亿~300亿元的有7家，50亿~100亿元的有5家，而低于50亿元的有36家，远远超过总数的一半。方正证券股份有限公司以361.97亿元的所有者权益数额排在第一位。排在第二和第三位的分别是中国烟草总公司湖南省公司和国网湖南省电力公司，所有者权益数额分别为338.39亿元和234.90亿元。可见2017湖南服务业50强企业所有者权益分布也很不均衡，呈金字塔分布。由于中国建设银行股份有限公司湖南分公司的所有者权益数据不详，故按所有者权益分类的企业数目共45家。2017湖南服务业50强企业营业收入和所有者权益具体的规模差异情况如图4-3、表4-3所示。

从资产规模看，有4家服务业企业资产达到1000亿元以上，且资产规模排名第五位的国网湖南省电力公司也达到976.75亿元，即将突破千亿大关。资产规模排在第一位的是中国建设银行股份有限公司湖南分公司，其资产达到6230.79亿元。资产规模在100亿~1000亿元的企业有15家。10亿~100亿元的企业有24家，超过总数的一半。可见2017湖南服务业50强企业资产规模分布不均衡。但资产在10亿元以下的企业只有3家，比上年减少3家，这说明2017湖南服务业50强排名靠后的企业正迎头向

第四章 2017 湖南服务业 50 强企业综合分析

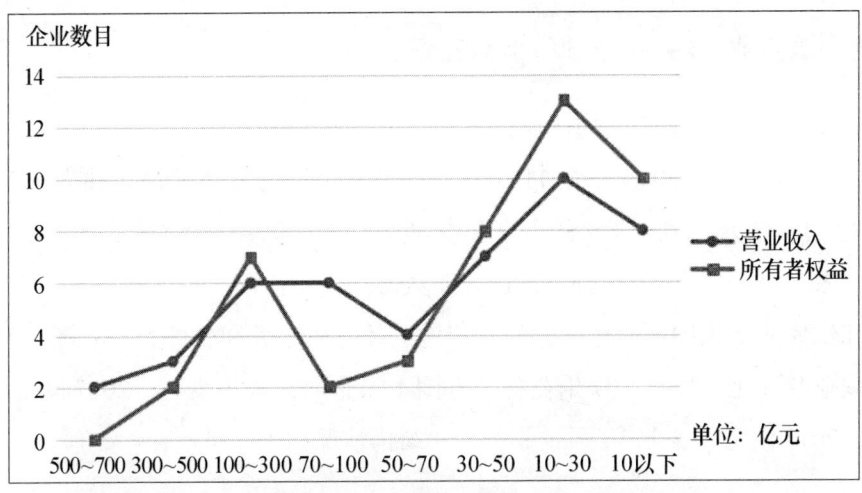

图 4-3　2017 湖南服务业 50 强企业营业收入和所有者权益分布

表 4-3　　　　　　　　　　2017 湖南服务业 50 强企业企业资产规模分布表

企业数目/比例	500~700（亿元）	300~500（亿元）	100~300（亿元）	70~100（亿元）	50~70（亿元）	30~50（亿元）	10~30（亿元）	少于10（亿元）	总数
按营业收入分类的企业数目（家）	2	3	6	6	4	7	10	8	46
企业数目比例（%）	4.35	6.52	13.04	13.04	8.70	15.22	21.74	17.39	—
按所有者权益分类的企业数目（家）	0	2	7	2	3	8	13	10	45
企业数目比例（%）	0	4.44	15.56	4.44	6.67	17.78	28.89	22.22	—

上，资产不断积累扩大。2017 湖南服务业 50 强企业资产规模差异情况如图 4-4 所示。

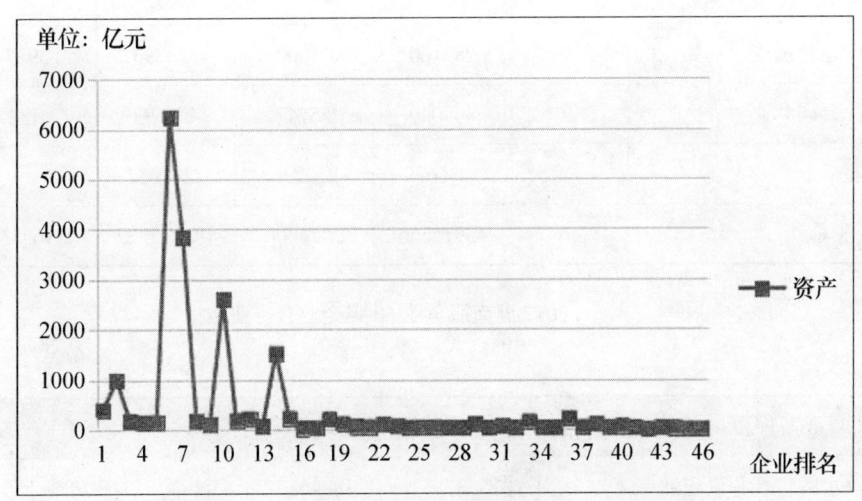

图 4-4　2017 湖南服务业 50 强企业资产规模分布

综上，2017 湖南服务业 50 强企业在年度内虽实现了规模持续扩大，企业间差距在一定程度上有所减少，但规模分布仍然很不均衡，大多数企业仍处于相对较低的规模水平。

二、2017 湖南服务业 50 强企业的行业分布情况

(一) 2017 湖南服务业 50 强企业的行业分布相对集中

2017 湖南服务业 50 强企业共分布在 11 个行业中。其中，批发和零售业共入选 15 家，占 50 强的 32.61%。其次是电力、热力、燃气及水的生产和供应业入选的最多，为 7 家，占 15.22%；接下来是金融业，入选 5 家，占 10.87%。其他各行业入选企业数量均小于 5 家，占比均在 10% 以下。电力、热力、燃气及水的生产和供应业新入围 3 家企业，信息传输、计算机服务和软件业新入围 2 家企业，水利、环境和公共设施管理业与文化、体育和娱乐业各新入围 1 家企业，势头良好。2017 湖南服务业 50 强企业分行业主要指标、2017 湖南服务业 50 强企业分行业结构情况如表 4-4、表 4-5 所示。

表 4-4　　　　　　　　　　　　2017 湖南服务业 50 强企业分行业主要指标

单位：万元

行业名称	企业个数	营业收入	利润	资产	纳税总额	从业人数(人)
电力、热力、燃气及水的生产和供应业	7	8474214	151718	15511690	462588	54829
交通运输、仓储和邮政业	3	1692509	53504	4861580	47006	26513
信息传输、计算机服务和软件业	3	1300288	122874	3300518	24912	2792
批发和零售业	15	24642774	1043432	15503124	1864531	104919
住宿和餐饮业	1	100378	-28855	890883	—	—
金融业	5	6572943	1738973	142278903	746005	22776
房地产业	3	1084734	38134	1341068	16757	4818
科学研究、技术服务和地质勘查业	1	76937	10643	184493	—	—
水利、环境和公共设施管理业	3	283160	25000	523893	3937	10000
卫生、社会保障和社会福利业	1	400040	55747	406593	—	—
文化、体育和娱乐业	4	1286679	212836	2471082	—	—
全省服务业 50 强企业总计	46	45914656	3424006	187273827	3165736	226647

表 4-5　　　　　　　　　　　　2017 湖南服务业 50 强企业分行业结构

单位：%

行业名称	企业数	营业收入	利润	资产	纳税总额	从业人数
电力、热力、燃气及水的生产和供应业	15.22	18.46	4.43	8.28	14.61	24.19
交通运输、仓储和邮政业	6.52	3.69	1.56	2.60	1.45	11.70
信息传输、计算机服务和软件业	6.52	2.83	3.59	1.76	0.79	1.23
批发和零售业	32.61	53.67	30.47	8.28	58.90	46.29

续表

行业名称	企业数	营业收入	利润	资产	纳税总额	从业人数
住宿和餐饮业	2.17	0.22	-0.84	0.48	—	—
金融业	10.87	14.32	50.79	75.97	23.56	10.05
房地产业	6.52	2.36	1.11	0.72	0.53	2.13
科学研究、技术服务和地质勘查业	2.17	0.17	0.31	0.10	—	—
水利、环境和公共设施管理业	6.52	0.62	0.73	0.28	0.12	4.41
卫生、社会保障和社会福利业	2.17	0.87	1.63	0.22		
文化、体育和娱乐业	8.70	2.80	6.22	1.32	—	—

(二) 各个行业的盈利能力和效益差异比较明显

2017湖南服务业50强企业可划分为11个行业，共计实现利润342.40亿元，利润主要集中在金融业与批发和零售业。这两个行业的利润合计数为278.24亿元，占总利润的81.26%。其中，文化、体育和娱乐业从上年的亏损变为6.22%的利润占比，是值得关注的。

从营业收入看，批发和零售业的营业收入达到总额的53.67%，占2017湖南服务业50强企业营业收入的半数以上，而科学研究、技术服务和地质勘查业与住宿和餐饮业分别仅占0.17%和0.22%，差距显而易见。

从资产规模上看，金融业遥遥领先，占75.97%，而科学研究、技术服务和地质勘查业仅为0.1%。比例结构明显失衡，资产高度集中在金融业，而生产性服务业和新兴服务业占据资金比例非常少。

三、2017湖南服务业50强企业的地域分布特征

2017湖南服务业50强企业表现出明显的区域较为集中分布特点。2017湖南服务业50强企业的分布基本上与城市经济发展水平相一致，即经济发达的城市入围服务业50强的企业较多。服务企业向大城市集中的特征明显，省会城市长沙为经济最为发达的区域。其中，株洲、益阳和怀化分别有1家新入围企业，长沙地区则减少3家企业，这说明湖南服务业50强企业地域分布不均的现象正在一定程度上有所调整。但从整体上看，2017湖南服务业50强企业仍然表现出较大的集中分布特点。

从经济总量上看，经济总量的绝大部分都集中在长沙，长沙33家服务业企业的营业收入、利润总额和资产总计分别为3964.23亿元、325.81亿元、18122.37亿元，分别占2017湖南服务业50强企业总量的86.34%、95.15%、96.77%，与上年数据基本持平。相比之下，其他地区各自所占份额甚微。尽管长沙以外地区入围企业数量有所增加，但经济总量分布却并未发生可见的变动。具体数据如表4-6、表4-7所示。

表 4-6　2017 湖南服务业 50 强企业分地区主要指标

地区	企业个数	营业收入（万元）	利润（万元）	资产（万元）	纳税总额（万元）	平均人数(人)
长沙	33	39642288	3258079	181223683	3018685	178215
株洲	3	286503	15039	431213	14953	11732
湘潭	2	3404111	41208	1813506	97896	18894
岳阳	1	76937	10643	184493	—	—
益阳	1	198603	16032	659180	15527	571
怀化	2	804962	26060	515278	12935	13435
娄底	1	827130	18419	709830	5740	3800
郴州	1	241542	10021	1110102	—	—
常德	1	373362	22389	422125	—	—
张家界	1	59218	6116	204417	—	—
全省	46	45914656	3424006	187273827	3165736	226647

表 4-7　2017 湖南服务业 50 强企业分地区主要指标占比情况

地区	企业数	营业收入	利润	资产	纳税总额
长沙	71.74%	86.34%	95.15%	96.77%	95.35%
株洲	6.52%	0.62%	0.44%	0.23%	0.47%
湘潭	4.35%	7.41%	1.20%	0.97%	3.09%
岳阳	2.17%	0.17%	0.31%	0.10%	—
益阳	2.17%	0.43%	0.47%	0.35%	0.49%
怀化	4.35%	1.75%	0.76%	0.28%	0.41%
娄底	2.17%	1.80%	0.54%	0.38%	0.18%
郴州	2.17%	0.53%	0.29%	0.59%	—
常德	2.17%	0.81%	0.65%	0.23%	—
张家界	2.17%	0.13%	0.18%	0.11%	—

四、2017 湖南服务业 50 强企业的所有制分布特征

（一）企业所有制结构

从 2017 湖南服务业 50 强企业的所有制结构来看，国有企业保持相对主导地位，共有 27 家，占全部企业的 58.7%，比上年增加了 1 家；实现营业收入 3384.64 亿元，占 2017 湖南服务业 50 强企业营业

收入总额的73.72%，比上年高1.42个百分点；实现利润总额为298.54亿元，占50强企业利润总额的87.19%，比上年高1.05个百分点；资产总计17777.98亿元，占50强企业资产总额的94.93%，比上年低0.53个百分点。由此可见，2017湖南服务业50强企业的所有制结构变化不大，国有企业占比总体来说略微增多，其在营业收入、利润及资产上依然远超民营企业。

2017湖南服务业50强企业的所有制结构分布情况如表4-8、表4-9所示。

表4-8　　　　　　　　　　2017湖南服务业50强企业按所有制分类主要指标

名称	企业数（个）	营业收入（万元）	利润（万元）	资产（万元）	纳税总额（万元）	从业人数（人）
全省	46	45914656	3424006	187273827	3165736	226647
国有	27	33846414	2985419	177779785	2942928	161063
民营	19	12068242	438587	9494042	222808	65584

表4-9　　　　　　　　2017湖南服务业50强企业主要指标所有制分布占比情况

名称	企业数	营业收入	利润	资产	纳税总额	从业人数
国有	58.70%	73.72%	87.19%	94.93%	92.96%	71.06%
民营	41.30%	26.28%	12.81%	5.07%	7.04%	28.94%

（二）不同所有制类型之间企业经济效益与效率差距明显

从效益和效率指标分析，不同所有制类型企业之间存在很大差异。2017湖南服务业50强企业按所有制分类的经济效益与效率指标如表4-10所示。

表4-10　　　　　2017湖南服务业50强企业按所有制分类的经济效益与效率指标

所有制	资产利润率	资产周转率
国有	1.68%	19.04%
民营	4.62%	127.11%

在资产利润率方面，民营企业更高，达到4.62%。在资产周转率方面，民营企业也以127.11%的绝对优势遥遥领先于国有企业。这说明，民营企业的资产利用效益也更好，销售能力更强，盈利能力更高。

第二节　2017湖南服务业50强企业效益与纳税分析

一、2017湖南服务业50强企业效益分析

（一）2017湖南服务业50强企业总体经济效益有所下降

2017湖南服务业50强企业共实现利润342.40亿元，比上年的367.74亿元减少了6.89%；纳税总

额（以实报 30 家企业数据为有效统计）为 316.57 亿元，比上年增加了 7.32%，但与上年 26.02%的增速相比，2017 湖南服务业 50 强的纳税总额增长明显放缓。2016—2017 湖南服务业 50 强企业效益情况详见表 4-11，对比情况如图 4-5 所示。

表 4-11　　　　　　　　　　　　　　2016—2017 湖南服务业 50 强企业效益情况

标示年份	利润总额（亿元）	纳税总额（亿元）
2016	367.74	294.98
2017	342.40	316.57

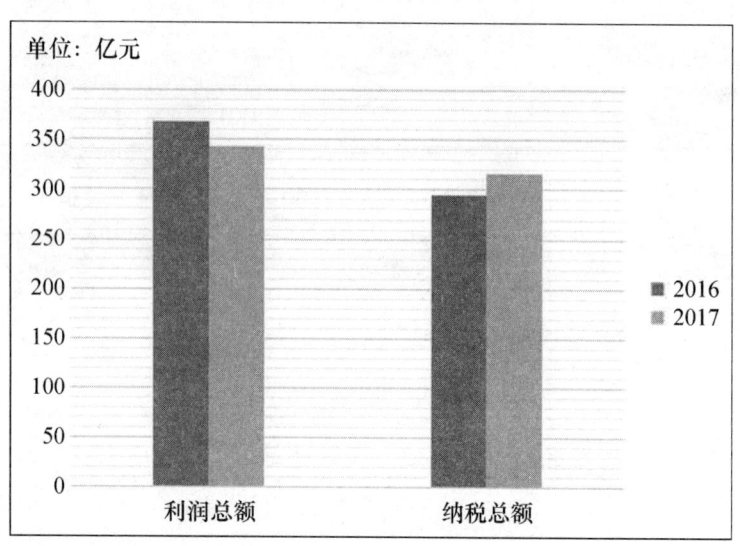

图 4-5　2016—2017 湖南服务业 50 强企业效益对比情况

（二）2017 湖南服务业 50 强企业的利润结构分析

1. 金融业、批发和零售业以及文化、体育和娱乐业利润额居前三位，其中金融业利润额居榜首

2017 湖南服务业 50 强企业分布在 11 个行业，其中入围企业数目最多的行业分别是金融业、批发和零售业。利润额排位前 5 的企业中，金融业企业占据 4 席。金融业入围的企业有 5 家，共实现营业收入 657.29 亿元，利润 173.90 亿元；批发和零售业入围的企业有 15 家，共实现营业收入 2464.28 亿元，利润 104.34 亿元；文化、体育和娱乐业入围的企业有 4 家，共实现营业收入 128.67 亿元，利润 21.28 亿元。这三个行业企业数之和达到 24 家，合计利润总额 299.52 亿元，占 2017 湖南服务业 50 强企业利润的 87.48%。2017 湖南服务业 50 强企业分行业主要经济指标情况见表 4-12。

表 4-12　　　　　　　　　　　　2017 湖南服务业 50 强企业分行业主要经济指标情况

单位：万元

行业名称	企业个数	营业收入	利润	资产	纳税总额	平均人数（人）
电力、热力、燃气及水的生产和供应业	7	8474214	151718	15511690	462588	54829
交通运输、仓储和邮政业	3	1692509	53504	4861580	47006	26513
信息传输、计算机服务和软件业	3	1300288	122874	3300518	24912	2792

续表

行业名称	企业个数	营业收入	利润	资产	纳税总额	平均人数(人)
批发和零售业	15	24642774	1043432	15503124	1864531	104919
住宿和餐饮业	1	100378	-28855	890883	—	—
金融业	5	6572943	1738973	142278903	746005	22776
房地产业	3	1084734	38134	1341068	16757	4818
科学研究、技术服务和地质勘查业	1	76937	10643	184493	—	—
水利、环境和公共设施管理业	3	283160	25000	523893	3937	10000
卫生、社会保障和社会福利业	1	400040	55747	406593		
文化、体育和娱乐业	4	1286679	212836	2471082		
湖南服务业50强企业总计	46	45914656	3424006	187273827	3165736	226647

2. 2017湖南服务业50强企业利润主要集中在长沙地区

从企业所在地区看，2017湖南服务业50强企业地域分布上仍处于相对不平衡状况，主要集中在长沙地区，有33家企业入围，企业数目占到71.74%，其入围企业的合计利润为325.81亿元，占2017湖南服务业50强企业总利润的95.15%。其他入围企业较多的地区为株洲、湘潭和怀化，入围数目分别为3家、2家和2家，其入围企业的合计利润分别为1.50亿元、4.12亿元和2.61亿元。可见，服务业企业高度集中于长沙地区，与上年利润占比基本持平。2017湖南服务业50强企业所在地区分布情况详见表4-13。

表4-13　　　　　　　　2017湖南服务业50强企业所在地区分布情况

单位：万元

	企业个数	营业收入	利润	资产	纳税总额	员工人数（人）
长沙	33	39642288	3258079	181223683	3018685	178215
株洲	3	286503	15039	431213	14953	11732
湘潭	2	3404111	41208	1813506	97896	18894
岳阳	1	76937	10643	184493	—	—
益阳	1	198603	16032	659180	15527	571
怀化	2	804962	26060	515278	12935	13435
娄底	1	827130	18419	709830	5740	3800
郴州	1	241542	10021	1110102		
常德	1	373362	22389	422125		
张家界	1	59218	6116	204417	—	—
全省	46	45914656	3424006	187273827	3165736	226647

(三) 2017 湖南服务业 50 强企业盈利能力分析

2017 湖南服务业 50 强企业中有盈利企业 44 家，亏损企业 2 家。

从收入利润率看，湖南服务业 50 强中，有 5 家企业达到 20%以上，有 14 家企业达到 10%~20%。其中，中国建设银行股份有限公司湖南分公司以 34.82%的收入利润率高居榜首，方正证券股份有限公司位列第 2（33.11%），天舟文化股份有限公司排在第 3 位（31.23%），华融湘江银行股份有限公司列第 4 位（20.59%），拓维信息系统股份有限公司列第 5 位（20.57%）。

从资产利润率看，有 4 家企业达到 10%以上。其中，湖南仁仁洁国际清洁科技集团股份有限公司以 23.8%的资产利润率居各企业之首位。位列第 2 至第 5 位的企业依次是：中国烟草总公司湖南省公司（16.07%），爱尔眼科医院集团股份有限公司（13.71%），湖南新长海发展集团有限公司（10.95%），湖南佳惠百货有限责任公司（9.84%）。

从资产周转率看，2017 湖南服务业 50 强企业资产周转率平均为 24.52%，有 36 家企业资产周转率超过了这个平均数。湖南佳惠百货有限责任公司以 475.58%的资产周转率高居首位。列第 2 至第 5 位的企业依次是：湖南仁仁洁国际清洁科技集团股份有限公司（353.75%），湖南兰天集团有限公司（289.07%），中国石化销售有限公司湖南石油分公司（253.31%），步步高投资集团股份有限公司（222.03%）。

从净资产收益率看，有 4 家企业达到 20%以上（实统 45 家企业填报数据）。其中，有 14 家企业在 10%~20%。这个比例越高，说明公司的运营效率和生产经营效率越高。净资产收益率排名前 5 位的企业依次是：长安益阳发电有限公司（78.87%），湖南仁仁洁国际清洁科技集团股份有限公司（27.28%），长沙水业集团有限公司（20.55%），爱尔眼科医院集团股份有限公司（20.04），湖南佳惠百货有限责任公司（19.60%）。

从资本保值增值率来看（实统 45 家企业填报数据），有 41 家企业达到 100%以上。其中，长安益阳发电有限公司以 473.25%的资本保值增值率高居首位。列第 2 至第 5 位的企业分别是：天舟文化股份有限公司（225.10%），益丰大药房连锁股份有限公司（209.85%），湖南百利工程科技股份有限公司（189.87%），湖南友谊阿波罗商业股份有限公司（152.31%）。

(四) 2017 湖南服务业 50 强企业利润增长趋势分析

2017 湖南服务业 50 强企业共实现利润 342.40 亿元，利润增长率为-6.89%，出现负增长，这一现象令人担忧。相比近五年的湖南服务业 50 强企业利润增长率来看，2016 湖南服务业 50 强企业利润增长率为 2.52%，2015 湖南服务业 50 强企业利润增长率为 10.66%，2014 湖南服务业 50 强企业利润增长率为 17.93%，2013 湖南服务业 50 强企业利润增长率为 25.34%。数据表明，近五年来湖南服务业 50 强企业的利润增长率匀速下降，利润增长越来越缓慢，到 2017 甚至出现利润额下降。这说明，湖南服务业 50 强企业的发展势头放缓，经营能力后劲不足。2013—2017 湖南服务业 50 强企业利润增长率趋势变化如图 4-6 所示。

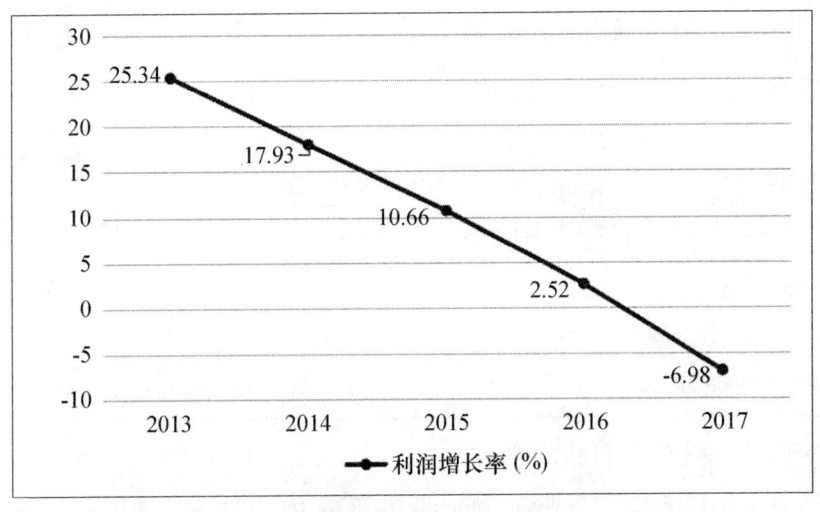

图 4-6 2013—2017 湖南服务业 50 强企业利润增长率趋势变化

二、2017 湖南服务业 50 强企业纳税分析

(一) 2017 湖南服务业 50 强企业对湖南省税收收入贡献增速放缓

2017 湖南服务业 50 强企业合计纳税总额为 316.57 亿元，比 2016 湖南服务业 50 强企业合计纳税总额增加了 7.32%，但相比上年 26.02% 的增速，2017 湖南服务业 50 强企业的纳税总额增长明显放缓。2016—2017 湖南服务业 50 强企业的纳税总额情况详见表 4-14。

表 4-14 2016—2017 湖南服务业 50 强企业纳税情况

标示年份	税收总额（亿元）
2017	316.57
2016	294.98

2017 湖南服务业 50 强企业中缴纳税款首位为中国烟草总公司湖南省公司，纳税额达 153.69 亿元。第 2 位至第 5 位分别为国网湖南省电力公司、中国建设银行股份有限公司湖南分公司、长沙银行股份有限公司、华融湘江银行股份有限公司，前 5 位合计纳税 266.33 亿元，占 2017 湖南服务业 50 强企业合计纳税总额的 84.13%。

(二) 2017 湖南服务业 50 强企业纳税结构分析

1. 批发和零售业、金融业和电力、热力、燃气及水的生产和供应业入围企业的纳税额居前 3 位

2017 湖南服务业 50 强企业分布在 11 个行业，入围企业当年缴纳税款居前 3 位的企业分别是中国烟草总公司湖南省公司、国网湖南省电力公司、中国建设银行股份有限公司湖南分公司，行业分别是批发和零售业、电力、热力、燃气及水的生产和供应业、金融业。其中，批发和零售业入围的企业有 15 家，共实现营业收入 2464.28 亿元，利润 104.34 亿元，缴纳税款 171.68 亿元；金融业入围的企业有 5 家，共实现营业收入 657.29 亿元，利润 173.90 亿元，缴纳税款 74.60 亿元；电力、热力、燃气及水的生产和供应业入围的企业有 7 家，共实现营业收入 847.42 亿元，利润 15.17 亿元，缴纳税款 46.26 亿元。这三个行业企业数之和达到 27 家，合计纳税总额 307.31 亿元，占 2017 湖南服务业 50 强企业纳税总额的

97.07%，成为纳税主力军。2017湖南服务业50强企业中纳税前三行业的税收对比情况详见表4-15。

表4-15　　　　2017湖南服务业50强企业中纳税前三行业税收对比情况

行业名称	2017税收总额（亿元）	占2017湖南服务业50强企业税收总额的比重（%）
批发和零售业	171.68	58.90
金融业	74.60	23.57
电力、热力、燃气及水的生产和供应业	46.26	14.61

2. 入围企业的纳税总额主要来自长沙地区

从企业所在地区看，2017湖南服务业50强企业分布在10个地区，纳税总额绝大部分来自长沙地区，其入围企业的合计纳税总额为301.87亿元，占2017湖南服务业50强企业纳税总额的95.36%。其次是湘潭地区纳税总额相对较高，为9.79亿元，占2017湖南服务业50强企业纳税总额的3.09%。其他地区纳税总额相对较少，占比均小于0.50%。2017湖南服务业50强企业按地区分类的纳税情况如表4-16所示。

表4-16　　　　2017湖南服务业50强企业按地区分类的纳税情况

地区	2017纳税总额（亿元）	占2017湖南服务业50强企业纳税总额比重（%）
长沙	301.87	95.36
株洲	1.50	0.47
湘潭	9.79	3.09
岳阳	—	—
益阳	1.55	0.49
怀化	1.29	0.41
娄底	0.57	0.18
郴州	—	—
常德	—	—
张家界	—	—

第三节 当前湖南服务业发展中存在的主要问题

一、行业规模增长放缓，总体盈利能力下降

从行业规模来看，2017湖南服务业50强企业总体规模继续扩大，但增速放缓。营业收入总额达4591.47亿元，比上年增长2.66%；总资产达到18727.38亿元，比上年提高了15.88%；所有者权益（以实报45家企业为有效统计数据）为2698.26亿元，比上年增长了9.95%。三项指标增长率均比上年低，这说明2017湖南服务业50强总体规模虽然继续扩大，但增速放缓。从盈利能力来看，2017湖南服务业50强企业共实现利润342.40亿元，比上年的367.74亿元减少了6.89%。尤其是近五年来，湖南服务业50强企业的利润增速下降，而且越来越慢，这一趋势令人担忧。

在目前产业结构和发展态势下，2017湖南服务业50强企业的经济增长出现疲态，总体盈利能力略有下滑。导致该现象的原因一方面在于我国经济总体上呈现新常态特点，强调"调结构、稳增长"，侧重提质增效，而不是总量经济；着眼于经济结构的对称态及在对称态基础上的可持续发展，而不仅仅是GDP增长与经济规模最大化。另一方面在于湖南服务业创新能力不足，同质化竞争严重，挤占发展空间，缺乏服务创意。在对传统服务业的升级改造以及新兴服务业的创新发展进程中，虽然出现多种多样的新形态，但是实质上的创新力仍较缺乏，核心竞争力不充足，行业价值仍未得到充分发展。

二、产业结构不均衡，新兴服务业动力不足

2017湖南服务业50强企业分布在11个行业中。根据国家统计局在《关于建立第三产业统计的报告》中的产业层次划分来看，2017湖南服务业50强中，交通运输、仓储和邮政业，批发和零售业以及住宿和餐饮业属于第一层次，即流通部门；电力、热力、燃气及水的生产和供应业，信息传输、计算机服务和软件业，金融业，房地产业以及水利、环境和公共设施管理业属于第二层次，即为生产和生活服务的部门；科学研究、技术服务和地质勘查业，卫生、社会保障和社会福利业以及文化、体育和娱乐业属于第三层次，即为提高科学文化水平和居民素质服务的部门。其中，第一层次行业的企业数、营业收入、利润以及资产分别占2017湖南服务业50强企业的41.30%、57.60%、31.20%、11.40%，第二层次行业的企业数、营业收入、利润以及资产分别占45.65%、38.59%、60.65%、87.01%，第三层次行业的企业数、营业收入、利润以及资产分别占13.04%、3.84%、8.16%、1.64%。

不管从行业规模还是经济效益来看，如今第三产业的主体力量仍集中于第一和第二层次，第三层次的规模占比甚少，总体结构仍不均衡。批发和零售业，电力、热力、燃气及水的生产和供应业以及金融业占比突出，与文化、体育和娱乐业等第三层次行业差距过大。而第三层次服务业正是在经济新常态时期的重要发展动力，提高科学文化水平和居民素质是湖南服务业不断向优、向快发展的核心竞争力，是服务业创新发展的希望。尽管2017湖南服务业50强企业新上榜的8家企业中有3家来自文化产业，但其规模依然相对较小，行业盈利能力有待提高。新兴服务业是指伴随着信息技术的发展和知识经济的出现、伴随着社会分工的细化和消费结构的升级而新生的行业，或用现代化的新技术、新业态和新的

服务方式改造提升传统服务业而产生的，向社会提供高附加值、满足社会高层次和多元化需求的服务业。未来服务业的重点在于新兴服务业，而新兴服务业则更依赖于第三层次服务业行业的支撑。

三、地区间发展差异大，区域协同带动不明显

2017湖南服务业50强企业表现出明显的区域较为集中分布特点。2017湖南服务业50强企业的分布基本上与城市经济发展水平相一致，即经济发达的城市入围服务业50强的企业较多。服务企业向大城市集中的特征明显，省会城市长沙为经济最为发达的区域。

从经济总量上看，经济总量的绝大部分都集中在长沙，长沙33家服务业企业的营业收入、利润总额和资产总计分别为3964.23亿元、325.81亿元、18122.37亿元，分别占2017湖南服务业50强企业总量的86.34%、95.15%、96.77%，与上年数据基本持平。相比之下，其他地区各自所占份额甚微。尽管长沙以外地区入围企业数量有所增加，但经济总量分布却并未发生可见的变动。这说明，虽然区域企业数目分布正在经历小幅度的调整，但是长沙以外地区企业的规模和经济效益仍有待提高，重点企业仍集中在长沙。地区之间的巨大差异，表示近年来湖南服务业的区域协同效应不明显，辐射力度不够。如何加强地区之间的联系与共赢，是湖南服务业未来发展的重点和难点之一。

四、市场化程度不高，资金配置结构不充分

从2017湖南服务业50强企业的所有制结构来看，国有企业保持相对主导地位，企业数目占2017湖南服务业50强企业的58.7%，营业收入占50强企业营业收入总额的73.72%，利润总额占50强企业利润总额的87.19%，资产总额占50强企业资产总额的94.93%。可以看出，湖南服务业目前仍以国有企业为主，其规模总额占据全部企业的绝大部分。

但在经营效率方面，不管从资产利润率还是资产周转率来看，都是民营企业更高，分别达到4.62%和127.11%，以绝对优势领先于国有企业。这说明，民营企业的资产利用效益也更好，销售能力更强，盈利能力更高。尽管如此，民营企业所占据的资产比重却寥寥无几，与自身的经营能力和发展潜力十分不匹配。可见，在所有制结构中，资金配置不够充分。一方面是湖南服务业的市场化程度不够高，市场准入的"玻璃门""弹簧门""旋转门"仍制约较多；另一方面是民间资本缺乏活力，需要投资预期引导和有关财政支持。

第四节 加快湖南现代服务业发展的对策建议

一、推动产业跨界融合，大力发展服务业新业态

产业融合是创新的结果，创新是产业融合的根本动力之一。在跨界融合过程中，往往出现许多新领域、新业态。服务业跨界融合发展主要表现为以物流、贸易、设计、消费体验、外贸、文化、信息服务、健康产业、体育等为主导的几种形态。在服务业融合发展的进程中，消费升级是内在驱动力，信息技术是服务业跨界融合发展的先决条件，产业平台是基本依托，"文化+"是重要黏合剂。

新兴服务业中的许多门类都是知识、技术和信息密集型的领域，具有需求弹性大、劳动生产率高和利润率高等鲜明特征，有着广阔的发展空间和市场前景。而且，这些新兴服务业越发达，越能降低为实体经济提供服务的成本，也越能为实体经济提供形式多样的优质服务。这样一来，不仅可以帮助实体经济实现降本增效，提升市场竞争力，还能加速实体经济转型升级的步伐。服务业跨界融合可着力从以下三个方面进行推进，以积极发展新产业、新业态、新模式，培育服务业发展新动能。

第一，加快服务业与制造业的高度融合。制造业与生产性服务业之间具有相辅相成的紧密联系，没有制造业就没有生产性服务业，制造业为生产性服务业提供了广阔空间，生产性服务业又反过来提升了制造业的发展水平。制造业的发展为生产性服务业的发展提供发展需求，从而推进制造业与生产性服务业之间的分工与融合，通过专业化、专门化提高制造业的产品质量。服务型制造是基于制造的服务和面向服务的制造，是制造与服务相融合的新产业形态，是一种新的制造模式，它强调由传统的产品制造为核心，向提供具有丰富服务内涵的产品和依托产品的服务转变，直至为顾客提供整体解决方案。着力增强服务业对制造业的渗透和黏合作用，大力发展具有高融合度的研发、咨询、物流、金融、服务外包等高端生产服务业，加快培植一批第三方专业化服务企业，打造一批为先进制造业服务的服务平台和服务中心。

第二，创新服务业内部各个行业之间的深度融合。充分利用传统服务业现有的人才、技术、资金、装备、土地、厂房进行改造重组，在现有的生产要素配置上、新项目的开发上向新业态、新商业模式发展，积极发展平台经济、众包经济、创客经济、跨界经济、分享经济等新型服务模式，支持"智慧医保""智慧物流""智慧旅游"等项目建设；推动互联网金融有序发展。其中，文化产业作为现代服务业的重要组成部分，其行业关联度大、产业带动性强、发展前景广阔，应积极发挥文化产业特别是文化创意产业的高附加值，寻求跨界融合的多种方式，带动整个服务业蓬勃发展。

第三，促进服务业与互联网的有机融合。加快推进基于互联网的商业模式、服务模式、管理模式及供应链、物流链等各类创新，推动"互联网+金融""互联网+旅游""互联网+物流""互联网+商务""互联网+文化""互联网+医疗""互联网+教育"等新兴业态快速发展，培育"互联网+"服务业生态体系，形成网络化协同分工新格局。基于大数据、云计算、物联网的服务应用和创新日益活跃。

二、促进区域协同发展，加强业界品牌建设

强化区域合作与开放，应坚持市场主导、政府引导，秉承"产业融合"与"区域发展"并重的发展理念，遵循集约、集聚、集群发展带动提升服务业整体产业链的发展规律，根据区位条件、资源禀赋、产业基础等因素，因地制宜确定各区域优先发展的服务业主导产业，强化区域分工合作，统筹推进区域产业联动发展、错位发展，逐步形成区域优势充分发挥、要素配置合理有效、资源环境友好协调、质量效益明显提高的服务业发展新格局。

第一，要强化区域产业的一体联动，整合资源，整体设计，共同推广，协同运营。协作区各方进一步强化服务业合作共识，采取规划联动、市场联动、政策联动的方式，创新加速服务业发展的区域合作体制机制，构建统一的制度规则和开放的市场体系，不断拓展服务业合作领域，相互支持服务业项目投资和会展活动，实现服务业品牌资源共享，加快形成"分工协作、优势互补、良性互动、共同发展"

的区域合作新格局。协作区各方建立服务业发展和合作的信息交流共享平台，重点构建旅游营销共推机制，共同打造精品旅游线路，建立客源互送、市场互动平台，推进区域无障碍旅游；深化交通运输和物流合作，消除地区封锁，建立无障碍商贸流通渠道，联动发展连锁经营、电子商务、会展等新兴产业；积极开展信息、金融、科教等服务领域合作；推进协作区人才一体化进程，共同建设人才交流服务平台，逐步实现人才流动、资格互认等人事政策对接。

第二，在发展定位上要相互协调，注重差异发展。服务品牌集聚程度是反映现代化程度的重要标志，是衡量现代服务业综合实力的重要内容。因此，湖南的服务行业应充分发挥品牌的辐射力和带动力，更加注重塑造自身的品牌形象，推进湖南现代服务业快速平稳发展。从政府方面看，加强领导服务业品牌建设，健全长效机制。一是营造优良环境，统一规划建立湖南服务品牌工作机制，并大力引进世界级服务品牌，加大服务品牌聚集区建设，积极引导企业品牌建设、加大领导者培训。二是健全服务质量标准体系。确立服务质量标准、制定行业规范公约、实施国家质量政策，编制高水平、可操作、有实效的服务行业质量标准规范。从行业方面看，统筹推进一系列品牌战略。实施"湖湘服务"品牌战略，着力建设一批支撑服务业发展、行业领先的企业集团和优势品牌。巩固广电品牌，夯实旅游品牌，树立有影响力的金融品牌，培育会展品牌，壮大教育品牌，强化商贸流通品牌，提升"湘字号"品牌。从企业方面看，须调整步伐，加快品牌升级。培育发扬"工匠精神"，企业应及时吸收前沿技术、先进管理理念，不断提升技术含量与产品品质；发扬"做专、做精、做细、做实"作风，实现由"重量"到"重质"的转变；提供市场导向型的按需服务，提高供给结构对需求变化的适应性和灵活性，在形式内容上更加贴近用户需求。

三、对接国家"一带一路"倡议，紧抓长江经济带发展机遇

随着"一带一路"倡议的逐步推进，我国将由过去依靠东部沿海与世界联系的单扇面格局，转向东西开放、沿边开放的全面开放格局。推进长江经济带发展，既衔接东部沿海地区的东向开放，又带动西部四川、重庆、广西、云南等省份西向、沿边开放，同时带动中部湖北、湖南、江西等省份发展，将有利于建设陆海双向对外开放新格局，驱动国家参与全球经济合作。同时，长江经济带战略作为中国新一轮改革开放转型实施新区域开放开发战略，是具有全球影响力的内河经济带、东中西互动合作的协调发展带、沿海沿江沿边全面推进的对内对外开放带，也是生态文明建设的先行示范带。2016年9月，《长江经济带发展规划纲要》正式印发，确立了长江经济带"一轴、两翼、三极、多点"的发展新格局。2017年11月1日，商务部发布《长江中游区域市场发展规划》（2017—2020年），将依托湖北、湖南、江西三省交通区位优势，抢抓"一带一路"建设、长江经济带发展等战略机遇。湖南省应紧抓战略优势，全面融入国家发展格局，在服务全局中审视自己、发展自己、提升自己。

第一，突出开放带动，打造湖南服务业国内外竞争新优势。推进服务领域双向开放，深度融入服务分工体系，优化和提升服务供给结构和层次。一是要提高服务业利用外商直接投资水平，改善服务业利用外资结构，加大金融业、信息服务业等生产性服务业的外资比重。要特别注重提高外资利用质量，充分发挥外资的知识溢出效应。二是要提高服务贸易规模，鼓励信息服务、金融服务、文化产业等技术和知识密集型服务出口。三是把握国际服务业转移规律和特点，积极参与服务业的国际分工，大力承接从

发达国家转移出来的服务外包业务。四是积极创造条件，鼓励优势企业走出去，形成服务业的知名品牌。支持有实力、有条件的服务企业在外建立研发基地，开展兼并收购，创建营销网络和知名品牌。

第二，创新发展模式，壮大服务贸易。利用EPC模式，支持重点制造业企业带动产品服务走出去，在外发展制造服务业。利用文化、旅游资源优势，推动文化、旅游产品出口。支持服务外包产业发展，为外包企业承揽国内外业务。支持企业建立国际营销网络，鼓励商贸物流、跨境电子商务、邮政快递、供应链管理向沿线国家和地区拓展业务。

第三，积极构筑服务平台。一是做强以国家级和省级开发区为重点的产业承接平台，强化园区基础设施建设，提升园区承接产业转移平台功能，利用湘南国家级承接产业转移示范区和国家级经济技术开发区优势，推动国际产业转移合作。二是构筑境外产业发展平台，依托现有"走出去"企业，建设一批经贸合作园区。三是搭建综合服务平台，逐步设立湖南境外商务代表处。在湘企聚集度较高的国家和地区组建成立境外湖南商会、湖南同乡会。四是搭建经贸合作交流平台，以特色产品展、专题活动、项目对接等多种形式，宣传湖南企业，推动经贸合作。

第四，推动人文交流拓展。一方面，加强文化旅游合作。与沿线国家和地区、中西部各省区合作开发旅游线路，互办旅游推广周、宣传月，拓展旅游市场。加强文化中介机构和营销渠道建设，推动文化创意产业、特色文化产业和特色文化产品"走出去"。另一方面加强医疗卫生领域交流协作。大力发展与旅游业相结合的对外医疗保健服务产业。鼓励省内中医药企业在沿线国家和地区设立分支机构，开展医药合作。

四、提高市场化程度，激发民间投资新活力

要实现服务业跨越发展，市场机制的决定性作用和政府更加科学、更有利的宏观调控作用都非常重要，但归根到底服务业的发展依靠一个强大的、健全的、充满着生机和活力的市场主体去运行、去实现，而不是重复走过去依靠政府投资、政府输血的模式来发展服务业。对于局部地区、局部企业，完全依靠政府输血、政府投资的方式，也许是有用的、可行的；但对于整个地区、整个国家来说，要把服务业带起来、强起来，充满着竞争力和活力，那几乎是不可能的，所以要把市场主体的培育放到重中之重。

第一，加快对垄断性行业的开放步伐。主要是教育、文化、金融、通信等领域的市场准入制度，提高这些领域对民营资本的开放力度，打造公平合理的市场竞争环境，为服务业发展注入新的活力和动力。切实转变投资结构，通过政府必要且规模性的引导投入，引导和激励社会投资预期，将社会大量的流动资本吸引到服务业发展上来，将市场力量引导到服务业关键领域和薄弱环节上来，在稳增长的同时发挥补短板的作用。进一步创新投资模式，鼓励金融、社会、境外等各方面资金加大投入，鼓励PPP项目发展。深化财税体制改革，放宽民间资本投资的税收抵免政策和纳税扣除适用范围，落实服务业减税清费的各项措施，适当合并增值税税率档次，降低企业核算难度和纳税风险，鼓励民间投资获得适当的权益和回报。

第二，是加快重要服务领域的定价机制改革，赋予企业更多的定价权，通过定价机制改革激发企业发展的活力和动力。价格机制是市场机制的核心，市场决定价格是市场在资源配置中起决定性作用的

关键。价格一头联系并决定着大多数商品和服务的供需平衡，另一头直接决定着商品和服务的供给数量和质量，中间则是广大消费者包括各类微观市场主体的切身利益。未来，价格改革由单纯开放具体价格向生成新的价格形成机制转变，堪称综合性和整体性价改，是全面深化改革中最核心、牵涉面最广的改革"硬骨头"之一。

第三，鼓励各类金融机构扩大对服务创新活动的信贷支持，促进服务创新投入稳定增长。发挥资本市场的作用，支持符合条件的企业通过发行股票以及债券等形式来募集资金，积极拓展创新资金来源，实现服务创新资金来源多元化。加大对服务创新的税收政策支持，鼓励企业增加研发投入以推动创新活动的开展。

第五章
2017 湖南 100 强企业横向对比分析

企业之间的相同点和不同点都是相对存在的。本章主要对 2017 湖南 100 强企业的主要经济技术指标数据，如营业收入、资产规模、净利润、劳动生产率等，与 2017 中国 500 强企业、2017《财富》全球 500 强企业和 2017 中部其他各省的 100 强企业，做一个比较全面的横向比较，了解同类事物的大小、多少和优劣，分析其走势和影响，以期对湖南企业和有关经济管理部门的决策起到一定参考作用。湖南企业只有在发展中寻找差距，在比较中追求发展，才能在激烈的市场竞争中始终保持清晰的头脑，从而赢得主动，不断取得新的进步。

第一节 2017 中国 500 强企业榜单上的湖南视点

一、上榜企业数量较上年增加 1 家

在 2017 中国 500 强企业排行榜中，湖南有 8 家企业，与上年相比增加 1 家。湖南华菱钢铁集团有限责任公司、三一集团有限公司、中联重科股份有限公司、湖南省建筑工程集团总公司是连续第 7 年上榜；大汉控股集团有限公司、湖南博长控股集团有限公司是连续第 4 年上榜；步步高投资集团股份有限公司是第 2 年上榜；蓝思科技股份有限公司是首次上榜。

此外，湖南还有 13 家企业入围 2017 中国制造业企业 500 强排行榜，与上年相比增加 4 家。这 13 家企业的排名情况是：第 75 名湖南华菱钢铁集团有限责任公司、第 103 名三一集团有限公司、第 134 名中联重科股份有限公司、第 176 名蓝思科技股份有限公司、第 203 名湖南博长控股集团有限公司、第 390 名湖南湘电集团有限公司、第 413 名湖南金龙国际铜业有限公司、第 418 名唐人神集团股份有限公司、第 448 名长丰集团有限责任公司、第 458 名湖南安石企业（集团）有限公司、第 460 名泰富重装集团有限公司、第 478 名郴州市金贵银业股份有限公司、第 498 名长沙新振升集团有限公司。有 12 家企业入围 2017 中国服务业企业 500 强排行榜，与上年相比减少 1 家。这 12 家企业的排名情况是：第 160 名步步高投资集团股份有限公司、第 164 名大汉控股集团有限公司、第 237 名长沙银行股份有限公司、

第286名湖南省新华书店有限责任公司、第321名现代投资股份有限公司、第351名湖南九龙经贸集团有限公司、第365名湖南粮食集团有限责任公司、第376名湖南佳惠百货有限责任公司、第378名湖南兰天集团有限公司、第398名老百姓大药房连锁股份有限公司、第464名湖南轻工盐业集团有限公司、第468名湖南新长海发展集团有限公司。

表 5-1　　　　　　　　2012—2017 中国 500 强企业三大榜单上的湖南企业个数

项目/标示年份	2012	2013	2014	2015	2016	2017
中国 500 强企业榜单上湖南企业个数	8	7	7	6	7	8
中国制造业 500 强企业榜单上湖南企业个数	8	8	7	7	9	13
中国服务业 500 强企业榜单上湖南企业个数	15	14	13	16	13	12

二、7 家连年上榜企业排名 2 升 5 降

在 2017 中国 500 强企业中，湖南 7 家连年上榜企业的排名 2 家上升、5 家下降。其中，湖南省建筑工程集团总公司的排名由上年的第 238 名升至第 206 名，湖南华菱钢铁集团有限责任公司的排名由上年的第 204 名升至第 181 名；大汉控股集团有限公司、三一集团有限公司等 5 家企业排名都有不同程度的下降。蓝思科技股份有限公司是首次上榜中国 500 强企业，排第 388 名，表现不俗。有关详情如表 5-2 所示。

表 5-2　　　　　　　　2016—2017 中国 500 强企业榜单上湖南企业排名情况

序号	企业名称	2016 排名	2017 排名	升降名次
1	湖南华菱钢铁集团有限责任公司	204	181	+23
2	湖南省建筑工程集团总公司	238	206	+32
3	三一集团有限公司	185	234	-49
4	中联重科股份有限公司	255	302	-47
5	蓝思科技股份有限公司	—	388	新上榜
6	湖南博长控股集团有限公司	412	430	-18
7	步步高投资集团股份有限公司	407	445	-38
8	大汉控股集团有限公司	384	451	-67

三、湖南上榜企业总体规模与上年相比基本持平

按营业收入来进行比较：在 2017 中国 500 强企业中，湖南 8 家上榜企业营业收入总额 4035.63 亿元，所占份额为 0.63%。与 2016 中国 500 强中湖南 7 家上榜企业营业收入所占份额相比，提高 0.05 个百分点。按资产总额来进行比较：在 2017 中国 500 强企业中，湖南 8 家上榜企业资产总额 4313.98 亿

第五章 2017湖南100强企业横向对比分析

元，所占份额为0.17%。与2016中国500强企业中湖南7家上榜企业资产总额所占份额相比，基本持平。有关数据如表5-3所示。

表5-3　　2016—2017中国500强企业中湖南上榜企业总体规模

湖南上榜企业总体规模	金额（亿元）		在中国500强中所占份额		2017比2016增减百分点
	2016	2017	2016	2017	
营业收入总额	3446.51	4035.63	0.58%	0.63%	+0.05
资产总额	3709.33	4313.98	0.17%	0.17%	持平

第二节　2017中国500强企业榜单上中部各省上榜企业对比分析

一、中部各省上榜企业总体规模对比

2016年，中国区域经济裂变在加速，既有传统老工业区的艰难转身，又有资源大省战略突围，更有新经济的快速崛起。"供给侧结构性改革"让中部地区6省，即湖南、湖北、山西、安徽、江西、河南的经济数据打上增长新烙印。有研究发现，2016年中部地区的山西、安徽和江西3省，年投资额增长率均超过GDP（地区生产总值）增长率；河南省GDP总量为4.02万亿元，同比增长8.1%，居全国各省市第四位，是中部地区的领先省份；湖北省GDP总量达到3.23万亿元，首次超过河北，排名上升至全国第七，创下新中国成立以来最好水平。21世纪经济研究院经测算后认为，2016年区域发展指数最高的是西藏，指数为13.06%，其次分别是贵州、江西、重庆、安徽和湖南，都在10%以上。河南、四川、湖北、云南，分别位居指数的第7到第10名。从指数上看，前10名中，中部省份除了山西不在其中，其余5个省份均在列，这表明中部的发展态势整体良好，在区域板块中表现抢眼。这种较好的发展状况，从2017中国500强企业榜单上中部各省上榜企业的情况看，也可以得到印证（参看表5-4）。

在2017中国500强企业排行榜中，中部各省上榜企业数最多的省份是安徽省，达14家；其次是湖北省11家；再次是河南省和山西省都是9家；最后是湖南8家，江西6家。从上榜企业的平均规模（按营业收入计）来看，山西省最高，达1191.45亿元；其次是湖北省1013.56亿元；湖南省最低，只有504.45亿元。这与上榜企业的结构有关。山西是煤炭大省，特大型企业较多；湖北有东风汽车公司，它一家的营业收入抵得上六七个湖南华菱钢铁公司。湖南、安徽、江西3省上榜企业的平均规模都有所扩大，其中江西省的增幅最高，达19.67%。中部各省在经济下行压力依然很大的情况下，能取得现有成绩实属不易。

表 5-4　　　　　　　　　　中部各省上榜中国 500 强企业总体规模对比

单位：亿元

省份	在 2016 中国 500 强企业中			在 2017 中国 500 强企业中			平均规模增减百分比
	企业数	营业收入	平均规模	企业数	营业收入	平均规模	
湖南	7	3446.51	492.36	8	4035.63	504.45	+2.46%
湖北	11	11423.51	1038.50	11	11149.13	1013.56	-2.40%
安徽	14	6692.73	478.05	14	7338.22	524.16	+9.65%
江西	7	4356.18	622.31	6	4468.53	744.75	+19.67%
河南	9	6298.26	699.81	9	5924.25	628.25	-5.94%
山西	10	12432.61	1243.26	9	10723.06	1191.45	-4.17%

二、中部各省上榜企业总体盈利水平对比

中部各省共有 57 家企业荣登 2017 中国 500 强企业排行榜，比上年的 58 家减少 1 家。从盈利水平来看，本年度中部 57 家企业的净利润总额为 269.17 亿元，与 2016 中国 500 强企业排行榜中的中部 58 家企业净利润总额相比，净增 200.38 亿元，增幅高达 291.29%。其中，湖北省 11 家上榜企业的净利润总额为 146.51 亿元，平均每家 13.32 亿元，盈利水平居中部 6 省上榜企业之首。其中，特大型企业东风汽车公司的净利润为 94.00 亿元，拉高了湖北省的盈利水平。山西省 9 家上榜企业的盈利水平最低，其中 5 家企业严重亏损，亏损总额为 29.74 亿元；4 家企业盈利，共实现利润 10.80 亿元。盈亏相抵，山西省 9 家上榜企业的净利润总额为 -18.94 亿元，平均每家企业亏损 2.10 亿元。同比上年，该省上榜企业的亏损总额和平均每个企业的亏损额都有所下降，但扭亏增盈的任务仍十分艰巨。在山西省 9 家上榜企业中，有 7 家属于煤炭行业。这个资源大省，一煤独大，经济结构调整任重道远。江西省的上榜企业最少，只有 6 家，但家家盈利，无一亏损，平均每个企业的净利润为 5.79 亿元，同比上年增长 41.56%，彰显该省近年来结构调整和产业升级带来的成果。湖南省 8 家上榜企业实现净利润 8.62 亿元，平均每家净利润 1.08 亿元，同比上年减少 0.41 亿元，降幅为 27.52%。

表 5-5　　　　　　　2016—2017 中部各省上榜中国 500 强企业总体盈利水平对比

单位：亿元

省名	在 2016 中国 500 强企业中			在 2017 中国 500 强企业中		
	上榜企业个数	上榜企业净利润总额	上榜企业平均净利润	上榜企业个数	上榜企业净利润总额	上榜企业平均净利润
湖南	7	10.40	1.49	8	8.62	1.08
山西	10	-75.26	-7.53	9	-18.94	-2.10
安徽	14	-18.62	-1.33	14	79.03	5.65

续表

省名	在2016中国500强企业中			在2017中国500强企业中		
	上榜企业个数	上榜企业净利润总额	上榜企业平均净利润	上榜企业个数	上榜企业净利润总额	上榜企业平均净利润
江西	7	28.61	4.09	6	34.74	5.79
河南	9	-7.63	-0.85	9	19.21	2.13
湖北	11	131.29	11.94	11	146.51	13.32

三、中部各省上榜中国500强企业进入排序前100名的相关情况对比

（一）盈利水平和盈利能力指标

中部6省共有7家（次）企业进入2017中国500强企业盈利水平和盈利能力指标排序前100名。东风汽车公司以净利润94.00亿元的实绩，在中部各省企业中遥遥领先，雄居首位，在2017中国500强企业净利润排序前100名中居第55名；郑州宇通集团有限公司、江西省建工集团有限责任公司、安徽建工集团有限公司，在2017中国500强企业净资产利润率排序前100名中，分别居第20名、第24名和第79名；郑州宇通集团有限公司在2017中国500强企业资产利润率排序前100名中居第73名，在2017中国500强企业收入利润率排序前100名中居第65名。郑州宇通集团有限公司的净资产利润率、资产利润率和收入利润率3项指标，均进入中国500强企业排序前100名，显示其盈利能力很强。详情见表5-6。

表5-6　　　　　　　中部各省上榜中国500强企业盈利水平和盈利能力排序前100名企业

单位：亿元

企业名称	所在省份	净利润	在前100名中的排序
东风汽车公司	湖北	94.00	第55名
企业名称	所在省份	收入利润率	在前100名中的排序
郑州宇通集团有限公司	河南	7.13%	第65名
企业名称	所在省份	资产利润率	在前100名中的排序
郑州宇通集团有限公司	河南	5.57%	第73名
企业名称	所在省份	净资产利润率	在前100名中的排序
郑州宇通集团有限公司	河南	26.13%	第20名
江西省建工集团有限责任公司	江西	24.13%	第24名
安徽建工集团有限公司	安徽	16.48%	第79名

（二）人均主要经济指标

中部6省共有10家（次）企业进入2017中国500强企业人均主要经济指标排序前100名。江西省

建工集团有限责任公司、湖北的卓尔控股有限公司、江西铜业集团公司和江西的双胞胎（集团）股份有限公司，在2017中国500强企业人均营业收入排序前100名中，分别居第41名、第43名、第70名和第99名；卓尔控股有限公司、湖南的大汉控股集团有限公司分别以人均净利润42.23万元、23.68万元的实绩，在2017中国500强企业人均净利润排序前100名中，分别居第45名、第68名；武汉金融控股（集团）有限公司、卓尔控股有限公司、江西省建工集团有限责任公司、安徽省交通控股集团有限公司，在2017中国500强企业人均资产排序前100名中，分别居第38名、第64名、第77名和第88名。详情见表5-7。

表 5-7 　　　　　中部各省上榜2017中国500强企业人均主要经济指标排序前100名企业

单位：万元

企业名称	所在省份	人均营业收入	在前100名中的排名
江西省建工集团有限责任公司	江西	1121	第41名
卓尔控股有限公司	湖北	1085	第43名
江西铜业集团有限公司	江西	817	第70名
双胞胎（集团）股份有限公司	江西	581	第99名
企业名称	所在省份	人均净利润	在前100名中的排序
卓尔控股有限公司	湖北	42.23	第45名
大汉控股集团有限公司	湖南	23.68	第68名
企业名称	所在省份	人均资产	在前100名中的排序
武汉金融控股（集团）有限公司	湖北	1615.01	第38名
卓尔控股有限公司	湖北	1106.88	第64名
江西省建工集团有限责任公司	江西	917.72	第77名
安徽省交通控股集团有限公司	安徽	763.40	第88名

（三）研发费用主要指标

中部6省共有15家企业进入2017中国500强企业研发费用排序前100名。其中，湖北2家，湖南2家，山西5家，江西2家，安徽2家，河南2家。东风汽车公司的研发费用高达121.87亿元，在中国500强企业中排第12名。湖南两家企业分别为三一集团有限公司和中联重科股份有限公司，这两家企业在发生亏损的情况下，依然坚持投巨资加强技术研发，可见其决心和信心，扭亏增盈指日可待。山西省5家企业均属煤炭和钢铁行业，都舍得投入巨额研发费用，足见其努力实现产业升级、结构调整、谋求新发展的决心。此外，中部6省还有8家企业荣登2017中国500强企业研发费用增长率排序前100名，表明中部各省的大企业在过去一年中研发投入力度进一步加大。这8家企业的地区分布情况是：山西1家，湖北2家，江西1家，安徽3家，河南1家。湖北卓尔控股有限公司涉足商用物业、港口物流、棉业、金融和文化传媒五大产业，本年度研发费用增长率高达1900%。有关详情见表5-8、表5-9。

第五章 2017湖南100强企业横向对比分析

表 5-8　　中部各省进入 2017 中国 500 强企业研发费用排序前 100 名企业

单位：亿元

企业名称	所在省份	研发费用	在前 100 名中的排序
东风汽车公司	湖北	121.8714	第 12 名
山西晋城无烟煤矿业集团有限公司	山西	36.9360	第 48 名
阳泉煤业（集团）有限责任公司	山西	28.9402	第 58 名
江铃汽车集团公司	江西	28.8207	第 59 名
山西潞安矿业（集团）有限责任公司	山西	24.8809	第 67 名
太原钢铁（集团）有限公司	山西	23.5651	第 71 名
江西铜业集团公司	江西	23.4144	第 72 名
铜陵有色金属集团控股有限公司	安徽	22.4722	第 74 名
江淮汽车集团控股有限公司	安徽	21.5821	第 75 名
河南能源化工集团有限责任公司	河南	18.6076	第 79 名
三一集团有限公司	湖南	17.9837	第 82 名
大同煤矿集团有限责任公司	山西	17.9000	第 84 名
中联重科股份有限公司	湖南	15.7720	第 91 名
郑州宇通集团有限公司	河南	15.1542	第 94 名
湖北宜化集团有限责任公司	湖北	14.9143	第 97 名

表 5-9　　中部各省进入 2017 中国 500 强企业研发费用所占比例排序前 100 名企业

单位：亿元

企业名称	所在省份	研发费用占比	在前 100 名中的排序
奇瑞汽车股份有限公司	安徽	4.78%	第 15 名
中国平煤神马能源化工集团有限责任公司	河南	4.50%	第 16 名
江铃汽车集团公司	江西	4.41%	第 17 名
江淮汽车集团控股有限公司	安徽	4.06%	第 25 名
郑州宇通集团有限公司	河南	4.02%	第 28 名
蓝思科技股份有限公司	湖南	3.77%	第 31 名
太原钢铁（集团）有限公司	山西	3.34%	第 40 名
新余钢铁集团有限公司	江西	3.21%	第 47 名

续表

企业名称	所在省份	研发费用占比	在前100名中的排序
中联重科股份有限公司	湖南	3.14%	第52名
河南森源集团有限公司	河南	3.10%	第54名
三一集团有限公司	湖南	2.82%	第63名
山西晋城无烟煤矿业集团有限公司	山西	2.43%	第80名
东风汽车公司	湖北	2.13%	第89名
天瑞集团股份有限公司	河南	2.00%	第91名
湖北宜化集团有限责任公司	湖北	1.91%	第99名

第三节 2017湖南100强企业与中国500强企业对比

一、成长性指标对比

2017湖南100强企业的营业收入总额为14560.61亿元,比2016湖南100强企业的营业收入总额增加2166.10亿元,增幅为17.48%;净利润总额为566.52亿元,同比增加257.28亿元,增幅为83.20%;资产总额为29016.17亿元,同比增加3217.92亿元,增幅为12.47%。数据表明,湖南100强企业在过去的一年中发展势头较好,尤其是净利润总额大幅度增长,经济效益水平显著提高。2017中国500强企业的营业收入总额为64.0万亿元,比2016中国500强企业的营业收入总额多4.54亿元,增幅为7.64%;净利润总额为2.83万亿元,同比增加0.09亿元,增幅为3.28%;资产总额为256.13万亿元,同比增加32.86万亿元,增幅达14.72%。2017湖南100强企业净利润增长幅度较高,一个主要原因是上年度净利润下降幅度较大,本年度的高增长带有恢复性质。2016—2017湖南100强企业与中国500强企业主要成长性指标对比,如表5-10所示。

表5-10　　　　2016—2017湖南100强企业与中国500强企业主要成长性指标对比

指标名称	湖南100强企业		中国500强企业	
	2016	2017	2016	2017
营业收入增长率	-0.7%	17.48%	-0.98%	7.64%
净利润增长率	-37.28%	83.20%	6.20%	3.28%
总资产增长率	13.27%	12.47%	12.99%	14.72%

从各自设立的企业排行榜入围门槛提高程度来看,2017湖南100强企业的入围门槛为15.35亿元,比2016湖南100强企业的入围门槛提高了0.77亿元,升幅为5.28%;2017中国500强企业的入围门槛

为283.10亿元，比2016中国500强企业的入围门槛提高了39.64亿元，升幅为16.28%。

二、企业所有制格局对比

2017湖南100强企业中有国有及国有控股企业50家，民营企业50家，同比上年湖南100强企业，国有企业减少4家，民营企业相应增加4家；从营业收入总额来看，国有及国有控股企业占69.21%，民营企业占30.79%；从资产总额来看，国有企业占83.47%，民营企业占16.53%；从利润总额来看，国有企业占81.13%，民营企业占18.87%。这已是连续第二年湖南100强企业中国有企业入围数量、营业收入总额、资产总额有所减少，而民营企业所占份额相应提高。但是从利润总额来看，在2017湖南100强企业中，国有及国有控股企业所占份额上升，而民营企业所占份额有所下降。

2017中国500强企业中有274家国有及国有控股企业、226家民营企业，分别占500家企业的54.8%和45.2%。国有企业的上榜数量较上年有明显减少，是继2002年发布中国企业500强榜单以来，第一次国有企业数量占比低于60%。尽管如此，在2017中国500强企业中，国有及国有控股企业的占比仍然很高，其营业收入总额占71.83%，资产总额占86.19%，净利润总额占71.76%。除净利润总额外，营业收入总额和资产总额两项指标占比均高于2017湖南100强企业国有及国有控股企业所占比重。无论是中国500强企业还是湖南100强企业，其中民营企业的表现都十分突出。在2017中国500强企业中，民营企业以占13.81%的资产总额，创造了占28.24%的净利润，资产盈利水平高于国有及国有控股企业。有关数据详见表5-11。

表5-11　　　　2017湖南100强企业与中国500强企业所有制格局主要指标对比

单位：亿元

	企业个数	营业收入总额	占比	资产总额	占比	净利润总额	占比
湖南	100	14560.61	100%	29016.17	100%	566.52	100%
国有	50	10077.27	69.21%	24219.10	83.47%	459.59	81.13%
民营	50	4483.34	30.79%	4797.07	16.53%	106.93	18.87%
全国	500	640049.89	100%	2561331.32	100%	28273.35	100%
国有	274	459726.10	71.83%	2207724.62	86.19%	20288.27	71.76%
民营	226	180323.79	28.17%	353606.70	13.81%	7985.08	28.24%

三、企业规模分布状况比较

2017湖南100强企业中首席企业五矿有色金属控股有限公司的营业收入是第100席企业永清环保股份有限公司的82.27倍。2017中国500强企业中首席企业国家电网公司的营业收入是第100席企业山西潞安矿业（集团）有限责任公司的13.09倍。这种企业规模分布差异较大的状况将会长期存在下去。如表5-12所示。

表 5-12　　2016—2017 湖南 100 强企业与中国 500 强企业规模分布状况对比

单位：亿元

	首席企业营业收入（i）		第 100 席企业营业收入（j）		i/j	
	2016	2017	2016	2017	2016	2017
湖南 100 强企业	1109.50	1263.60	14.58	15.36	76.09	82.27
中国 500 强企业	29450.75	20939.72	1504.19	1600.20	19.58	13.09

四、劳动生产率及盈利能力指标比较

以人均营业收入和人均利润为主要指标来比较双方的劳动生产率。2017 湖南 100 强企业的人均营业收入为 210.61 万元，人均净利润为 8.19 万元。同比 2016 湖南 100 强企业，人均营业收入增加了 56.51 万元，人均净利润增加了 4.35 万元，增幅分别为 36.67%和 113.28%。2017 中国 500 强企业人均营业收入为 191.54 万元，人均净利润为 8.46 万元，同比 2016 中国 500 强企业，人均营业收入增加 4.32 万元，增幅为 2.31%；人均净利润减少 0.17 万元，降幅为 1.97%。如图 5-1 所示。

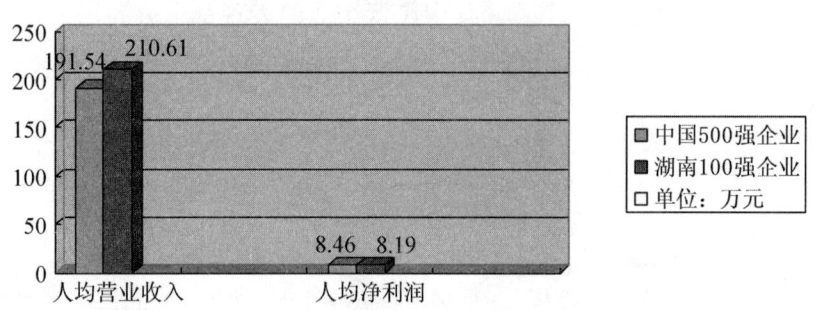

图 5-1　2017 湖南 100 强企业与中国 500 强企业人均指标对比

以平均营业收入利润率和平均资产收益率作为主要指标来分析盈利能力。2017 湖南 100 强企业的平均营业收入利润率为 3.89%，比 2016 湖南 100 强的平均营业收入利润率（2.50%）高 1.39 个百分点。2017 中国 500 强企业的平均营业收入利润率为 4.42%，比 2016 中国 500 强企业的平均营业收入利润率（4.61%）低 0.19 个百分点。2017 湖南 100 强企业的营收盈利水平低于中国 500 强企业。

2017 湖南 100 强企业的平均资产收益率为 1.95%，比 2016 湖南 100 强企业的平均资产收益率（1.20%）高 0.75 个百分点。2017 中国 500 强企业的平均资产收益率为 1.10%，比 2016 中国 500 强企业的平均资产收益率（1.23%）低 0.13 个百分点。2017 湖南 100 强企业的平均资产收益率高于中国 500 强企业。如图 5-2 所示。

五、房屋建筑领域 5 家中部省份企业对比

2016 年，中国房屋施工面积 126.40 亿平方米，竣工面积 42.24 亿平方米，分别比上年增长 1.98%和 0.38%，增速由负转正。在 2017 中国 500 强企业中，上榜的房屋建筑业企业有 37 家，其中中部 6 省共有 5 家。它们是湖南省建筑工程集团总公司、安徽建工集团有限公司、江西省建工集团有限责任公

第五章 2017 湖南 100 强企业横向对比分析

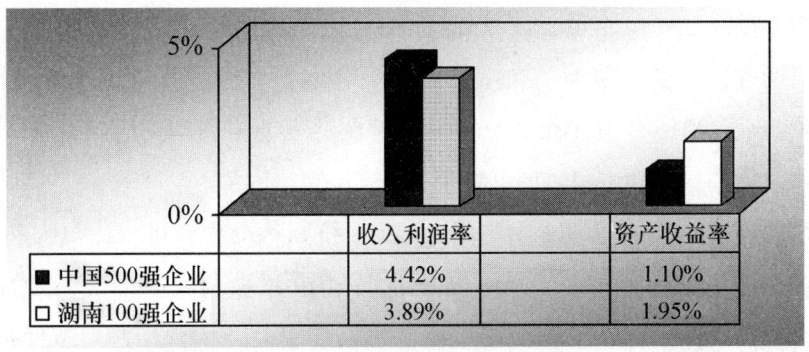

图 5-2 2017 湖南 100 强企业与中国 500 强企业盈利能力主要指标对比

司、山西建筑工程（集团）总公司和湖北山河建设集团有限公司。这几家企业的年营业收入额均超过 350 亿元，其中以湖南省建筑工程集团总公司的规模为最大，年营业收入达 724.84 亿元。从盈利能力来看，湖南省建筑工程集团总公司的收入利润率为 0.64%，资产收益率为 2.12%，人均净利润为 1.81 万元。安徽建工集团有限公司的收入利润率为 1.05%，资产收益率为 0.85%，人均净利润为 2.81 万元。江西省建工集团有限责任公司的收入利润率为 1.29%，资产收益率为 1.58%，人均净利润为 14.50 万元。山西建筑工程（集团）总公司的收入利润率为 0.29%，资产收益率为 0.23%，人均净利润为 0.42 万元。湖北山河建设集团有限公司的收入利润率为 3.05%，资产收益率为 12.30%，人均净利润为 1.54 万元。主要经济指标对比如表 5-13 所示。

表 5-13   房屋建筑领域中部省份 5 家企业主要经济指标对比

企业名称	营业收入（亿元）	资产（亿元）	净利润（万元）	从业人数（人）
湖南省建筑工程集团总公司	724.84	217.18	46084	25416
安徽建工集团有限公司	383.14	475.65	40295	14332
江西省建工集团有限责任公司	365.79	299.54	47326	3264
山西建筑工程（集团）总公司	350.92	454.37	10256	24457
湖北山河建设集团有限公司	321.07	79.54	97862	63462

第四节　2017 湖南 100 强企业与《财富》全球 500 强企业对比

一、成长性指标对比分析

2016 年，世界经济继续深度调整，呈现企稳迹象，金融市场信心回升，大宗商品价格反弹，多数主要经济体货币对美元小幅升值，但实体经济依然脆弱，市场需求依旧低迷，宏观政策效力减弱，世界经济低增长、高风险局面难有根本改观。发达经济体复苏势头放缓，美国经济好于其他发达国家，但经济增长势头仍不强劲；欧元区政府负债率已开始下降，债务危机风险减小，但难民潮、英国脱欧公投等问题增加欧洲经济的不确定性;日本经济政策效应衰减,经济增长动力进一步减弱。新兴经济体总体反弹乏力,巴西、俄罗斯等国工业产值萎缩,增长前景不容乐观。据国际货币基金组织的分析,2016年世界经济增长3.2%,高于2015年0.1个百分点,延续弱势复苏格局。发达国家增长1.9%,与2015年持平。新兴经济体和发展中国家增长4.1%,高于2015年0.1个百分点。

中国积极参与全球经济治理,以二十国集团(G20)杭州峰会为契机,让包容和联动式发展深入人心,为继续推进经济全球化指明了方向。2016年,我国GDP增速为6.7%。这一增速水平虽然比2015年放缓0.2个百分点,仍然圆满完成了《政府工作报告》提出的"国内生产总值增长6.5%~7%"的预期目标。湖南省认真贯彻落实党中央、国务院各项决策部署,全面贯彻新发展理念,坚持稳中求进工作总基调,坚定不移地推进供给侧结构性改革,统筹稳增长、促改革、调结构、惠民生、防风险各项工作,全省经济运行保持总体平稳、稳中有进、稳中向好的发展态势,实现了"十三五"良好开局。全年实现地区生产总值31244.7亿元,同比增长7.9%,高于全国平均水平1.2个百分点,呈现逐季企稳回升态势。其中,第一产业增加值3578.4亿元,增长3.3%;第二产业增加值13181亿元,增长6.6%;第三产业增加值14485.3亿元,增长10.5%。

表5-14披露了近两年湖南100强企业与《财富》全球500强企业部分成长性指标。从中可以看出,2017湖南100强企业的营业收入总额同比上年100强企业增长了17.48%,净利润总额同比上年100强企业增长了83.20%,已扭转上年营业收入低增长、净利润大幅下降的局面,总体发展状况良好。2017《财富》全球500强企业的营业收入总额为27.71万亿美元,同比上年全球500强企业增长了0.27%,说明经济复苏依然处于弱势;净利润总额为1.52万亿美元,同比上年全球500强企业增长了2.92%,开始呈现恢复性增长。中国经济虽进入新常态发展阶段,但仍保持了中高速增长,湖南企业向上走的趋势也没有改变。

表5-14　　　　　2016—2017湖南100强企业与《财富》全球500强企业成长性指标对比

标示年份	湖南100强企业		《财富》全球500强企业	
	2016	2017	2016	2017
营业收入总额	12394.51亿元	14560.61亿元	27.63万亿美元	27.71万亿美元
营业收入年增长率	0.77%	17.48%	-11.46%	0.27%
净利润总额	309.24亿元	566.52亿元	1.48万亿美元	1.52万亿美元
净利润年增长率	-39.95%	83.20%	-11.16%	2.92%

二、企业规模分布状况比较

如表5-15所示,2017湖南100强企业中首席企业五矿有色金属控股有限公司的营业收入1263.60亿元,是末席企业永清环保公司营业收入15.36亿元的83.3倍;2017《财富》全球500强企业中首席企业美国沃尔玛公司的营业收入4858.73亿美元,是第100席企业中国南方电网公司营业收入712.42亿美元的6.82倍。湖南100强企业与《财富》全球500强企业前100强相比,其规模分布的差异要大很多,这种格局将长期存在下去。与此同时,2017《财富》全球500强的入围门槛为216.09亿美元,比上年的209.23亿美元抬高了6.86亿美元,升幅为3.28%,这与2017全球经济增长的幅度基本相同,说明全球500强企业对世界经济的引领作用依然不够强大。

表5-15 2017湖南100强企业与《财富》全球500强企业规模分布状况对比

	首席企业营业收入i	第100席企业营业收入j	i/j
湖南企业100强	1263.60亿元	15.36亿元	82.3
全球企业500强	4858.73亿美元	712.42亿美元	6.82

从近几年湖南100强企业的i/j值来看,起伏变化较大,总体呈波浪形。说明湖南大企业的发展受经济环境、市场变化及自身因素的影响比较大。而《财富》全球500强企业前100席企业的i/j值则比较稳定,5年中的变动幅度不大。如图5-3所示。

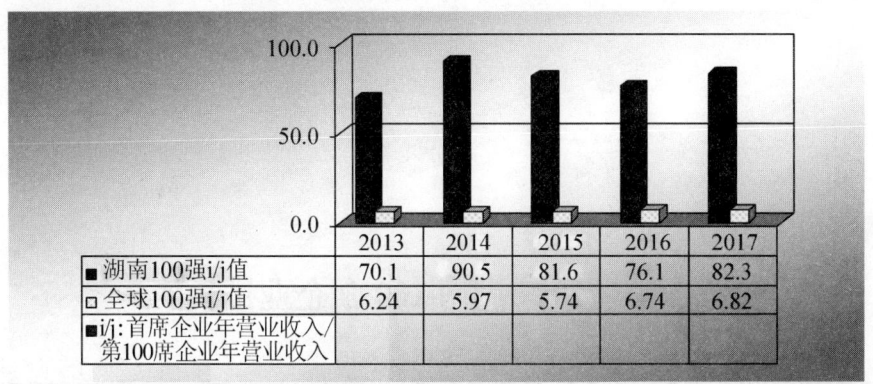

图5-3 近5年湖南100强企业与《财富》全球500强企业规模分布状况对比

三、盈利能力指标对比

以平均收入利润率和资产收益率作为盈利能力指标来进行对比分析。2017湖南100强企业的平均收入利润率为3.89%,2017《财富》全球500强企业的平均收入利润率为5.50%,湖南100强企业低于《财富》全球500强企业1.61个百分点。2017湖南100强企业的平均资产收益率为1.95%,2017《财富》全球500强企业的平均资产收益率为1.25%,湖南100强企业比《财富》全球500强企业高0.7个百分点。如图5-4所示。

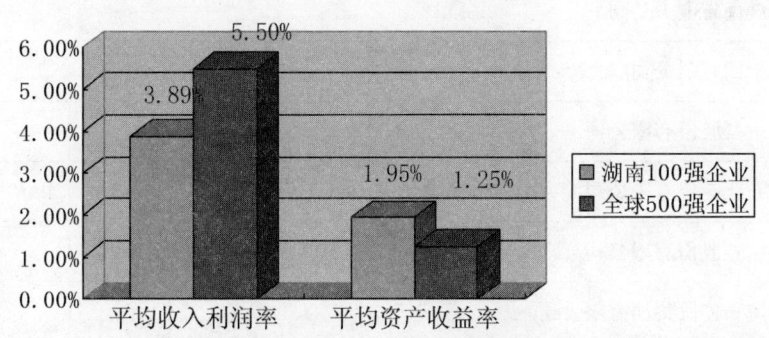

图5-4 2017湖南100强企业与《财富》全球500强企业盈利能力指标对比

中外企业排行榜

2017 湖南 100 强企业发展报告

第六章
湖南企业排行榜

第一节 2017 湖南 100 强企业排行榜

名次	企业名称	营业收入（万元）
1	五矿有色金属控股有限公司	12635973
2	湖南中烟工业有限责任公司	10041174
3	中国建筑第五工程局有限公司	9082963
4	湖南华菱钢铁集团有限责任公司	8367017
5	湖南建工集团有限公司	7248377
6	中国烟草总公司湖南省公司	7220449
7	国网湖南省电力公司	6961692
8	三一集团有限公司	6375794
9	中联重科股份有限公司	5026920
10	中国石化销售有限公司湖南石油分公司	4272942
11	蓝思科技股份有限公司	3678231
12	湖南博长控股集团有限公司	3293320

续表

名次	企业名称	营业收入（万元）
13	步步高投资集团股份有限公司	3214532
14	中车株洲电力机车研究所有限公司	3177860
15	大汉控股集团有限公司	3152077
16	中国建设银行股份有限公司湖南分公司	2634422
17	中国石油化工股份有限公司巴陵分公司	2028112
18	中国水利水电第八工程局有限公司	1911318
19	中车株洲电力机车有限公司	1704631
20	长沙银行股份有限公司	1684464
21	金龙集团	1351750
22	湘电集团有限公司	1211097
23	湖南省新华书店有限责任公司	1203272
24	中国石油天然气股份有限公司湖南销售分公司	1184428
25	华融湘江银行股份有限公司	1135426
26	中南出版传媒集团股份有限公司	1110452
27	唐人神集团股份有限公司	1088414
28	湖南路桥建设集团有限责任公司	1072332
29	五矿二十三冶建设集团有限公司	1060676
30	现代投资股份有限公司	952400
31	长丰集团有限责任公司	877820
32	湖南安石企业（集团）有限公司	847383
33	泰富重装集团有限公司	840921
34	湖南九龙经贸集团有限公司	827130
35	中国电子科技集团公司第四十八研究所	817502
36	郴州市金贵银业股份有限公司	785230
37	方正证券股份有限公司	775990
38	湖南粮食集团有限责任公司	774268
39	湖南电广传媒股份有限公司	748639
40	湖南佳惠百货有限责任公司	707944

续表

名次	企业名称	营业收入（万元）
41	湖南兰天集团有限公司	704817
42	湖南黄金集团有限责任公司	702951
43	中车株洲电机有限公司	702824
44	长沙新振升集团有限公司	699674
45	株洲旗滨集团股份有限公司	696096
46	湖南高岭建设集团股份有限公司	688200
47	大唐华银电力股份有限公司	640518
48	湖南友谊阿波罗商业股份有限公司	626534
49	湖南大康国际农业食品股份有限公司	622316
50	中国邮政集团公司湖南省分公司	610887
51	老百姓大药房连锁股份有限公司	609443
52	特变电工衡阳变压器有限公司	537889
53	中国铁建重工集团有限公司	537235
54	湖南省茶业集团股份有限公司	529584
55	中国航发南方工业有限公司	499277
56	岳阳林纸股份有限公司	479857
57	湖南省沙坪建设有限公司	469306
58	湖南省轻工盐业集团有限公司	453686
59	湖南宇腾有色金属股份有限公司	450817
60	湖南新长海发展集团有限公司	448800
61	望建（集团）有限公司	411558
62	江麓机电集团有限公司	408296
63	爱尔眼科医院集团股份有限公司	400040
64	长沙通程控股股份有限公司	386081
65	益丰大药房连锁股份有限公司	373362
66	湖南湘江涂料集团有限公司	355194
67	株洲联诚集团有限责任公司	353959
68	中华联合财产保险股份有限公司湖南分公司	342641

续表

名次	企业名称	营业收入（万元）
69	湖南新天地投资控股集团有限公司	336407
70	绝味食品股份有限公司	327414
71	湖南顺天建设集团有限公司	326650
72	中国能源建设集团湖南火电建设有限公司	324283
73	快乐购物股份有限公司	321928
74	金杯电工股份有限公司	312500
75	湖南尔康制药股份有限公司	296090
76	湖南对外建设集团有限公司	286520
77	株洲千金药业股份有限公司	286489
78	道道全粮油股份有限公司	269097
79	九芝堂股份有限公司	267380
80	湖南南岭民用爆破器材股份有限公司	266140
81	湖南景峰医药股份有限公司	264050
82	威胜集团有限公司	260750
83	湖南黄花建设集团股份有限公司	258544
84	益海嘉里（岳阳）粮油工业有限公司	257886
85	湖南郴电国际发展股份有限公司	241542
86	袁隆平农业高科技股份有限公司	229941
87	克明面业股份有限公司	216352
88	湖南正和通矿产资源供应链有限公司	215019
89	湖南航天有限责任公司	214716
90	恩瑞集团有限公司	211279
91	山河智能装备股份有限公司	199160
92	长安益阳发电有限公司	198603
93	大唐湘潭发电有限责任公司	189579
94	加加食品集团股份有限公司	188668
95	长沙水业集团有限公司	186710
96	中冶长天国际工程有限责任公司	180484

续表

名次	企业名称	营业收入（万元）
97	湖南科力远新能源股份有限公司	170016
98	伟大集团	160586
99	江南工业集团有限公司	160574
100	永清环保股份有限公司	153595

第二节　2017湖南100强企业主要经济技术指标前50排序

1. 按收入增长率排序

名次	企业名称	收入增长率（%）
1	九芝堂股份有限公司	206.80
2	长丰集团有限责任公司	109.57
3	永清环保股份有限公司	98.62
4	湖南尔康制药股份有限公司	68.62
5	湖南大康国际农业食品股份有限公司	58.91
6	湖南科力远新能源股份有限公司	51.15
7	现代投资股份有限公司	46.16
8	泰富重装集团有限公司	37.08
9	山河智能装备股份有限公司	36.77
10	益海嘉里（岳阳）粮油工业有限公司	36.54
11	郴州市金贵银业股份有限公司	35.65
12	株洲旗滨集团股份有限公司	34.66
13	老百姓大药房连锁股份有限公司	33.40
14	湖南新天地投资控股集团有限公司	32.54
15	益丰大药房连锁股份有限公司	31.21
16	湖南省建筑工程集团总公司	30.14
17	爱尔眼科医院集团股份有限公司	26.37

续表

名次	企业名称	收入增长率（%）
18	湖南华菱钢铁集团有限责任公司	25.26
19	湖南电广传媒股份有限公司	25.08
20	湖南粮食集团有限责任公司	24.35
21	道道全粮油股份有限公司	23.09
22	中国邮政集团公司湖南省分公司	22.12
23	湖南南岭民用爆破器材股份有限公司	21.05
24	中国石油化工股份有限公司巴陵分公司	20.81
25	湖南湘江涂料集团有限公司	20.26
26	长沙银行股份有限公司	19.81
27	中国建筑第五工程局有限公司	19.49
28	克明面业股份有限公司	18.65
29	湖南新长海发展集团有限公司	17.60
30	株洲千金药业股份有限公司	17.09
31	湖南航天有限责任公司	16.60
32	湖南黄金集团有限责任公司	16.37
33	唐人神集团股份有限公司	15.61
34	湖南省沙坪建设有限公司	15.41
35	快乐购物股份有限公司	15.07
36	长沙水业集团有限公司	14.25
37	五矿有色金属控股有限公司	13.89
38	袁隆平农业高科技股份有限公司	13.51
39	湖南省轻工盐业集团有限公司	13.12
40	绝味食品股份有限公司	12.08
41	湖南佳惠百货有限责任公司	11.91
42	湖南省新华书店有限责任公司	11.44
43	恩瑞集团有限公司	11.04
44	伟大集团	10.15
45	中南出版传媒集团股份有限公司	10.10

续表

名次	企业名称	收入增长率（%）
46	望建（集团）有限公司	9.79
47	中国航发南方工业有限公司	9.38
48	华融湘江银行股份有限公司	9.38
49	金龙集团	8.28
50	湖南博长控股集团有限公司	7.94

2. 按资产周转率排序

名次	企业名称	资产周转率（%）
1	金龙集团	1125.83
2	湖南黄花建设集团股份有限公司	483.59
3	湖南佳惠百货有限责任公司	475.58
4	湖南省茶业集团股份有限公司	338.08
5	湖南正和通矿产资源供应链有限公司	337.94
6	湖南省建筑工程集团总公司	333.75
7	湖南博长控股集团有限公司	327.79
8	长沙新振升集团有限公司	321.13
9	湖南兰天集团有限公司	289.07
10	湖南高岭建设集团股份有限公司	260.84
11	望建（集团）有限公司	254.59
12	中国石化销售有限公司湖南石油分公司	253.31
13	中国石油化工股份有限公司巴陵分公司	239.63
14	唐人神集团股份有限公司	227.55
15	湖南对外建设集团有限公司	224.61
16	道道全粮油股份有限公司	224.00
17	步步高投资集团股份有限公司	222.03
18	湖南省沙坪建设有限公司	213.57
19	大汉控股集团有限公司	210.24
20	益海嘉里（岳阳）粮油工业有限公司	201.82

续表

名次	企业名称	资产周转率（%）
21	中国烟草总公司湖南省公司	183.29
22	绝味食品股份有限公司	166.89
23	五矿有色金属控股有限公司	151.23
24	株洲联诚集团有限责任公司	148.04
25	江麓机电集团有限公司	145.64
26	湖南安石企业（集团）有限公司	143.12
27	湖南宇腾有色金属股份有限公司	139.97
28	中国石油天然气股份有限公司湖南销售分公司	137.71
29	快乐购物股份有限公司	137.70
30	中国能源建设集团湖南火电建设有限公司	132.65
31	老百姓大药房连锁股份有限公司	124.13
32	中国建筑第五工程局有限公司	123.66
33	中国邮政集团公司湖南省分公司	122.48
34	湖南九龙经贸集团有限公司	116.53
35	中国电子科技集团公司第四十八研究所	115.28
36	湖南中烟工业有限责任公司	114.75
37	恩瑞集团有限公司	110.27
38	中车株洲电机有限公司	108.50
39	湖南湘江涂料集团有限公司	104.59
40	郴州市金贵银业股份有限公司	100.67
41	金杯电工股份有限公司	99.94
42	爱尔眼科医院集团股份有限公司	98.39
43	长沙通程控股股份有限公司	97.06
44	株洲千金药业股份有限公司	94.49
45	中华联合财产保险股份有限公司湖南分公司	93.11
46	特变电工衡阳变压器有限公司	90.53
47	益丰大药房连锁股份有限公司	88.45
48	克明面业股份有限公司	87.47

续表

名次	企业名称	资产周转率（%）
49	中国水利水电第八工程局有限公司	85.68
50	湖南顺天建设集团有限公司	83.61

3. 按资产总额排序

名次	企业名称	资产（万元）
1	中国建设银行股份有限公司湖南分公司	62307944
2	长沙银行股份有限公司	38350545
3	华融湘江银行股份有限公司	26018564
4	方正证券股份有限公司	15233873
5	湖南华菱钢铁集团有限责任公司	13023921
6	三一集团有限公司	10483746
7	国网湖南省电力公司	9767461
8	中联重科股份有限公司	8914102
9	湖南中烟工业有限责任公司	8750801
10	五矿有色金属控股有限公司	8355620
11	中国建筑第五工程局有限公司	7344990
12	中车株洲电力机车研究所有限公司	4981587
13	蓝思科技股份有限公司	4594395
14	中国烟草总公司湖南省公司	3939277
15	湘电集团有限公司	2643472
16	中车株洲电力机车有限公司	2549552
17	湖南电广传媒股份有限公司	2251681
18	中国水利水电第八工程局有限公司	2230735
19	现代投资股份有限公司	2201700
20	湖南省建筑工程集团总公司	2171793
21	大唐华银电力股份有限公司	1928817
22	中南出版传媒集团股份有限公司	1861875
23	湖南省新华书店有限责任公司	1752763

续表

名次	企业名称	资产（万元）
24	中国石化销售有限公司湖南石油分公司	1686853
25	湖南大康国际农业食品股份有限公司	1636931
26	五矿二十三冶建设集团有限公司	1635515
27	长沙水业集团有限公司	1533927
28	长丰集团有限责任公司	1512218
29	大汉控股集团有限公司	1499308
30	步步高投资集团股份有限公司	1447812
31	岳阳林纸股份有限公司	1422823
32	湖南路桥建设集团有限责任公司	1410115
33	湖南粮食集团有限责任公司	1387886
34	株洲旗滨集团股份有限公司	1236562
35	湖南友谊阿波罗商业股份有限公司	1180913
36	中国铁建重工集团有限公司	1129953
37	湖南郴电国际发展股份有限公司	1110102
38	泰富重装集团有限公司	1028917
39	山河智能装备股份有限公司	1017248
40	湖南省轻工盐业集团有限公司	1007205
41	湖南博长控股集团有限公司	1004695
42	湖南黄金集团有限责任公司	954113
43	中国航发南方工业有限公司	943394
44	中国石油天然气股份有限公司湖南销售分公司	860068
45	中国石油化工股份有限公司巴陵分公司	846362
46	袁隆平农业高科技股份有限公司	794282
47	郴州市金贵银业股份有限公司	780013
48	威胜集团有限公司	750309
49	湖南新天地投资控股集团有限公司	709885
50	湖南九龙经贸集团有限公司	709830

4. 按资产增长率排序

名次	企业名称	资产增长率（%）
1	湖南顺天建设集团有限公司	165.83
2	湖南航天有限责任公司	137.21
3	湖南大康国际农业食品股份有限公司	84.46
4	益丰大药房连锁股份有限公司	73.24
5	山河智能装备股份有限公司	60.98
6	袁隆平农业高科技股份有限公司	58.11
7	长丰集团有限责任公司	53.49
8	益海嘉里（岳阳）粮油工业有限公司	50.30
9	湖南景峰医药股份有限公司	49.13
10	长沙新振升集团有限公司	48.04
11	湖南粮食集团有限责任公司	46.31
12	湖南九龙经贸集团有限公司	45.59
13	泰富重装集团有限公司	42.48
14	湖南省建筑工程集团总公司	38.15
15	湖南科力远新能源股份有限公司	36.96
16	长沙银行股份有限公司	34.39
17	中国水利水电第八工程局有限公司	34.32
18	中国建筑第五工程局有限公司	30.06
19	永清环保股份有限公司	29.65
20	老百姓大药房连锁股份有限公司	29.18
21	道道全粮油股份有限公司	29.16
22	中国铁建重工集团有限公司	28.94
23	湖南新天地投资控股集团有限公司	28.39
24	中车株洲电机有限公司	27.44
25	蓝思科技股份有限公司	26.25
26	郴州市金贵银业股份有限公司	26.13
27	湖南新长海发展集团有限公司	25.18

续表

名次	企业名称	资产增长率（%）
28	爱尔眼科医院集团股份有限公司	24.85
29	湖南湘江涂料集团有限公司	23.47
30	湖南路桥建设集团有限责任公司	23.26
31	华融湘江银行股份有限公司	23.24
32	大汉控股集团有限公司	23.08
33	湖南郴电国际发展股份有限公司	22.94
34	绝味食品股份有限公司	21.60
35	湖南省沙坪建设有限公司	20.80
36	湖南南岭民用爆破器材股份有限公司	20.55
37	中冶长天国际工程有限责任公司	20.25
38	湖南省新华书店有限责任公司	19.58
39	唐人神集团股份有限公司	18.66
40	步步高投资集团股份有限公司	18.60
41	现代投资股份有限公司	17.76
42	湖南尔康制药股份有限公司	17.74
43	中国能源建设集团湖南火电建设有限公司	16.61
44	湖南安石企业（集团）有限公司	13.56
45	国网湖南省电力公司	12.75
46	湖南友谊阿波罗商业股份有限公司	12.18
47	湖南电广传媒股份有限公司	11.73
48	中国建设银行股份有限公司湖南分公司	11.50
49	中南出版传媒集团股份有限公司	11.34
50	湖南佳惠百货有限责任公司	10.97

5. 按人均营业收入排序

名次	企业名称	人均营业收入（万元）
1	金龙集团	2371
2	湖南正和通矿产资源供应链有限公司	2108

续表

名次	企业名称	人均营业收入（万元）
3	大汉控股集团有限公司	1228
4	恩瑞集团有限公司	1161
5	益海嘉里（岳阳）粮油工业有限公司	921
6	湖南中烟工业有限责任公司	918
7	长沙新振升集团有限公司	833
8	中国烟草总公司湖南省公司	706
9	中国建筑第五工程局有限公司	553
10	道道全粮油股份有限公司	466
11	湖南宇腾有色金属股份有限公司	443
12	郴州市金贵银业股份有限公司	443
13	湖南博长控股集团有限公司	437
14	中国石化销售有限公司湖南石油分公司	394
15	泰富重装集团有限公司	380
16	伟大集团	375
17	长沙银行股份有限公司	371
18	湖南安石企业（集团）有限公司	366
19	长安益阳发电有限公司	348
20	中联重科股份有限公司	332
21	现代投资股份有限公司	324
22	三一集团有限公司	320
23	五矿有色金属控股有限公司	318
24	中国石油天然气股份有限公司湖南销售分公司	305
25	湖南省建筑工程集团总公司	285
26	中国电子科技集团公司第四十八研究所	278
27	湖南兰天集团有限公司	266
28	中国石油化工股份有限公司巴陵分公司	265
29	湖南华菱钢铁集团有限责任公司	260
30	华融湘江银行股份有限公司	257

续表

名次	企业名称	人均营业收入（万元）
31	中国建设银行股份有限公司湖南分公司	240
32	湖南路桥建设集团有限责任公司	232
33	唐人神集团股份有限公司	224
34	湖南九龙经贸集团有限公司	218
35	五矿二十三冶建设集团有限公司	207
36	特变电工衡阳变压器有限公司	200
37	湖南粮食集团有限责任公司	194
38	湖南湘江涂料集团有限公司	189
39	步步高投资集团股份有限公司	181
40	湖南省新华书店有限责任公司	180
41	中车株洲电机有限公司	179
42	中国水利水电第八工程局有限公司	175
43	中车株洲电力机车研究所有限公司	171
44	中车株洲电力机车有限公司	165
45	快乐购物股份有限公司	165
46	大唐湘潭发电有限责任公司	163
47	湖南新长海发展集团有限公司	161
48	长丰集团有限责任公司	143
49	国网湖南省电力公司	141
50	金杯电工股份有限公司	139

6. 按人均资产排序

名次	企业名称	人均资产（万元）
1	长沙银行股份有限公司	8442
2	华融湘江银行股份有限公司	5889
3	中国建设银行股份有限公司湖南分公司	5671
4	长安益阳发电有限公司	1154
5	恩瑞集团有限公司	1053

续表

名次	企业名称	人均资产（万元）
6	湖南中烟工业有限责任公司	800
7	现代投资股份有限公司	749
8	湖南正和通矿产资源供应链有限公司	624
9	伟大集团	619
10	长沙水业集团有限公司	602
11	中联重科股份有限公司	588
12	大汉控股集团有限公司	584
13	三一集团有限公司	526
14	泰富重装集团有限公司	465
15	益海嘉里（岳阳）粮油工业有限公司	456
16	中国建筑第五工程局有限公司	448
17	郴州市金贵银业股份有限公司	440
18	湖南华菱钢铁集团有限责任公司	405
19	中国烟草总公司湖南省公司	385
20	湖南粮食集团有限责任公司	348
21	五矿二十三冶建设集团有限公司	320
22	湖南宇腾有色金属股份有限公司	317
23	大唐湘潭发电有限责任公司	315
24	湖南路桥建设集团有限责任公司	305
25	中车株洲电力机车研究所有限公司	268
26	湖南省新华书店有限责任公司	262
27	长沙新振升集团有限公司	259
28	湖南安石企业（集团）有限公司	255
29	中国铁建重工集团有限公司	253
30	中车株洲电力机车有限公司	247
31	长丰集团有限责任公司	246
32	威胜集团有限公司	242
33	中国电子科技集团公司第四十八研究所	241

续表

名次	企业名称	人均资产（万元）
34	湘电集团有限公司	233
35	中冶长天国际工程有限责任公司	227
36	湖南新长海发展集团有限公司	224
37	中国石油天然气股份有限公司湖南销售分公司	221
38	特变电工衡阳变压器有限公司	221
39	金龙集团	211
40	五矿有色金属控股有限公司	210
41	道道全粮油股份有限公司	208
42	中国水利水电第八工程局有限公司	205
43	国网湖南省电力公司	198
44	湖南九龙经贸集团有限公司	187
45	湖南省轻工盐业集团有限公司	184
46	湖南湘江涂料集团有限公司	181
47	中车株洲电机有限公司	165
48	中国石化销售有限公司湖南石油分公司	155
49	湖南航天有限责任公司	155
50	金杯电工股份有限公司	139

7. 按研发费用排序

名次	企业名称	研发费用（万元）
1	中国建筑第五工程局有限公司	326775
2	三一集团有限公司	179837
3	中车株洲电力机车研究所有限公司	172706
4	中联重科股份有限公司	157720
5	蓝思科技股份有限公司	138664
6	中车株洲电力机车有限公司	80298
7	中国水利水电第八工程局有限公司	62599
8	湘电集团有限公司	62260

续表

名次	企业名称	研发费用（万元）
9	中国铁建重工集团有限公司	32149
10	五矿有色金属控股有限公司	30722
11	中国电子科技集团公司第四十八研究所	29848
12	湖南华菱钢铁集团有限责任公司	26554
13	泰富重装集团有限公司	26272
14	中车株洲电机有限公司	25155
15	特变电工衡阳变压器有限公司	24795
16	湖南黄金集团有限责任公司	24158
17	金龙集团	23947
18	湖南博长控股集团有限公司	23446
19	湖南中烟工业有限责任公司	23355
20	湖南路桥建设集团有限责任公司	21401
21	郴州市金贵银业股份有限公司	20850
22	江麓机电集团有限公司	20828
23	湖南省茶业集团股份有限公司	15517
24	中国航发南方工业有限公司	15057
25	威胜集团有限公司	14705
26	株洲联诚集团有限责任公司	13928
27	金杯电工股份有限公司	13555
28	湖南宇腾有色金属股份有限公司	13525
29	中国能源建设集团湖南火电建设有限公司	13504
30	湖南湘江涂料集团有限公司	13460
31	长沙银行股份有限公司	12250
32	中冶长天国际工程有限责任公司	8306
33	江南工业集团有限公司	8275
34	伟大集团	8029
35	唐人神集团股份有限公司	7877
36	湖南航天有限责任公司	7639

续表

名次	企业名称	研发费用（万元）
37	国网湖南省电力公司	6271
38	湖南省建筑工程集团总公司	6107
39	中国石油化工股份有限公司巴陵分公司	5787
40	快乐购物股份有限公司	5650
41	湖南新天地投资控股集团有限公司	4104
42	长丰集团有限责任公司	3927
43	湖南省轻工盐业集团有限公司	3893
44	中国烟草总公司湖南省公司	3820
45	步步高投资集团股份有限公司	3488
46	湖南高岭建设集团股份有限公司	3012
47	湖南粮食集团有限责任公司	2734
48	大汉控股集团有限公司	2580
49	湖南省新华书店有限责任公司	1604
50	湖南省沙坪建设有限公司	1001

8. 按纳税总额排序

名次	企业名称	纳税总额（万元）
1	湖南中烟工业有限责任公司	6272346
2	中国烟草总公司湖南省公司	1536869
3	国网湖南省电力公司	410234
4	中国建设银行股份有限公司湖南分公司	378839
5	湖南省建筑工程集团总公司	301402
6	中国石油化工股份有限公司巴陵分公司	286607
7	中车株洲电力机车研究所有限公司	251422
8	中国建筑第五工程局有限公司	245820
9	长沙银行股份有限公司	197884
10	三一集团有限公司	188950
11	华融湘江银行股份有限公司	139470

续表

名次	企业名称	纳税总额（万元）
12	中联重科股份有限公司	111374
13	中车株洲电力机车有限公司	106087
14	五矿有色金属控股有限公司	101404
15	中国水利水电第八工程局有限公司	88655
16	长丰集团有限责任公司	80745
17	步步高投资集团股份有限公司	80147
18	五矿二十三冶建设集团有限公司	64066
19	中国石化销售有限公司湖南石油分公司	60634
20	中国铁建重工集团有限公司	55408
21	湘电集团有限公司	54816
22	中车株洲电机有限公司	50483
23	湖南博长控股集团有限公司	48687
24	湖南路桥建设集团有限责任公司	44538
25	老百姓大药房连锁股份有限公司	44203
26	湖南华菱钢铁集团有限责任公司	40435
27	现代投资股份有限公司	37800
28	湖南省轻工盐业集团有限公司	35712
29	威胜集团有限公司	35445
30	湖南湘江涂料集团有限公司	35216
31	大汉控股集团有限公司	33410
32	泰富重装集团有限公司	32713
33	中华联合财产保险股份有限公司湖南分公司	29812
34	湖南黄金集团有限责任公司	27343
35	湖南新天地投资控股集团有限公司	27224
36	望建（集团）有限公司	27067
37	株洲联诚集团有限责任公司	26518
38	湖南新长海发展集团有限公司	24912
39	湖南高岭建设集团股份有限公司	24547

续表

名次	企业名称	纳税总额（万元）
40	长沙新振升集团有限公司	22128
41	中国石油天然气股份有限公司湖南销售分公司	20818
42	湖南顺天建设集团有限公司	20274
43	湖南省沙坪建设有限公司	18887
44	金杯电工股份有限公司	18692
45	长沙通程控股股份有限公司	18216
46	大唐湘潭发电有限责任公司	17749
47	金龙集团	16730
48	中冶长天国际工程有限责任公司	16684
49	特变电工衡阳变压器有限公司	15878
50	长安益阳发电有限公司	15527

9. 按纳税总额增长率排序

名次	企业名称	纳税增长率（%）
1	长丰集团有限责任公司	85.52
2	湖南航天有限责任公司	78.78
3	湖南省沙坪建设有限公司	66.70
4	现代投资股份有限公司	65.79
5	湖南华菱钢铁集团有限责任公司	59.15
6	泰富重装集团有限公司	52.94
7	中国石油天然气股份有限公司湖南销售分公司	52.26
8	中国水利水电第八工程局有限公司	43.48
9	金杯电工股份有限公司	36.56
10	快乐购物股份有限公司	32.77
11	老百姓大药房连锁股份有限公司	32.06
12	中国铁建重工集团有限公司	31.94
13	中国建筑第五工程局有限公司	31.63
14	湖南省建筑工程集团总公司	29.31

续表

名次	企业名称	纳税增长率（%）
15	株洲联诚集团有限责任公司	28.23
16	中车株洲电力机车研究所有限公司	27.04
17	湘电集团有限公司	26.91
18	道道全粮油股份有限公司	24.85
19	唐人神集团股份有限公司	23.81
20	中冶长天国际工程有限责任公司	21.83
21	中车株洲电机有限公司	21.66
22	望建（集团）有限公司	20.24
23	湖南粮食集团有限责任公司	19.46
24	华融湘江银行股份有限公司	19.41
25	湖南新长海发展集团有限公司	19.27
26	湖南安石企业（集团）有限公司	18.42
27	长沙银行股份有限公司	16.93
28	江南工业集团有限公司	16.70
29	金龙集团	16.18
30	湖南湘江涂料集团有限公司	14.97
31	湖南兰天集团有限公司	13.49
32	三一集团有限公司	13.03
33	湖南路桥建设集团有限责任公司	11.03
34	中国烟草总公司湖南省公司	10.95
35	湖南省茶业集团股份有限公司	10.07
36	中国航发南方工业有限公司	8.26
37	湖南博长控股集团有限公司	7.71
38	湖南佳惠百货有限责任公司	7.61
39	特变电工衡阳变压器有限公司	7.60
40	中国石化销售有限公司湖南石油分公司	6.78
41	步步高投资集团股份有限公司	5.55
42	郴州市金贵银业股份有限公司	4.08

续表

名次	企业名称	纳税增长率（%）
43	中国建设银行股份有限公司湖南分公司	3.98
44	威胜集团有限公司	0.43
45	国网湖南省电力公司	0.41
46	湖南黄花建设集团股份有限公司	−0.45
47	湖南顺天建设集团有限公司	−0.58
48	五矿二十三冶建设集团有限公司	−2.42
49	中华联合财产保险股份有限公司湖南分公司	−3.02
50	长沙通程控股股份有限公司	−3.42

10. 按收入利润率排序

名次	企业名称	收入利润率（%）
1	中国建设银行股份有限公司湖南分公司	34.82
2	湖南尔康制药股份有限公司	34.67
3	方正证券股份有限公司	33.11
4	九芝堂股份有限公司	24.38
5	袁隆平农业高科技股份有限公司	21.80
6	华融湘江银行股份有限公司	20.59
7	长沙银行股份有限公司	19.30
8	中国铁建重工集团有限公司	17.93
9	中南出版传媒集团股份有限公司	16.25
10	湖南新长海发展集团有限公司	15.24
11	爱尔眼科医院集团股份有限公司	13.94
12	湖南景峰医药股份有限公司	12.88
13	长沙水业集团有限公司	12.68
14	湖南湘江涂料集团有限公司	12.30
15	株洲旗滨集团股份有限公司	12.00
16	威胜集团有限公司	11.81
17	中冶长天国际工程有限责任公司	11.64

续表

名次	企业名称	收入利润率（%）
18	绝味食品股份有限公司	11.62
19	大唐湘潭发电有限责任公司	10.37
20	湖南省新华书店有限责任公司	9.72
21	中车株洲电力机车研究所有限公司	9.22
22	永清环保股份有限公司	9.21
23	中国烟草总公司湖南省公司	8.77
24	现代投资股份有限公司	8.74
25	湖南中烟工业有限责任公司	8.49
26	长安益阳发电有限公司	8.07
27	加加食品集团股份有限公司	7.96
28	道道全粮油股份有限公司	7.65
29	泰富重装集团有限公司	6.84
30	中车株洲电机有限公司	6.44
31	克明面业股份有限公司	6.34
32	特变电工衡阳变压器有限公司	6.17
33	益丰大药房连锁股份有限公司	6.00
34	中车株洲电力机车有限公司	5.66
35	老百姓大药房连锁股份有限公司	5.61
36	株洲联诚集团有限责任公司	5.59
37	金杯电工股份有限公司	5.54
38	湖南对外建设集团有限公司	5.44
39	长沙新振升集团有限公司	5.24
40	株洲千金药业股份有限公司	5.22
41	江南工业集团有限公司	5.22
42	中国航发南方工业有限公司	5.18
43	伟大集团	5.17
44	长丰集团有限责任公司	5.03
45	湖南航天有限责任公司	4.87

续表

名次	企业名称	收入利润率（%）
46	恩瑞集团有限公司	4.81
47	湖南友谊阿波罗商业股份有限公司	4.78
48	湖南省轻工盐业集团有限公司	4.50
49	湖南电广传媒股份有限公司	4.45
50	湖南郴电国际发展股份有限公司	4.15

11. 按利润排序

名次	企业名称	利润（万元）
1	中国建设银行股份有限公司湖南分公司	917287
2	湖南中烟工业有限责任公司	852021
3	中国烟草总公司湖南省公司	632989
4	长沙银行股份有限公司	325169
5	中车株洲电力机车研究所有限公司	292928
6	方正证券股份有限公司	256934
7	华融湘江银行股份有限公司	233734
8	中国建筑第五工程局有限公司	206096
9	中南出版传媒集团股份有限公司	180471
10	蓝思科技股份有限公司	132676
11	湖南省新华书店有限责任公司	116979
12	湖南尔康制药股份有限公司	102643
13	中车株洲电力机车有限公司	96555
14	中国铁建重工集团有限公司	96348
15	株洲旗滨集团股份有限公司	83506
16	现代投资股份有限公司	83200
17	湖南新长海发展集团有限公司	68407
18	九芝堂股份有限公司	65181
19	国网湖南省电力公司	61520
20	大汉控股集团有限公司	60794

续表

名次	企业名称	利润（万元）
21	泰富重装集团有限公司	57527
22	中国石化销售有限公司湖南石油分公司	56203
23	爱尔眼科医院集团股份有限公司	55747
24	袁隆平农业高科技股份有限公司	50116
25	湖南省建筑工程集团总公司	48811
26	中车株洲电机有限公司	45265
27	长丰集团有限责任公司	44177
28	湖南湘江涂料集团有限公司	43681
29	绝味食品股份有限公司	38030
30	长沙新振升集团有限公司	36653
31	中国水利水电第八工程局有限公司	36322
32	老百姓大药房连锁股份有限公司	34204
33	湖南景峰医药股份有限公司	34003
34	湖南电广传媒股份有限公司	33314
35	特变电工衡阳变压器有限公司	33198
36	威胜集团有限公司	30791
37	湖南友谊阿波罗商业股份有限公司	29917
38	五矿二十三冶建设集团有限公司	26974
39	中国航发南方工业有限公司	25879
40	唐人神集团股份有限公司	25569
41	长沙水业集团有限公司	23679
42	湖南博长控股集团有限公司	23410
43	益丰大药房连锁股份有限公司	22389
44	步步高投资集团股份有限公司	21546
45	中冶长天国际工程有限责任公司	21001
46	中国电子科技集团公司第四十八研究所	20948
47	道道全粮油股份有限公司	20573
48	湖南省轻工盐业集团有限公司	20396

续表

名次	企业名称	利润（万元）
49	株洲联诚集团有限责任公司	19802
50	大唐湘潭发电有限责任公司	19662

12. 按利润增长率排序

名次	企业名称	利润增长率（%）
1	湖南大康国际农业食品股份有限公司	2443.15
2	益海嘉里（岳阳）粮油工业有限公司	530.75
3	湖南博长控股集团有限公司	434.60
4	株洲旗滨集团股份有限公司	387.39
5	中国水利水电第八工程局有限公司	221.04
6	江南工业集团有限公司	128.80
7	湖南兰天集团有限公司	75.18
8	恩瑞集团有限公司	73.88
9	湖南尔康制药股份有限公司	69.78
10	唐人神集团股份有限公司	68.45
11	株洲千金药业股份有限公司	60.75
12	湖南航天有限责任公司	54.30
13	湖南省沙坪建设有限公司	53.01
14	国网湖南省电力公司	46.14
15	现代投资股份有限公司	43.45
16	九芝堂股份有限公司	38.38
17	湖南省建筑工程集团总公司	36.07
18	五矿二十三冶建设集团有限公司	35.72
19	中车株洲电机有限公司	35.30
20	湖南湘江涂料集团有限公司	34.11
21	爱尔眼科医院集团股份有限公司	30.24
22	中国铁建重工集团有限公司	27.41
23	益丰大药房连锁股份有限公司	27.25

续表

名次	企业名称	利润增长率（%）
24	克明面业股份有限公司	26.70
25	绝味食品股份有限公司	26.42
26	永清环保股份有限公司	25.35
27	中国能源建设集团湖南火电建设有限公司	24.77
28	老百姓大药房连锁股份有限公司	23.16
29	郴州市金贵银业股份有限公司	21.16
30	湖南新长海发展集团有限公司	20.70
31	泰富重装集团有限公司	20.13
32	长沙银行股份有限公司	17.47
33	金杯电工股份有限公司	13.07
34	道道全粮油股份有限公司	12.46
35	湖南佳惠百货有限责任公司	11.30
36	湖南路桥建设集团有限责任公司	11.05
37	大汉控股集团有限公司	11.02
38	望建（集团）有限公司	9.97
39	湖南九龙经贸集团有限公司	8.78
40	湖南顺天建设集团有限公司	8.40
41	湖南中烟工业有限责任公司	6.67
42	中南出版传媒集团股份有限公司	6.47
43	中国建筑第五工程局有限公司	6.40
44	湖南安石企业（集团）有限公司	5.66
45	中国电子科技集团公司第四十八研究所	5.34
46	长沙通程控股股份有限公司	5.08
47	湖南景峰医药股份有限公司	4.91
48	江麓机电集团有限公司	3.57
49	湖南省新华书店有限责任公司	2.61
50	湖南省茶业集团股份有限公司	2.38

13. 按资产利润率排序

名次	企业名称	资产利润率（%）
1	绝味食品股份有限公司	19.38
2	湖南尔康制药股份有限公司	18.16
3	道道全粮油股份有限公司	17.13
4	长沙新振升集团有限公司	16.82
5	中国烟草总公司湖南省公司	16.07
6	爱尔眼科医院集团股份有限公司	13.71
7	九芝堂股份有限公司	13.59
8	湖南湘江涂料集团有限公司	12.86
9	湖南对外建设集团有限公司	12.22
10	湖南新长海发展集团有限公司	10.95
11	湖南省茶业集团股份有限公司	10.38
12	湖南佳惠百货有限责任公司	9.84
13	湖南中烟工业有限责任公司	9.74
14	中南出版传媒集团股份有限公司	9.69
15	湖南黄花建设集团有限公司	8.64
16	中国铁建重工集团有限公司	8.53
17	株洲联诚集团有限责任公司	8.28
18	中车株洲电机有限公司	6.99
19	老百姓大药房连锁股份有限公司	6.97
20	株洲旗滨集团股份有限公司	6.75
21	湖南省沙坪建设有限公司	6.71
22	湖南省新华书店有限责任公司	6.67
23	湖南景峰医药股份有限公司	6.62
24	望建（集团）有限公司	6.39
25	湖南正和通矿产资源供应链有限公司	6.39
26	袁隆平农业高科技股份有限公司	6.31
27	中车株洲电力机车研究所有限公司	5.88

续表

名次	企业名称	资产利润率（%）
28	泰富重装集团有限公司	5.59
29	特变电工衡阳变压器有限公司	5.59
30	江麓机电集团有限公司	5.59
31	克明面业股份有限公司	5.54
32	金杯电工股份有限公司	5.53
33	大唐湘潭发电有限责任公司	5.38
34	唐人神集团股份有限公司	5.35
35	恩瑞集团有限公司	5.31
36	益丰大药房连锁股份有限公司	5.30
37	加加食品集团股份有限公司	5.27
38	金龙集团	5.23
39	中冶长天国际工程有限责任公司	5.02
40	株洲千金药业股份有限公司	4.93
41	永清环保股份有限公司	4.72
42	湖南高岭建设集团股份有限公司	4.13
43	湖南宇腾有色金属股份有限公司	4.13
44	威胜集团有限公司	4.10
45	大汉控股集团有限公司	4.05
46	中车株洲电力机车有限公司	3.79
47	现代投资股份有限公司	3.78
48	湖南顺天建设集团有限公司	3.46
49	益海嘉里（岳阳）粮油工业有限公司	3.45
50	中国石化销售有限公司湖南石油分公司	3.33

14. 按人均利润排序

名次	企业名称	人均利润（万元）
1	中国建设银行股份有限公司湖南分公司	83
2	湖南中烟工业有限责任公司	78

续表

名次	企业名称	人均利润（万元）
3	长沙银行股份有限公司	72
4	中国烟草总公司湖南省公司	62
5	恩瑞集团有限公司	56
6	华融湘江银行股份有限公司	53
7	长沙新振升集团有限公司	44
8	湖南正和通矿产资源供应链有限公司	40
9	道道全粮油股份有限公司	36
10	现代投资股份有限公司	28
11	长安益阳发电有限公司	28
12	泰富重装集团有限公司	26
13	湖南新长海发展集团有限公司	25
14	大汉控股集团有限公司	24
15	湖南湘江涂料集团有限公司	23
16	中国铁建重工集团有限公司	22
17	伟大集团	19
18	湖南省新华书店有限责任公司	18
19	大唐湘潭发电有限责任公司	17
20	中车株洲电力机车研究所有限公司	16
21	益海嘉里（岳阳）粮油工业有限公司	16
22	湖南宇腾有色金属股份有限公司	13
23	中国建筑第五工程局有限公司	13
24	特变电工衡阳变压器有限公司	12
25	中车株洲电机有限公司	12
26	中冶长天国际工程有限责任公司	11
27	金龙集团	11
28	威胜集团有限公司	10
29	中车株洲电力机车有限公司	9
30	长沙水业集团有限公司	9

续表

名次	企业名称	人均利润（万元）
31	郴州市金贵银业股份有限公司	8
32	金杯电工股份有限公司	8
33	长丰集团有限责任公司	7
34	中国电子科技集团公司第四十八研究所	7
35	湖南安石企业（集团）有限公司	6
36	株洲联诚集团有限责任公司	6
37	五矿二十三冶建设集团有限公司	5
38	唐人神集团股份有限公司	5
39	中国石化销售有限公司湖南石油分公司	5
40	湖南九龙经贸集团有限公司	5
41	湖南省茶业集团股份有限公司	4
42	湖南对外建设集团有限公司	4
43	湖南省轻工盐业集团有限公司	4
44	江麓机电集团有限公司	3
45	中国水利水电第八工程局有限公司	3
46	快乐购物股份有限公司	3
47	中国航发南方工业有限公司	3
48	湖南博长控股集团有限公司	3
49	湖南航天有限责任公司	3
50	老百姓大药房连锁股份有限公司	3

15. 按所有者权益排序

名次	企业名称	所有者权益（万元）
1	湖南中烟工业有限责任公司	6718951
2	中联重科股份有限公司	3779496
3	方正证券股份有限公司	3619684
4	三一集团有限公司	3487943
5	中国烟草总公司湖南省公司	3383877

续表

名次	企业名称	所有者权益（万元）
6	湖南华菱钢铁集团有限责任公司	2754433
7	国网湖南省电力公司	2348984
8	中车株洲电力机车研究所有限公司	2265727
9	五矿有色金属控股有限公司	2217121
10	蓝思科技股份有限公司	2069455
11	长沙银行股份有限公司	2036204
12	华融湘江银行股份有限公司	1444520
13	中国建筑第五工程局有限公司	1294603
14	中南出版传媒集团股份有限公司	1273186
15	中国石化销售有限公司湖南石油分公司	1102461
16	湖南电广传媒股份有限公司	1099191
17	现代投资股份有限公司	794000
18	湖南省新华书店有限责任公司	783639
19	中车株洲电力机车有限公司	759676
20	中国铁建重工集团有限公司	690371
21	湖南省建筑工程集团总公司	653422
22	步步高投资集团股份有限公司	640471
23	大汉控股集团有限公司	623346
24	株洲旗滨集团股份有限公司	602487
25	中国石油天然气股份有限公司湖南销售分公司	576063
26	袁隆平农业高科技股份有限公司	564199
27	湖南大康国际农业食品股份有限公司	562200
28	湘电集团有限公司	530126
29	岳阳林纸股份有限公司	525288
30	湖南尔康制药股份有限公司	518261
31	湖南省轻工盐业集团有限公司	498699
32	湖南友谊阿波罗商业股份有限公司	492419
33	中国水利水电第八工程局有限公司	473055

续表

名次	企业名称	所有者权益（万元）
34	湖南黄金集团有限责任公司	448011
35	泰富重装集团有限公司	446825
36	中国航发南方工业有限公司	432108
37	威胜集团有限公司	414852
38	大唐华银电力股份有限公司	414264
39	九芝堂股份有限公司	413651
40	湖南新长海发展集团有限公司	403186
41	长丰集团有限责任公司	396416
42	特变电工衡阳变压器有限公司	344893
43	湖南郴电国际发展股份有限公司	324078
44	湖南九龙经贸集团有限公司	300263
45	唐人神集团股份有限公司	298871
46	益丰大药房连锁股份有限公司	296251
47	湖南路桥建设集团有限责任公司	285765
48	湖南粮食集团有限责任公司	285337
49	爱尔眼科医院集团股份有限公司	278115
50	湖南安石企业（集团）有限公司	269508

16. 按人均所有者权益排序

名次	企业名称	人均权益（万元）
1	恩瑞集团有限公司	874.88
2	湖南中烟工业有限责任公司	645.19
3	长沙银行股份有限公司	448.21
4	中国烟草总公司湖南省公司	330.68
5	华融湘江银行股份有限公司	326.96
6	伟大集团	313.28
7	湖南正和通矿产资源供应链有限公司	311.42
8	现代投资股份有限公司	270.16

续表

名次	企业名称	人均权益（万元）
9	中联重科股份有限公司	249.41
10	大汉控股集团有限公司	242.83
11	威胜集团有限公司	231.46
12	泰富重装集团有限公司	201.73
13	三一集团有限公司	175.08
14	长沙新振升集团有限公司	165.75
15	中国铁建重工集团有限公司	154.48
16	中国石油天然气股份有限公司湖南销售分公司	148.13
17	湖南新长海发展集团有限公司	144.41
18	湖南宇腾有色金属股份有限公司	134.77
19	郴州市金贵银业股份有限公司	132.2
20	金龙集团	129.30
21	特变电工衡阳变压器有限公司	128.12
22	中车株洲电力机车研究所有限公司	121.79
23	湖南省新华书店有限责任公司	117.29
24	湖南安石企业（集团）有限公司	116.27
25	道道全粮油股份有限公司	114.90
26	金杯电工股份有限公司	108.37
27	大唐湘潭发电有限责任公司	102.36
28	中国石化销售有限公司湖南石油分公司	101.53
29	中冶长天国际工程有限责任公司	99.83
30	湖南湘江涂料集团有限公司	99.52
31	湖南省轻工盐业集团有限公司	90.85
32	湖南华菱钢铁集团有限责任公司	85.73
33	快乐购物股份有限公司	85.07
34	湖南九龙经贸集团有限公司	79.02
35	中国建筑第五工程局有限公司	78.89
36	中车株洲电力机车有限公司	73.53

续表

名次	企业名称	人均权益（万元）
37	中国电子科技集团公司第四十八研究所	72.98
38	湖南航天有限责任公司	71.76
39	湖南粮食集团有限责任公司	71.55
40	长丰集团有限责任公司	64.46
41	湖南路桥建设集团有限责任公司	61.84
42	唐人神集团股份有限公司	61.42
43	五矿有色金属控股有限公司	55.73
44	中国航发南方工业有限公司	53.08
45	中车株洲电机有限公司	49.06
46	湖南黄金集团有限责任公司	48.79
47	国网湖南省电力公司	47.70
48	湘电集团有限公司	46.81
49	长沙水业集团有限公司	45.19
50	中国水利水电第八工程局有限公司	43.41

17．按净资产利润率排序

名次	企业名称	净资产利润率（%）
1	长安益阳发电有限公司	78.87
2	益海嘉里（岳阳）粮油工业有限公司	40.70
3	江麓机电集团有限公司	31.56
4	道道全粮油股份有限公司	30.98
5	长沙新振升集团有限公司	26.33
6	中车株洲电机有限公司	23.49
7	湖南湘江涂料集团有限公司	23.37
8	湖南省茶业集团股份有限公司	21.66
9	长沙水业集团有限公司	20.55
10	湖南佳惠百货有限责任公司	19.60
11	中国烟草总公司湖南省公司	18.71

续表

名次	企业名称	净资产利润率（%）
12	中华联合财产保险股份有限公司湖南分公司	18.49
13	湖南省沙坪建设有限公司	18.11
14	株洲联诚集团有限责任公司	18.09
15	老百姓大药房连锁股份有限公司	17.58
16	湖南新长海发展集团有限公司	16.97
17	大唐湘潭发电有限责任公司	16.54
18	华融湘江银行股份有限公司	16.18
19	长沙银行股份有限公司	15.97
20	中国建筑第五工程局有限公司	15.92
21	湖南省新华书店有限责任公司	14.93
22	湖南对外建设集团有限公司	14.17
23	中国铁建重工集团有限公司	13.96
24	五矿二十三冶建设集团有限公司	13.79
25	中车株洲电力机车研究所有限公司	12.93
26	泰富重装集团有限公司	12.87
27	湖南正和通矿产资源供应链有限公司	12.80
28	中车株洲电力机车有限公司	12.71
29	湖南博长控股集团有限公司	12.68
30	湖南中烟工业有限责任公司	12.68
31	中国能源建设集团湖南火电建设有限公司	12.17
32	中冶长天国际工程有限责任公司	11.42
33	长丰集团有限责任公司	11.14
34	现代投资股份有限公司	10.48
35	湖南黄花建设集团股份有限公司	10.05
36	大汉控股集团有限公司	9.75
37	中国电子科技集团公司第四十八研究所	9.74
38	湖南宇腾有色金属股份有限公司	9.71
39	特变电工衡阳变压器有限公司	9.63

续表

名次	企业名称	净资产利润率（%）
40	湖南顺天建设集团有限公司	9.02
41	唐人神集团股份有限公司	8.56
42	金龙集团	8.52
43	湖南兰天集团有限公司	8.43
44	望建（集团）有限公司	8.07
45	中国水利水电第八工程局有限公司	7.68
46	中国邮政集团公司湖南省分公司	7.65
47	湖南省建筑工程集团总公司	7.47
48	威胜集团有限公司	7.41
49	江南工业集团有限公司	7.13
50		

18. 按资产负债率排序

名次	企业名称	资产负债率（%）
1	威胜集团有限公司	4.34
2	湖南尔康制药股份有限公司	8.32
3	湖南对外建设集团有限公司	13.74
4	九芝堂股份有限公司	13.78
5	湖南黄花建设集团股份有限公司	14.02
6	中国烟草总公司湖南省公司	14.10
7	克明面业股份有限公司	15.30
8	恩瑞集团有限公司	16.90
9	湖南中烟工业有限责任公司	19.37
10	望建（集团）有限公司	20.85
11	金杯电工股份有限公司	22.19
12	绝味食品股份有限公司	25.31
13	湖南高岭建设集团股份有限公司	28.14
14	快乐购物股份有限公司	28.82

续表

名次	企业名称	资产负债率（%）
15	袁隆平农业高科技股份有限公司	28.97
16	益丰大药房连锁股份有限公司	29.82
17	加加食品集团股份有限公司	31.56
18	爱尔眼科医院集团股份有限公司	31.60
19	中南出版传媒集团股份有限公司	31.62
20	中国石油天然气股份有限公司湖南销售分公司	33.02
21	中国石化销售有限公司湖南石油分公司	34.64
22	湖南新长海发展集团有限公司	35.44
23	长沙新振升集团有限公司	36.10
24	唐人神集团股份有限公司	37.52
25	金龙集团	38.62
26	中国铁建重工集团有限公司	38.90
27	特变电工衡阳变压器有限公司	41.95
28	株洲千金药业股份有限公司	42.43
29	道道全粮油股份有限公司	44.71
30	湖南湘江涂料集团有限公司	44.97
31	长沙通程控股股份有限公司	47.51
32	伟大集团	49.37
33	湖南佳惠百货有限责任公司	49.77
34	湖南正和通矿产资源供应链有限公司	50.08
35	湖南省轻工盐业集团有限公司	50.49
36	永清环保股份有限公司	50.57
37	湖南电广传媒股份有限公司	51.18
38	株洲旗滨集团股份有限公司	51.28
39	湖南省茶业集团股份有限公司	52.09
40	湖南黄金集团有限责任公司	53.04
41	湖南景峰医药股份有限公司	53.40
42	湖南航天有限责任公司	53.75

续表

名次	企业名称	资产负债率（%）
43	湖南南岭民用爆破器材股份有限公司	54.06
44	中国航发南方工业有限公司	54.20
45	株洲联诚集团有限责任公司	54.23
46	湖南安石企业（集团）有限公司	54.48
47	中车株洲电力机车研究所有限公司	54.52
48	蓝思科技股份有限公司	54.96
49	湖南省新华书店有限责任公司	55.29
50	步步高投资集团股份有限公司	55.76

19. 按资产积累率排序

名次	企业名称	资产积累率（%）
1	长安益阳发电有限公司	373.25
2	湖南航天有限责任公司	194.56
3	袁隆平农业高科技股份有限公司	139.64
4	益丰大药房连锁股份有限公司	109.85
5	威胜集团有限公司	73.43
6	益海嘉里（岳阳）粮油工业有限公司	68.62
7	湖南省建筑工程集团总公司	61.06
8	长丰集团有限责任公司	60.56
9	湖南路桥建设集团有限责任公司	55.54
10	湖南友谊阿波罗商业股份有限公司	52.31
11	湖南华菱钢铁集团有限责任公司	49.85
12	蓝思科技股份有限公司	49.01
13	泰富重装集团有限公司	40.21
14	道道全粮油股份有限公司	38.96
15	湖南九龙经贸集团有限公司	33.68
16	步步高投资集团股份有限公司	30.08
17	中国能源建设集团湖南火电建设有限公司	24.33

续表

名次	企业名称	资产积累率（%）
18	绝味食品股份有限公司	23.95
19	湖南尔康制药股份有限公司	23.88
20	湖南黄金集团有限责任公司	23.24
21	中国建筑第五工程局有限公司	22.96
22	湖南博长控股集团有限公司	22.77
23	中华联合财产保险股份有限公司湖南分公司	22.68
24	湖南粮食集团有限责任公司	22.61
25	湖南湘江涂料集团有限公司	21.49
26	大唐湘潭发电有限责任公司	19.83
27	中冶长天国际工程有限责任公司	19.70
28	中车株洲电力机车研究所有限公司	19.45
29	湖南省轻工盐业集团有限公司	19.42
30	株洲联诚集团有限责任公司	19.29
31	郴州市金贵银业股份有限公司	19.26
32	株洲旗滨集团股份有限公司	17.59
33	湖南新长海发展集团有限公司	17.45
34	中车株洲电机有限公司	17.16
35	湘电集团有限公司	16.62
36	爱尔眼科医院集团股份有限公司	16.10
37	湖南省沙坪建设有限公司	15.72
38	中国铁建重工集团有限公司	14.91
39	湖南省新华书店有限责任公司	14.57
40	长沙银行股份有限公司	14.29
41	湖南安石企业（集团）有限公司	13.61
42	现代投资股份有限公司	12.40
43	华融湘江银行股份有限公司	12.16
44	永清环保股份有限公司	12.00
45	国网湖南省电力公司	11.37

续表

名次	企业名称	资产积累率（%）
46	中南出版传媒集团股份有限公司	11.21
47	湖南黄花建设集团股份有限公司	11.17
48	中国水利水电第八工程局有限公司	11.16
49	特变电工衡阳变压器有限公司	11.14
50	湖南景峰医药股份有限公司	10.38

20. 按资产保值增值率排序

名次	企业名称	资产保值增值率（%）
1	长安益阳发电有限公司	473.25
2	湖南航天有限责任公司	294.56
3	袁隆平农业高科技股份有限公司	239.64
4	益丰大药房连锁股份有限公司	209.85
5	益海嘉里（岳阳）粮油工业有限公司	168.63
6	湖南省建筑工程集团总公司	161.06
7	长丰集团有限责任公司	160.56
8	湖南路桥建设集团有限责任公司	155.54
9	湖南友谊阿波罗商业股份有限公司	152.31
10	湖南华菱钢铁集团有限责任公司	149.85
11	蓝思科技股份有限公司	149.01
12	泰富重装集团有限公司	140.21
13	道道全粮油股份有限公司	138.96
14	湖南九龙经贸集团有限公司	133.68
15	步步高投资集团股份有限公司	130.08
16	中国能源建设集团湖南火电建设有限公司	124.33
17	绝味食品股份有限公司	123.95
18	湖南尔康制药股份有限公司	123.88
19	湖南黄金集团有限责任公司	123.24
20	中国建筑第五工程局有限公司	122.96

续表

名次	企业名称	资产保值增值率（%）
21	湖南博长控股集团有限公司	122.77
22	中华联合财产保险股份有限公司湖南分公司	122.68
23	湖南粮食集团有限责任公司	122.61
24	湖南湘江涂料集团有限公司	121.49
25	大唐湘潭发电有限责任公司	119.83
26	中冶长天国际工程有限责任公司	119.70
27	中车株洲电力机车研究所有限公司	119.45
28	湖南省轻工盐业集团有限公司	119.42
29	株洲联诚集团有限责任公司	119.29
30	郴州市金贵银业股份有限公司	119.26
31	株洲旗滨集团股份有限公司	117.59
32	湖南新长海发展集团有限公司	117.45
33	中车株洲电机有限公司	117.16
34	湘电集团有限公司	116.62
35	爱尔眼科医院集团股份有限公司	116.10
36	湖南省沙坪建设有限公司	115.72
37	中国铁建重工集团有限公司	114.91
38	湖南省新华书店有限责任公司	114.57
39	长沙银行股份有限公司	114.29
40	湖南安石企业（集团）有限公司	113.61
41	现代投资股份有限公司	112.40
42	华融湘江银行股份有限公司	112.16
43	永清环保股份有限公司	112.00
44	国网湖南省电力公司	111.37
45	中南出版传媒集团股份有限公司	111.21
46	湖南黄花建设集团股份有限公司	111.17
47	中国水利水电第八工程局有限公司	111.16
48	特变电工衡阳变压器有限公司	111.14

续表

名次	企业名称	资产保值增值率（%）
49	湖南景峰医药股份有限公司	110.38
50	长沙新振升集团有限公司	110.29

第三节 2017 湖南制造业 50 强企业排行榜

名次	企业名称	营业收入（万元）
1	五矿有色金属控股有限公司	12635973
2	湖南中烟工业有限责任公司	10041174
3	湖南华菱钢铁集团有限责任公司	8367017
4	三一集团有限公司	6375794
5	中联重科股份有限公司	5026920
6	蓝思科技股份有限公司	3678231
7	湖南博长控股集团有限公司	3293320
8	中车株洲电力机车研究所有限公司	3177860
9	中国石油化工股份有限公司巴陵分公司	2028112
10	中车株洲电力机车有限公司	1704631
11	金龙集团	1351750
12	湘电集团有限公司	1211097
13	唐人神集团股份有限公司	1088414
14	长丰集团有限责任公司	877820
15	湖南安石企业（集团）有限公司	847383
16	泰富重装集团有限公司	840921
17	中国电子科技集团公司第四十八研究所	817502
18	郴州市金贵银业股份有限公司	785230
19	湖南粮食集团有限责任公司	774268
20	中车株洲电机有限公司	702824
21	长沙新振升集团有限公司	699674
22	株洲旗滨集团股份有限公司	696096

续表

名次	企业名称	营业收入（万元）
23	湖南大康国际农业食品股份有限公司	622316
24	特变电工衡阳变压器有限公司	537889
25	中国铁建重工集团有限公司	537235
26	湖南省茶业集团股份有限公司	529584
27	中国航发南方工业有限公司	499277
28	岳阳林纸股份有限公司	479857
29	湖南宇腾有色金属股份有限公司	450817
30	江麓机电集团有限公司	408296
31	湖南湘江涂料集团有限公司	355194
32	株洲联诚集团有限责任公司	353959
33	湖南新天地投资控股集团有限公司	336407
34	绝味食品股份有限公司	327414
35	金杯电工股份有限公司	312500
36	湖南尔康制药股份有限公司	296090
37	株洲千金药业股份有限公司	286489
38	道道全粮油股份有限公司	269097
39	九芝堂股份有限公司	267380
40	湖南南岭民用爆破器材股份有限公司	266140
41	湖南景峰医药股份有限公司	264050
42	威胜集团有限公司	260750
43	益海嘉里（岳阳）粮油工业有限公司	257886
44	袁隆平农业高科技股份有限公司	229941
45	克明面业股份有限公司	216352
46	湖南正和通矿产资源供应链有限公司	215019
47	湖南航天有限责任公司	214716
48	山河智能装备股份有限公司	199160
49	加加食品集团股份有限公司	188668
50	湖南科力远新能源股份有限公司	170016

第四节 2017湖南服务业50强企业排行榜

名次	企业名称	营业收入（万元）
1	中国烟草总公司湖南省公司	7220449
2	国网湖南省电力公司	6961692
3	中国石化销售有限公司湖南石油分公司	4272942
4	步步高投资集团股份有限公司	3214532
5	大汉控股集团有限公司	3152077
6	中国建设银行股份有限公司湖南分公司	2634422
7	长沙银行股份有限公司	1684464
8	湖南省新华书店有限责任公司	1203272
9	中国石油天然气股份有限公司湖南销售分公司	1184428
10	华融湘江银行股份有限公司	1135426
11	中南出版传媒集团股份有限公司	1110452
12	现代投资股份有限公司	952400
13	湖南九龙经贸集团有限公司	827130
14	方正证券股份有限公司	775990
15	湖南电广传媒股份有限公司	748639
16	湖南佳惠百货有限责任公司	707944
17	湖南兰天集团有限公司	704817
18	大唐华银电力股份有限公司	640518
19	湖南友谊阿波罗商业股份有限公司	626534
20	中国邮政集团公司湖南省分公司	610887
21	老百姓大药房连锁股份有限公司	609443
22	湖南省轻工盐业集团有限公司	453686
23	湖南新长海发展集团有限公司	448800
24	爱尔眼科医院集团股份有限公司	400040
25	长沙通程控股股份有限公司	386081
26	益丰大药房连锁股份有限公司	373362

续表

名次	企业名称	营业收入（万元）
27	中华联合财产保险股份有限公司湖南分公司	342641
28	快乐购物股份有限公司	321928
29	湖南郴电国际发展股份有限公司	241542
30	恩瑞集团有限公司	211279
31	长安益阳发电有限公司	198603
32	大唐湘潭发电有限责任公司	189579
33	长沙水业集团有限公司	186710
34	伟大集团	160586
35	永清环保股份有限公司	153595
36	石长铁路有限责任公司	129222
37	拓维信息系统股份有限公司	102849
38	华天酒店集团股份有限公司	100378
39	湖南德天投资（集团）有限公司	97018
40	天舟文化股份有限公司	77994
41	湖南百利工程科技股份有限公司	76937
42	湖南仁仁洁国际清洁科技集团股份有限公司	70347
43	张家界旅游集团股份有限公司	59218
44	株洲市自来水有限责任公司	55570
45	湖南华凯文化创意股份有限公司	52958
46	中广天择传媒股份有限公司	45275

第七章
国内企业及全球企业排行榜选登

第一节 2017 中国企业 500 强排行榜

名次	企业名称	营业收入（万元）
1	国家电网公司	209397168
2	中国石油化工集团公司	196921982
3	中国石油天然气集团公司	187190290
4	中国工商银行股份有限公司	101526600
5	中国建筑股份有限公司	95976549
6	中国建设银行股份有限公司	84805200
7	中国农业银行股份有限公司	77909800
8	中国平安保险（集团）股份有限公司	77448800
9	上海汽车集团股份有限公司	75641617
10	中国银行股份有限公司	75540200
11	中国移动通信集团公司	71161106
12	中国人寿保险（集团）公司	69634318
13	中国铁路工程总公司	64426089
14	中国铁道建筑总公司	63029681
15	国家开发银行股份有限公司	58875467
16	东风汽车公司	57261266

续表

名次	企业名称	营业收入（万元）
17	华为投资控股有限公司	52157400
18	华润（集团）有限公司	50340782
19	太平洋建设集团有限公司	49578589
20	中国南方电网有限责任公司	47328148
21	中国兵器装备集团公司	47267719
22	中国交通建设集团有限公司	47002154
23	中国人民保险集团股份有限公司	44332300
24	中国海洋石油总公司	43774087
25	中国邮政集团公司	43583636
26	中国五矿集团公司	43545005
27	中国第一汽车集团公司	43038158
28	天津物产集团有限公司	42068435
29	中国电信集团公司	41445834
30	安邦保险股份有限公司	41397026
31	苏宁控股集团有限公司	41295073
32	中国兵器工业集团公司	40740610
33	中粮集团有限公司	40700647
34	北京汽车集团有限公司	40610384
35	中国中化集团公司	39549504
36	山东魏桥创业集团有限公司	37318332
37	中国航空工业集团公司	37119722
38	海航集团有限公司	35233153
39	交通银行股份有限公司	35119183
40	中国中信集团有限公司	35111397
41	正威国际集团有限公司	33001920
42	中国电力建设集团有限公司	32465182
43	中国医药集团总公司	31728070
44	中国宝武钢铁集团有限公司	30962102

续表

名次	企业名称	营业收入（万元）
45	联想控股股份有限公司	30695285
46	中国化工集团公司	30012718
47	招商银行股份有限公司	29756000
48	中国华信能源有限公司	29094988
49	河钢集团有限公司	29077196
50	兴业银行股份有限公司	28515000
51	中国船舶重工集团公司	28001147
52	广州汽车工业集团有限公司	27609981
53	中国联合网络通信集团有限公司	27573518
54	上海浦东发展银行股份有限公司	27003000
55	中国民生银行股份有限公司	26845000
56	中国铝业公司	26758014
57	中国太平洋保险（集团）股份有限公司	26701400
58	中国建材集团有限公司	26123339
59	北京京东世纪贸易有限公司	26012165
60	恒力集团有限公司	25164763
61	神华集团有限责任公司	24793964
62	绿地控股集团股份有限公司	24716022
63	中国华能集团公司	24607111
64	陕西延长石油（集团）有限责任公司	23529219
65	大商集团有限公司	23525202
66	中国中车股份有限公司	22972215
67	万科企业股份有限公司	22891600
68	中国能源建设集团有限公司	22540735
69	冀中能源集团有限责任公司	22165815
70	新兴际华集团有限公司	22038469
71	中国光大集团股份公司	21564600
72	中国机械工业集团有限公司	21416120

续表

名次	企业名称	营业收入（万元）
73	中国航天科技集团公司	21321012
74	陕西煤业化工集团有限责任公司	21209513
75	恒大集团有限公司	21144400
76	江西铜业集团公司	21045947
77	中国保利集团公司	20932035
78	浙江吉利控股集团有限公司	20879870
79	物产中大集团股份有限公司	20689887
80	中国航天科工集团公司	20316614
81	海尔集团公司	20160868
82	中国电子信息产业集团有限公司	19936460
83	中国船舶工业集团公司	19848192
84	江苏沙钢集团有限公司	19838486
85	中国远洋海运集团有限公司	19759362
86	国家电力投资集团公司	19593468
87	山东能源集团有限公司	19464075
88	金川集团股份有限公司	19313227
89	大连万达集团股份有限公司	18922100
90	中国华电集团公司	18737087
91	国美电器有限公司	18243000
92	中国电子科技集团公司	18130792
93	中国国电集团公司	17852815
94	华晨汽车集团控股有限公司	17273211
95	大同煤矿集团有限责任公司	17014230
96	山西焦煤集团有限责任公司	16689711
97	中国航空油料集团公司	16334734
98	开滦（集团）有限责任公司	16277729
99	阳泉煤业（集团）有限责任公司	16132758
100	山西潞安矿业（集团）有限责任公司	16002002

续表

名次	企业名称	营业收入（万元）
101	美的集团股份有限公司	15984170
102	中国大唐集团公司	15836122
103	阿里巴巴集团控股有限公司	15827300
104	阳光金融控股投资集团有限公司	15716144
105	雪松控股集团有限公司	15701937
106	光明食品（集团）有限公司	15585452
107	碧桂园控股有限公司	15308698
108	山西晋城无烟煤矿业集团有限责任公司	15196381
109	腾讯控股有限公司	15193800
110	海亮集团有限公司	15027109
111	铜陵有色金属集团控股有限公司	14955342
112	厦门建发集团有限公司	14711701
113	中国通用技术（集团）控股有限责任公司	14690487
114	新华人寿保险股份有限公司	14617300
115	厦门国贸控股有限公司	14568578
116	新疆广汇实业投资（集团）有限责任公司	14561731
117	万洲国际有限公司	14305682
118	中国有色矿业集团有限公司	14095403
119	兖矿集团有限公司	13978878
120	鞍钢集团公司	13925490
121	首钢总公司	13487099
122	上海建工集团股份有限公司	13365654
123	富德生命人寿保险股份有限公司	13040924
124	三胞集团有限公司	13008768
125	上海东浩兰生国际服务贸易（集团）有限公司	12966972
126	中国太平保险集团有限责任公司	12747978
127	泰康保险集团股份有限公司	12510381
128	陕西有色金属控股集团有限责任公司	12412110

续表

名次	企业名称	营业收入（万元）
129	河南能源化工集团有限公司	12405083
130	厦门象屿集团有限公司	12393844
131	中国平煤神马能源化工集团有限责任公司	12285986
132	天津百利机械装备集团有限公司	12236453
133	黑龙江北大荒农垦集团总公司	12144748
134	上海医药集团股份有限公司	12076466
135	广西投资集团有限公司	11698600
136	中国航空集团公司	11588474
137	中国南方航空集团公司	11545291
138	天津渤海轻工投资集团有限公司	11238989
139	天津渤海化工集团有限责任公司	11203107
140	万向集团公司	11071835
141	珠海格力电器股份有限公司	11011310
142	江苏悦达集团有限公司	10998658
143	中国黄金集团公司	10788422
144	协鑫集团有限公司	10740792
145	TCL集团股份有限公司	10647350
146	四川长虹电子控股集团有限公司	10475541
147	华夏银行股份有限公司	10474600
148	比亚迪股份有限公司	10347000
149	青山控股集团有限公司	10286156
150	山东钢铁集团有限公司	10253696
151	中国东方航空集团公司	10184793
152	山东省商业集团有限公司	10161700
153	中天钢铁集团有限公司	10133575
154	中兴通讯股份有限公司	10123318
155	潍柴控股集团有限公司	10068582
156	海信集团有限公司	10033120

续表

名次	企业名称	营业收入（万元）
157	天津中环电子信息集团有限公司	10008770
158	安徽海螺集团有限责任公司	9865157
159	长城汽车股份有限公司	9861570
160	上海电气（集团）总公司	9780429
161	东岭集团股份有限公司	9640568
162	超威电源有限公司	9565364
163	清华控股有限公司	9563322
164	中国华融资产管理股份有限公司	9520772
165	南山集团有限公司	9361599
166	海澜集团有限公司	9330467
167	天能电池集团有限公司	9296773
168	中国信达资产管理股份有限公司	9165723
169	山东东明石化集团有限公司	8868932
170	盛虹控股集团有限公司	8804037
171	广州医药集团有限公司	8782570
172	浙江省交通投资集团有限公司	8753526
173	武汉商联（集团）股份有限公司	8729074
174	国家开发投资公司	8704528
175	北京银行	8692206
176	浙江荣盛控股集团有限公司	8687536
177	上海均和集团有限公司	8616677
178	山西煤炭进出口集团有限公司	8524164
179	百联集团有限公司	8521505
180	浙江省兴合集团有限责任公司	8508877
181	湖南华菱钢铁集团有限责任公司	8367017
182	阳光保险集团股份有限公司	8262632
183	云南省建设投资控股集团有限公司	8209341
184	北大方正集团有限公司	8200480

续表

名次	企业名称	营业收入（万元）
185	酒泉钢铁（集团）有限责任公司	8131043
186	大冶有色金属集团控股有限公司	8080187
187	广厦控股集团有限公司	8053913
188	本钢集团有限公司	8005209
189	腾邦集团有限公司	7969121
190	西安迈科金属国际集团有限公司	7917063
191	广西建工集团有限责任公司	7906651
192	紫金矿业集团股份有限公司	7885114
193	湖北宜化集团有限责任公司	7809035
194	南通三建控股有限公司	7792830
195	中国中煤能源集团有限公司	7773753
196	徐州工程机械集团有限公司	7711016
197	陕西建工集团有限公司	7610219
198	北京控股集团有限公司	7588018
199	远大物产集团有限公司	7574966
200	浙江恒逸集团有限公司	7520307
201	复星国际有限公司	7396656
202	山东晨鸣纸业集团股份有限公司	7388933
203	山东黄金集团有限公司	7318995
204	北京金隅集团有限责任公司	7294299
205	河北津西钢铁集团股份有限公司	7282800
206	湖南省建筑工程集团总公司	7248377
207	杭州汽轮动力集团有限公司	7190052
208	新华联集团有限公司	7189858
209	中升集团控股有限公司	7159922
210	浪潮集团有限公司	7102513
211	晋能集团有限公司	7101355
212	太原钢铁（集团）有限公司	7060767

续表

名次	企业名称	营业收入（万元）
213	百度网络技术有限公司	7054936
214	四川省宜宾五粮液集团有限公司	7030824
215	杭州钢铁集团公司	7019038
216	河北新华联合冶金控股集团有限公司	7007209
217	中国重型汽车集团有限公司	7002988
218	中国林业集团公司	6984539
219	云南省投资控股集团有限公司	6983106
220	京东方科技集团股份有限公司	6889566
221	新希望集团有限公司	6855885
222	中天控股集团有限公司	6754313
223	华泰集团有限公司	6670596
224	浙江省能源集团有限公司	6621714
225	庞大汽贸集团股份有限公司	6600940
226	中国广核集团有限公司	6579221
227	江铃汽车集团公司	6533798
228	山东大海集团有限公司	6526700
229	银亿集团有限公司	6525061
230	中融新大集团有限公司	6511716
231	中国国际技术智力合作公司	6464173
232	无锡产业发展集团有限公司	6435255
233	万达控股集团有限公司	6423524
234	三一集团有限公司	6375794
235	科创控股集团有限公司	6367282
236	中南控股集团有限公司	6325180
237	深圳市大生农业集团有限公司	6252486
238	正邦集团有限公司	6201286
239	云天化集团有限责任公司	6198203
240	九州通医药集团股份有限公司	6155684

续表

名次	企业名称	营业收入（万元）
241	北京建龙重工集团有限公司	6133018
242	奥克斯集团有限公司	6123523
243	利华益集团股份有限公司	6111605
244	上海华谊（集团）公司	6106332
245	唐山瑞丰钢铁（集团）有限公司	6105549
246	内蒙古伊利实业集团股份有限公司	6060922
247	天津一商集团有限公司	6059571
248	中国旅游集团公司	6036399
249	北京城建集团有限责任公司	6020951
250	云南省能源投资集团有限公司	6010634
251	宁夏天元锰业有限公司	6001122
252	内蒙古电力（集团）有限责任公司	5984402
253	淮南矿业（集团）有限责任公司	5976487
254	杭州锦江集团有限公司	5938616
255	广东温氏食品集团股份有限公司	5935524
256	世茂房地产控股有限公司	5928600
257	山东高速集团有限公司	5893622
258	河北敬业集团	5866736
259	北京能源集团有限责任公司	5865078
260	亨通集团有限公司	5863268
261	深圳市怡亚通供应链股份有限公司	5829050
262	江阴澄星实业集团有限公司	5814481
263	天津荣程祥泰投资控股集团有限公司	5800017
264	浙江省建设投资集团股份有限公司	5765646
265	深圳顺丰泰森控股（集团）有限公司	5748270
266	甘肃省公路航空旅游投资集团有限公司	5716848
267	广东省广新控股集团有限公司	5709640
268	上海城建（集团）公司	5659489

名次	企业名称	营业收入（万元）
269	雅戈尔集团股份有限公司	5633399
270	通威集团有限公司	5617826
271	白银有色集团股份有限公司	5594960
272	金地（集团）股份有限公司	5550850
273	龙湖地产有限公司	5479950
274	马钢（集团）控股有限公司	5441197
275	华侨城集团公司	5425604
276	上海纺织（集团）有限公司	5418217
277	华夏幸福基业股份有限公司	5382059
278	广州富力地产股份有限公司	5373034
279	唯品会（中国）有限公司	5371226
280	安徽江淮汽车集团控股有限公司	5316976
281	山东京博控股股份有限公司	5310336
282	中国化学工程股份有限公司	5307460
283	盾安控股集团有限公司	5256893
284	红豆集团有限公司	5252176
285	深圳市飞马国际供应链股份有限公司	5216286
286	河北省物流产业集团有限公司	5200034
287	济宁如意投资有限公司	5192988
288	淮北矿业（集团）有限责任公司	5144403
289	中国国际海运集装箱（集团）股份有限公司	5111165
290	正泰集团股份有限公司	5104068
291	天津泰达投资控股有限公司	5103810
292	徐州矿务集团有限公司	5094059
293	冀南钢铁集团有限公司	5086746
294	卓尔控股有限公司	5086427
295	山东海科化工集团有限公司	5083216
296	江苏南通二建集团有限公司	5073125

续表

名次	企业名称	营业收入（万元）
297	青建集团股份公司	5072174
298	北京外企服务集团有限责任公司	5063212
299	稻花香集团	5056186
300	甘肃省建设投资（控股）集团总公司	5039887
301	四川华西集团有限公司	5033311
302	中联重科股份有限公司	5026920
303	南京钢铁集团有限公司	5019681
304	新疆特变电工集团有限公司	5011487
305	山东招金集团有限公司	4964211
306	永辉超市股份有限公司	4923165
307	江苏三房巷集团有限公司	4887241
308	昆明钢铁控股有限公司	4841481
309	深圳市爱施德股份有限公司	4833328
310	上海永达控股（集团）有限公司	4824173
311	北京住总集团有限责任公司	4821560
312	重庆商社（集团）有限公司	4778171
313	广西柳州钢铁集团有限公司	4777764
314	亚邦投资控股集团有限公司	4736603
315	南通四建集团有限公司	4722598
316	云南锡业集团（控股）有限责任公司	4716186
317	江苏省苏中建设集团股份有限公司	4698991
318	宝塔石化集团有限公司	4697635
319	广东省广晟资产经营有限公司	4672889
320	广州轻工工贸集团有限公司	4668362
321	雅居乐地产控股有限公司	4667887
322	德力西集团有限公司	4661352
323	重庆市金科投资控股（集团）有限责任公司	4658845
324	江苏华西集团有限公司	4621086

续表

名次	企业名称	营业收入（万元）
325	山东科达集团有限公司	4602958
326	江苏国泰国际集团有限公司	4601358
327	杭州娃哈哈集团有限公司	4559165
328	宁波金田投资控股有限公司	4503056
329	重庆龙湖企业拓展有限公司	4477704
330	广东省广物控股集团有限公司	4461237
331	渤海银行股份有限公司	4450188
332	玖隆钢铁物流有限公司	4429147
333	山东太阳控股集团有限公司	4417759
334	中国贵州茅台酒厂（集团）有限责任公司	4389956
335	前海人寿保险股份有限公司	4367512
336	北京首都旅游集团有限责任公司	4366100
337	重庆建工投资控股有限责任公司	4359414
338	中国恒天集团有限公司	4345555
339	广东省交通集团有限公司	4327330
340	四川省川威集团有限公司	4242071
341	上海仪电（集团）有限公司	4220131
342	百丽国际控股有限公司	4170650
343	合肥百货大楼集团股份有限公司	4170000
344	中国核工业建设股份有限公司	4150850
345	广州市建筑集团有限公司	4134258
346	上海钢联电子商务股份有限公司	4127899
347	双胞胎（集团）股份有限公司	4127454
348	内蒙古伊泰集团有限公司	4115263
349	北京建工集团有限责任公司	4079153
350	神州数码集团股份有限公司	4053112
351	四川宏达（集团）有限公司	4022311
352	四川科伦实业集团有限公司	4017468

续表

名次	企业名称	营业收入（万元）
353	重庆化医控股（集团）公司	4013423
354	广东省粤电集团有限公司	4003371
355	浙江中成控股集团有限公司	3989194
356	武汉金融控股（集团）有限公司	3984792
357	日照钢铁控股集团有限公司	3933027
358	深圳光汇石油集团股份有限公司	3923023
359	天津纺织集团（控股）有限公司	3921058
360	嘉晨集团有限公司	3918000
361	盛京银行股份有限公司	3915974
362	浙江桐昆控股集团有限公司	3913421
363	隆鑫控股有限公司	3912830
364	长春欧亚集团股份有限公司	3908359
365	华勤橡胶工业集团有限公司	3892165
366	河北建设集团股份有限公司	3883456
367	四川蓝润实业集团有限公司	3868581
368	中华联合保险控股股份有限公司	3854574
369	安徽建工集团有限公司	3831366
370	江苏南通六建建设集团有限公司	3821692
371	包头钢铁（集团）有限责任公司	3810735
372	杉杉控股有限公司	3806650
373	北京首都创业集团有限公司	3803068
374	福佳集团有限公司	3800989
375	人民电器集团有限公司	3796752
376	重庆力帆控股有限公司	3788098
377	太极集团有限公司	3787662
378	重庆市能源投资集团有限公司	3777731
379	郑州宇通集团有限公司	3768502
380	浙江前程投资股份有限公司	3740500

续表

名次	企业名称	营业收入（万元）
381	安阳钢铁集团有限责任公司	3729747
382	山东金诚石化集团有限公司	3713878
383	东营鲁方金属材料有限公司	3711216
384	中国东方电气集团有限公司	3703684
385	福建省能源集团有限责任公司	3698045
386	山东金岭集团有限公司	3689740
387	陕西汽车控股集团有限公司	3681227
388	蓝思科技股份有限公司	3678231
389	山东胜通集团股份有限公司	3673659
390	江西省建工集团有限责任公司	3657856
391	江苏阳光集团有限公司	3650624
392	广西北部湾国际港务集团有限公司	3646273
393	吉林亚泰（集团）股份有限公司	3620366
394	弘阳集团有限公司	3594460
395	山东玉皇化工有限公司	3572264
396	三河汇福粮油集团有限公司	3568714
397	山东时风（集团）有限责任公司	3557631
398	西部矿业集团有限公司	3555080
399	浙江省国际贸易集团有限公司	3549060
400	武安市明芳钢铁有限公司	3536800
401	河北普阳钢铁有限公司	3535037
402	深圳创维-RGB电子有限公司	3531884
403	北京江南投资集团有限公司	3530568
404	重庆农村商业银行股份有限公司	3524429
405	山西建筑工程（集团）总公司	3509212
406	天瑞集团股份有限公司	3500265
407	老凤祥股份有限公司	3496378
408	天津市医药集团有限公司	3486658

续表

名次	企业名称	营业收入（万元）
409	云南冶金集团股份有限公司	3485323
410	四川省交通投资集团有限责任公司	3465383
411	中天科技集团有限公司	3450692
412	申能（集团）有限公司	3440452
413	旭阳控股有限公司	3426205
414	广州越秀集团有限公司	3412214
415	新奥能源控股有限公司	3410300
416	西王集团有限公司	3402859
417	四川省能源投资集团有限责任公司	3389513
418	威高集团有限公司	3361631
419	四川德胜集团钒钛有限公司	3356070
420	天狮集团有限公司	3354195
421	天音通信有限公司	3349888
422	安徽新华发行（集团）控股有限公司	3337697
423	石家庄北国人百集团有限责任公司	3329494
424	河北新金钢铁有限公司	3322398
425	哈尔滨电气集团公司	3319688
426	传化集团有限公司	3304487
427	晶龙实业集团有限公司	3302668
428	山东渤海实业股份有限公司	3298192
429	奇瑞汽车股份有限公司	3296370
430	湖南博长控股集团有限公司	3293320
431	常州天合光能有限公司	3291603
432	杭州华东医药集团有限公司	3276899
433	远东控股集团有限公司	3272223
434	江苏新长江实业集团有限公司	3272177
435	富海集团有限公司	3254717
436	唐山港陆钢铁有限公司	3251190

续表

名次	企业名称	营业收入（万元）
437	维维集团股份有限公司	3250593
438	浙江昆仑控股集团有限公司	3237182
439	东营方圆有色金属有限公司	3222246
440	研祥高科技控股集团有限公司	3220692
441	广东省建筑工程集团有限公司	3220070
442	北京首都开发控股（集团）有限公司	3216580
443	浙江宝业建设集团有限公司	3216547
444	河南豫联能源集团有限责任公司	3214676
445	步步高投资集团股份有限公司	3214532
446	珠海华发集团有限公司	3213733
447	山河建设集团有限公司	3210730
448	江苏汇鸿国际集团股份有限公司	3198322
449	天元建设集团有限公司	3175732
450	安徽国贸集团控股有限公司	3168778
451	大汉控股集团有限公司	3152077
452	精功集团有限公司	3151099
453	沂州集团有限公司	3150593
454	恒丰银行股份有限公司	3138489
455	广西玉柴机器集团有限公司	3137203
456	上海国际港务（集团）股份有限公司	3135918
457	上海找钢网信息科技股份有限公司	3135403
458	天津能源投资集团有限公司	3129782
459	法尔胜泓昇集团有限公司	3127327
460	宁波富邦控股集团有限公司	3126715
461	江苏华宏实业集团有限公司	3126550
462	武安市文安钢铁有限公司	3125288
463	新余钢铁集团有限公司	3118939
464	华芳集团有限公司	3118321

续表

名次	企业名称	营业收入（万元）
465	中基宁波集团股份有限公司	3113666
466	金浦投资控股集团有限公司	3108086
467	北京市政路桥集团有限公司	3107149
468	天津友发钢管集团股份有限公司	3101112
469	武安市裕华钢铁有限公司	3096007
470	金澳科技（湖北）化工有限公司	3094425
471	河南森源集团有限公司	3078635
472	通鼎集团有限公司	3063395
473	洪业化工集团股份有限公司	3061252
474	波司登股份有限公司	3057110
475	中科电力装备集团有限公司	3056449
476	重庆机电控股（集团）公司	3052260
477	双良集团有限公司	3034234
478	华仪集团有限公司	3028480
479	北京二商集团有限责任公司	3024847
480	卧龙控股集团有限公司	3024640
481	宜昌兴发集团有限责任公司	3023534
482	河北建工集团有限责任公司	3015566
483	山东创新金属科技有限公司	3008543
484	四川公路桥梁建设集团有限公司	2988629
485	福建省三钢（集团）有限责任公司	2984761
486	中运富通控股集团有限公司	2965577
487	广州万宝集团有限公司	2964384
488	安徽省皖北煤电集团有限责任公司	2961865
489	世纪金源投资集团有限公司	2961734
490	河南豫光金铅集团有限责任公司	2953921
491	万通海欣控股股份有限公司	2936853
492	金东纸业（江苏）股份有限公司	2902996

续表

名次	企业名称	营业收入（万元）
493	重庆轻纺控股（集团）公司	2886586
494	珠海振戎公司	2886116
495	澳洋集团有限公司	2881541
496	龙信建设集团有限公司	2865984
497	安徽省交通控股集团有限公司	2860083
498	广西盛隆冶金有限公司	2859460
499	上海农村商业银行股份有限公司	2843186
500	通州建总集团有限公司	2831050

第二节 2017中国制造业企业500强排行榜

名次	企业名称	营业收入（万元）
1	中国石油化工集团公司	196921982
2	上海汽车集团股份有限公司	75641617
3	东风汽车公司	57261266
4	华为投资控股有限公司	52157400
5	中国兵器装备集团公司	47267719
6	中国五矿集团公司	43545005
7	中国第一汽车集团公司	43038158
8	中国兵器工业集团公司	40740610
9	北京汽车集团有限公司	40610384
10	山东魏桥创业集团有限公司	37318332
11	中国航空工业集团公司	37119722
12	正威国际集团有限公司	33001920
13	中国宝武钢铁集团有限公司	30962102
14	联想控股股份有限公司	30695285
15	中国化工集团公司	30012718

续表

名次	企业名称	营业收入（万元）
16	河钢集团有限公司	29077196
17	中国船舶重工集团公司	28001147
18	广州汽车工业集团有限公司	27609981
19	中国铝业公司	26758014
20	中国建材集团有限公司	26123339
21	恒力集团有限公司	25164763
22	中国中车股份有限公司	22972215
23	新兴际华集团有限公司	22038469
24	中国航天科技集团公司	21321012
25	江西铜业集团公司	21045947
26	浙江吉利控股集团有限公司	20879870
27	中国航天科工集团公司	20316614
28	海尔集团公司	20160868
29	中国电子信息产业集团有限公司	19936460
30	中国船舶工业集团公司	19848192
31	江苏沙钢集团有限公司	19838486
32	金川集团股份有限公司	19313227
33	中国电子科技集团公司	18130792
34	华晨汽车集团控股有限公司	17273211
35	美的集团股份有限公司	15984170
36	光明食品（集团）有限公司	15585452
37	海亮集团有限公司	15027109
38	铜陵有色金属集团控股有限公司	14955342
39	万洲国际有限公司	14305682
40	中国有色矿业集团有限公司	14095403
41	鞍钢集团公司	13925490
42	首钢总公司	13487099
43	陕西有色金属控股集团有限责任公司	12412110

续表

名次	企业名称	营业收入（万元）
44	天津百利机械装备集团有限公司	12236453
45	上海医药集团股份有限公司	12076466
46	天津渤海轻工投资集团有限公司	11238989
47	天津渤海化工集团有限责任公司	11203107
48	万向集团公司	11071835
49	珠海格力电器股份有限公司	11011310
50	江苏悦达集团有限公司	10998658
51	中国黄金集团公司	10788422
52	协鑫集团有限公司	10740792
53	TCL集团股份有限公司	10647350
54	四川长虹电子控股集团有限公司	10475541
55	比亚迪股份有限公司	10347000
56	青山控股集团有限公司	10286156
57	山东钢铁集团有限公司	10253696
58	中天钢铁集团有限公司	10133575
59	中兴通讯股份有限公司	10123318
60	潍柴控股集团有限公司	10068582
61	海信集团有限公司	10033120
62	天津中环电子信息集团有限公司	10008770
63	安徽海螺集团有限责任公司	9865157
64	长城汽车股份有限公司	9861570
65	上海电气（集团）总公司	9780429
66	东岭集团股份有限公司	9640568
67	超威电源有限公司	9565364
68	南山集团有限公司	9361599
69	海澜集团有限公司	9330467
70	天能电池集团有限公司	9296773
71	山东东明石化集团有限公司	8868932

续表

名次	企业名称	营业收入（万元）
72	盛虹控股集团有限公司	8804037
73	广州医药集团有限公司	8782570
74	浙江荣盛控股集团有限公司	8687536
75	湖南华菱钢铁集团有限责任公司	8367017
76	酒泉钢铁（集团）有限责任公司	8131043
77	大冶有色金属集团控股有限公司	8080187
78	本钢集团有限公司	8005209
79	紫金矿业集团股份有限公司	7885114
80	湖北宜化集团有限责任公司	7809035
81	徐州工程机械集团有限公司	7711016
82	浙江恒逸集团有限公司	7520307
83	复星国际有限公司	7396656
84	山东晨鸣纸业集团股份有限公司	7388933
85	山东黄金集团有限公司	7318995
86	北京金隅集团有限责任公司	7294299
87	河北津西钢铁集团股份有限公司	7282800
88	杭州汽轮动力集团有限公司	7190052
89	新华联集团有限公司	7189858
90	太原钢铁（集团）有限公司	7060767
91	四川省宜宾五粮液集团有限公司	7030824
92	杭州钢铁集团公司	7019038
93	河北新华联合冶金控股集团有限公司	7007209
94	中国重型汽车集团有限公司	7002988
95	京东方科技集团股份有限公司	6889566
96	新希望集团有限公司	6855885
97	华泰集团有限公司	6670596
98	江铃汽车集团公司	6533798
99	山东大海集团有限公司	6526700

续表

名次	企业名称	营业收入（万元）
100	中融新大集团有限公司	6511716
101	无锡产业发展集团有限公司	6435255
102	万达控股集团有限公司	6423524
103	三一集团有限公司	6375794
104	科创控股集团有限公司	6367282
105	正邦集团有限公司	6201286
106	云天化集团有限责任公司	6198203
107	北京建龙重工集团有限公司	6133018
108	奥克斯集团有限公司	6123523
109	利华益集团股份有限公司	6111605
110	上海华谊（集团）公司	6106332
111	唐山瑞丰钢铁（集团）有限公司	6105549
112	内蒙古伊利实业集团股份有限公司	6060922
113	宁夏天元锰业有限公司	6001122
114	杭州锦江集团有限公司	5938616
115	广东温氏食品集团股份有限公司	5935524
116	河北敬业集团	5866736
117	亨通集团有限公司	5863268
118	江阴澄星实业集团有限公司	5814481
119	天津荣程祥泰投资控股集团有限公司	5800017
120	雅戈尔集团股份有限公司	5633399
121	通威集团有限公司	5617826
122	白银有色集团股份有限公司	5594960
123	马钢（集团）控股有限公司	5441197
124	安徽江淮汽车集团控股有限公司	5316976
125	山东京博控股股份有限公司	5310336
126	盾安控股集团有限公司	5256893
127	红豆集团有限公司	5252176

续表

名次	企业名称	营业收入（万元）
128	济宁如意投资有限公司	5192988
129	中国国际海运集装箱（集团）股份有限公司	5111165
130	正泰集团股份有限公司	5104068
131	冀南钢铁集团有限公司	5086746
132	山东海科化工集团有限公司	5083216
133	稻花香集团	5056186
134	中联重科股份有限公司	5026920
135	南京钢铁集团有限公司	5019681
136	新疆特变电工集团有限公司	5011487
137	山东招金集团有限公司	4964211
138	江苏三房巷集团有限公司	4887241
139	昆明钢铁控股有限公司	4841481
140	广西柳州钢铁集团有限公司	4777764
141	亚邦投资控股集团有限公司	4736603
142	云南锡业集团（控股）有限责任公司	4716186
143	宝塔石化集团有限公司	4697635
144	德力西集团有限公司	4661352
145	江苏华西集团有限公司	4621086
146	杭州娃哈哈集团有限公司	4559165
147	宁波金田投资控股有限公司	4503056
148	山东太阳控股集团有限公司	4417759
149	中国贵州茅台酒厂（集团）有限责任公司	4389956
150	中国恒天集团有限公司	4345555
151	四川省川威集团有限公司	4242071
152	上海仪电（集团）有限公司	4220131
153	百丽国际控股有限公司	4170650
154	双胞胎（集团）股份有限公司	4127454
155	四川科伦实业集团有限公司	4017468

续表

名次	企业名称	营业收入（万元）
156	重庆化医控股（集团）公司	4013423
157	日照钢铁控股集团有限公司	3933027
158	深圳光汇石油集团股份有限公司	3923023
159	天津纺织集团（控股）有限公司	3921058
160	嘉晨集团有限公司	3918000
161	浙江桐昆控股集团有限公司	3913421
162	隆鑫控股有限公司	3912830
163	华勤橡胶工业集团有限公司	3892165
164	包头钢铁（集团）有限责任公司	3810735
165	杉杉控股有限公司	3806650
166	人民电器集团有限公司	3796752
167	重庆力帆控股有限公司	3788098
168	太极集团有限公司	3787662
169	郑州宇通集团有限公司	3768502
170	安阳钢铁集团有限责任公司	3729747
171	山东金诚石化集团有限公司	3713878
172	东营鲁方金属材料有限公司	3711216
173	中国东方电气集团有限公司	3703684
174	山东金岭集团有限公司	3689740
175	陕西汽车控股集团有限公司	3681227
176	蓝思科技股份有限公司	3678231
177	山东胜通集团股份有限公司	3673659
178	江苏阳光集团有限公司	3650624
179	吉林亚泰（集团）股份有限公司	3620366
180	山东玉皇化工有限公司	3572264
181	三河汇福粮油集团有限公司	3568714
182	山东时风（集团）有限责任公司	3557631
183	西部矿业集团有限公司	3555080

续表

名次	企业名称	营业收入（万元）
184	武安市明芳钢铁有限公司	3536800
185	河北普阳钢铁有限公司	3535037
186	深圳创维-RGB电子有限公司	3531884
187	天瑞集团股份有限公司	3500265
188	老凤祥股份有限公司	3496378
189	天津市医药集团有限公司	3486658
190	云南冶金集团股份有限公司	3485323
191	中天科技集团有限公司	3450692
192	旭阳控股有限公司	3426205
193	西王集团有限公司	3402859
194	威高集团有限公司	3361631
195	四川德胜集团钒钛有限公司	3356070
196	天狮集团有限公司	3354195
197	河北新金钢铁有限公司	3322398
198	哈尔滨电气集团公司	3319688
199	传化集团有限公司	3304487
200	晶龙实业集团有限公司	3302668
201	山东渤海实业股份有限公司	3298192
202	奇瑞汽车股份有限公司	3296370
203	湖南博长控股集团有限公司	3293320
204	常州天合光能有限公司	3291603
205	杭州华东医药集团有限公司	3276899
206	远东控股集团有限公司	3272223
207	江苏新长江实业集团有限公司	3272177
208	富海集团有限公司	3254717
209	唐山港陆钢铁有限公司	3251190
210	维维集团股份有限公司	3250593
211	东营方圆有色金属有限公司	3222246

名次	企业名称	营业收入（万元）
212	研祥高科技控股集团有限公司	3220692
213	河南豫联能源集团有限责任公司	3214676
214	精功集团有限公司	3151099
215	沂州集团有限公司	3150593
216	广西玉柴机器集团有限公司	3137203
217	法尔胜泓昇集团有限公司	3127327
218	宁波富邦控股集团有限公司	3126715
219	江苏华宏实业集团有限公司	3126550
220	武安市文安钢铁有限公司	3125288
221	新余钢铁集团有限公司	3118939
222	华芳集团有限公司	3118321
223	金浦投资控股集团有限公司	3108086
224	天津友发钢管集团股份有限公司	3101112
225	武安市裕华钢铁有限公司	3096007
226	金澳科技（湖北）化工有限公司	3094425
227	河南森源集团有限公司	3078635
228	洪业化工集团股份有限公司	3061252
229	波司登股份有限公司	3057110
230	中科电力装备集团有限公司	3056449
231	重庆机电控股（集团）公司	3052260
232	双良集团有限公司	3034234
233	华仪集团有限公司	3028480
234	北京二商集团有限责任公司	3024847
235	卧龙控股集团有限公司	3024640
236	宜昌兴发集团有限责任公司	3023534
237	山东创新金属科技有限公司	3008543
238	福建省三钢（集团）有限责任公司	2984761
239	广州万宝集团有限公司	2964384

续表

名次	企业名称	营业收入（万元）
240	河南豫光金铅集团有限责任公司	2953921
241	万通海欣控股股份有限公司	2936853
242	金东纸业（江苏）股份有限公司	2902996
243	重庆轻纺控股（集团）公司	2886586
244	澳洋集团有限公司	2881541
245	广西盛隆冶金有限公司	2859460
246	凌源钢铁集团有限责任公司	2823918
247	富通集团有限公司	2806686
248	永锋集团有限公司	2800149
249	山东泰山钢铁集团有限公司	2744965
250	新疆中泰（集团）有限责任公司	2739692
251	广东海大集团股份有限公司	2718531
252	江苏扬子江船业集团公司	2687254
253	深圳欧菲光科技股份有限公司	2674642
254	东辰控股集团有限公司	2661065
255	新疆金风科技股份有限公司	2639583
256	万基控股集团有限公司	2617687
257	青岛啤酒股份有限公司	2610634
258	天士力控股集团有限公司	2601664
259	万丰奥特控股集团有限公司	2581805
260	武汉邮电科学研究院	2575409
261	红狮控股集团有限公司	2563750
262	新疆天业（集团）有限公司	2561082
263	巨化集团公司	2524622
264	香驰控股有限公司	2512189
265	浙江富冶集团有限公司	2493021
266	江苏三木集团有限公司	2452757
267	滨化集团公司	2441289

续表

名次	企业名称	营业收入（万元）
268	苏州创元投资发展（集团）有限公司	2417853
269	河北诚信有限责任公司	2401586
270	广西农垦集团有限责任公司	2366418
271	山东清源集团有限公司	2365892
272	山东汇丰石化集团有限公司	2345983
273	泸州老窖集团有限责任公司	2327321
274	天津食品集团有限公司	2323756
275	石药控股集团有限公司	2323049
276	山东垦利石化集团有限公司	2322381
277	山东鲁花集团有限公司	2310185
278	森马集团有限公司	2301896
279	江西萍钢实业股份有限公司	2295716
280	华峰集团有限公司	2293739
281	纳爱斯集团有限公司	2273322
282	宜华企业（集团）有限公司	2263630
283	云南白药集团股份有限公司	2241065
284	晶科能源控股有限公司	2235000
285	升华集团控股有限公司	2222589
286	北京顺鑫控股集团有限公司	2211422
287	厦门金龙汽车集团股份有限公司	2182796
288	江苏新华发集团有限公司	2181139
289	浙江龙盛控股有限公司	2168761
290	康美药业股份有限公司	2164232
291	维科控股集团股份有限公司	2141443
292	山东寿光鲁清石化有限公司	2123241
293	广东格兰仕集团有限公司	2119679
294	河北兴华钢铁有限公司	2113749
295	东旭集团有限公司	2108986

续表

名次	企业名称	营业收入（万元）
296	四川九洲电器集团有限责任公司	2101935
297	中策橡胶集团有限公司	2078128
298	正和集团股份有限公司	2065221
299	江苏大明金属制品有限公司	2055225
300	山东博汇集团有限公司	2028155
301	广州钢铁企业集团有限公司	2012144
302	广西汽车集团有限公司	2012022
303	烟台恒邦集团有限公司	1982655
304	三环集团有限公司	1940223
305	四川省宜宾普什集团有限公司	1925415
306	江苏新潮科技集团有限公司	1923671
307	三花控股集团有限公司	1920315
308	广州立白企业集团有限公司	1915306
309	宗申产业集团有限公司	1897603
310	唐山三友集团有限公司	1896859
311	河南神火集团有限公司	1872491
312	宁波均胜电子股份有限公司	1855241
313	福星集团控股有限公司	1849741
314	得力集团有限公司	1849241
315	重庆银翔实业集团有限公司	1821637
316	唐山国丰钢铁有限公司	1820481
317	奥康集团有限公司	1818022
318	花园集团有限公司	1805068
319	金发科技股份有限公司	1799085
320	山东金茂纺织化工集团有限公司	1795827
321	兴达投资集团有限公司	1795205
322	三鼎控股集团有限公司	1775057
323	华立集团股份有限公司	1765535

续表

名次	企业名称	营业收入（万元）
324	美锦能源集团有限公司	1756734
325	巨星控股集团有限公司	1756344
326	山东中海化工集团有限公司	1750532
327	新凤鸣集团股份有限公司	1747699
328	兴惠化纤集团有限公司	1715933
329	重庆小康控股有限公司	1708261
330	浙江东南网架集团有限公司	1671560
331	天津华北集团有限公司	1656892
332	河北冠丰冶金工业有限公司	1654491
333	鲁丽集团有限公司	1652662
334	中国西电集团公司	1645666
335	上海胜华电缆（集团）有限公司	1639480
336	大亚科技集团有限公司	1610856
337	金猴集团有限公司	1606596
338	重庆万达薄板有限公司	1595073
339	诸城外贸有限责任公司	1572054
340	华鲁控股集团有限公司	1554980
341	利时集团股份有限公司	1552607
342	沈阳机床（集团）有限责任公司	1550430
343	红太阳集团有限公司	1546613
344	梦金园黄金珠宝集团有限公司	1518687
345	重庆市博赛矿业（集团）有限公司	1518379
346	浙江富春江通信集团有限公司	1517444
347	宁波申洲针织有限公司	1509908
348	深圳市中金岭南有色金属股份有限公司	1508565
349	齐鲁制药有限公司	1503569
350	广博控股集团有限公司	1492421
351	浙江协和集团有限公司	1490221

续表

名次	企业名称	营业收入（万元）
352	山东淄博傅山企业集团有限公司	1487241
353	山东恒源石油化工股份有限公司	1484967
354	宁波博洋控股集团有限公司	1478811
355	浙江元立金属制品集团有限公司	1476095
356	人本集团有限公司	1461382
357	舜宇集团有限公司	1460016
358	桂林力源粮油食品集团有限公司	1455634
359	哈药集团有限公司	1442964
360	天津恒兴集团有限公司	1438973
361	安徽蓝德集团股份有限公司	1434054
362	山东科瑞控股集团有限公司	1433286
363	江西济民可信集团有限公司	1428196
364	海马汽车集团股份有限公司	1423927
365	天洁集团有限公司	1417519
366	农夫山泉股份有限公司	1413864
367	武安市广耀铸业有限公司	1373476
368	济源市万洋冶炼（集团）有限公司	1370500
369	河北安丰钢铁有限公司	1356652
370	广州无线电集团有限公司	1356320
371	安徽中鼎控股（集团）股份有限公司	1354673
372	华新水泥股份有限公司	1352576
373	铭源控股集团有限公司	1348254
374	江西博能实业集团有限公司	1339198
375	浙江大华技术股份有限公司	1332909
376	山东亨圆铜业有限公司	1283100
377	胜达集团有限公司	1280618
378	万华化学（宁波）有限公司	1268058
379	山东联盟化工集团有限公司	1261169

名次	企业名称	营业收入（万元）
380	杭州诺贝尔集团有限公司	1254158
381	天津市建筑材料集团（控股）有限公司	1253601
382	海天塑机集团有限公司	1241719
383	天津宝迪农业科技股份有限公司	1234125
384	人福医药集团股份公司	1233095
385	振石控股集团有限公司	1230545
386	浙江天圣控股集团有限公司	1228908
387	安徽淮海实业发展集团有限公司	1222634
388	河南金利金铅集团有限公司	1217706
389	安徽山鹰纸业股份有限公司	1213481
390	湘电集团有限公司	1211097
391	天津源泰德润钢管制造集团有限公司	1206247
392	东凌控股有限公司	1201909
393	河南济源钢铁（集团）有限公司	1200643
394	石家庄常山纺织集团有限责任公司	1196166
395	邯郸市正大制管有限公司	1190353
396	辽宁禾丰牧业股份有限公司	1187058
397	河北鑫海化工集团有限公司	1185141
398	辛集市澳森钢铁有限公司	1174123
399	合肥鑫晟光电科技有限公司	1168578
400	致达控股集团有限公司	1157162
401	攀枝花钢城集团有限公司	1154650
402	北京时尚控股有限责任公司	1152882
403	富丽达集团控股有限公司	1140568
404	星星集团有限公司	1130919
405	山东荣信煤化有限责任公司	1123478
406	三角集团有限公司	1122194
407	兴源轮胎集团有限公司	1115533

续表

名次	企业名称	营业收入（万元）
408	大连冰山集团有限公司	1112591
409	河北天柱钢铁集团有限公司	1109113
410	湖北东圣化工集团有限公司	1108115
411	奥盛集团有限公司	1107133
412	玲珑集团有限公司	1105037
413	湖南金龙国际铜业有限公司	1098579
414	得利斯集团有限公司	1096713
415	普联技术有限公司	1094206
416	江苏江润铜业有限公司	1092684
417	广州电气装备集团有限公司	1091906
418	唐人神集团股份有限公司	1088414
419	即发集团有限公司	1051031
420	广西柳工集团有限公司	1043575
421	浙江永利实业集团有限公司	1042442
422	江苏上上电缆集团有限公司	1040388
423	青海盐湖工业股份有限公司	1036413
424	精工控股集团有限公司	1029553
425	华盛江泉集团有限公司	1026215
426	潍坊特钢集团有限公司	1022610
427	龙大食品集团有限公司	1021239
428	北方重工集团有限公司	1012106
429	广西洋浦南华糖业集团股份有限公司	1011938
430	兰州兰石集团有限公司	1010376
431	卫华集团有限公司	1008697
432	庆铃汽车（集团）有限公司	1002388
433	江苏西城三联控股集团有限公司	990112
434	中国四联仪器仪表集团有限公司	989223
435	山东胜利明珠集团有限公司	988250

续表

名次	企业名称	营业收入（万元）
436	浙江海正药业股份有限公司	973342
437	中国庆华能源集团有限公司	965338
438	杭州金鱼电器集团有限公司	956485
439	浙江古纤道新材料股份有限公司	940831
440	浙江富陵控股集团有限公司	923996
441	浙江栋梁新材股份有限公司	918347
442	澳柯玛股份有限公司	916055
443	江南集团有限公司	911123
444	金海重工股份有限公司	908030
445	江苏海达科技集团有限公司	903751
446	沈阳远大企业集团	883121
447	江苏倪家巷集团有限公司	881650
448	长丰集团有限责任公司	877820
449	重庆钢铁（集团）有限责任公司	876546
450	江苏隆力奇集团有限公司	872983
451	波鸿集团有限公司	870009
452	中国华录集团有限公司	869359
453	江阴模塑集团有限公司	861839
454	景德镇市焦化工业集团有限责任公司	857991
455	天津市静海县宝来工贸有限公司	856491
456	北京君诚实业投资集团有限公司	849430
457	秦皇岛宏兴钢铁有限公司	849147
458	湖南安石企业（集团）有限公司	847383
459	杭州东华链条集团有限公司	845499
460	泰富重装集团有限公司	840921
461	劲牌有限公司	836547
462	上海紫江企业集团股份有限公司	835601
463	湖北新洋丰肥业股份有限公司	827634

续表

名次	企业名称	营业收入（万元）
464	广州视源电子科技股份有限公司	823794
465	广东新明珠陶瓷集团有限公司	818425
466	唐山东华钢铁企业集团有限公司	815527
467	广西贵港钢铁集团有限公司	814227
468	铜陵精达铜材（集团）有限责任公司	814013
469	罗蒙集团股份有限公司	812868
470	深圳市特发集团有限公司	812746
471	青岛九联集团股份有限公司	811706
472	长飞光纤光缆股份有限公司	810231
473	煌上煌集团有限公司	806583
474	山西建邦集团有限公司	803694
475	宁波方太厨具有限公司	797994
476	安徽楚江投资集团有限公司	792109
477	新和成控股集团有限公司	791424
478	郴州市金贵银业股份有限公司	785230
479	厦门银鹭集团有限公司	780982
480	山东宜坤集团有限公司	776416
481	深圳市天珑移动技术有限公司	771809
482	浙江航民实业集团有限公司	770679
483	开氏集团有限公司	765210
484	浙江中财管道科技股份有限公司	759649
485	山东鲁北企业集团总公司	750113
486	安徽古井集团有限责任公司	748585
487	西宁特殊钢集团有限责任公司	739541
488	宏胜饮料集团有限公司	732490
489	邢台钢铁有限责任公司	720495
490	智慧海派科技有限公司	706498
491	恒威集团有限公司	705749

续表

名次	企业名称	营业收入（万元）
492	安徽环新集团有限公司	704347
493	沈阳鼓风机集团股份有限公司	703249
494	深圳市宝德投资控股有限公司	702353
495	东方日升新能源股份有限公司	701675
496	安徽天康（集团）股份有限公司	700685
497	四川省达州钢铁集团有限责任公司	700083
498	长沙新振升集团有限公司	699674
499	上海置信电气股份有限公司	698711
500	博威集团有限公司	691045

第三节 2017中国服务业企业500强排行榜

名次	企业名称	营业收入（亿元）
1	国家电网公司	209397168
2	中国工商银行股份有限公司	101526600
3	中国建设银行股份有限公司	84805200
4	中国农业银行股份有限公司	77909800
5	中国平安保险（集团）股份有限公司	77448800
6	中国银行股份有限公司	75540200
7	中国移动通信集团公司	71161106
8	中国人寿保险（集团）公司	69634318
9	国家开发银行股份有限公司	58875467
10	华润（集团）有限公司	50340782
11	中国南方电网有限责任公司	47328148
12	中国人民保险集团股份有限公司	44332300
13	中国邮政集团公司	43583636
14	天津物产集团有限公司	42068435

续表

名次	企业名称	营业收入（亿元）
15	中国电信集团公司	41445834
16	安邦保险股份有限公司	41397026
17	苏宁控股集团有限公司	41295073
18	中粮集团有限公司	40700647
19	中国中化集团公司	39549504
20	海航集团有限公司	35233153
21	交通银行股份有限公司	35119183
22	中国中信集团有限公司	35111397
23	中国医药集团总公司	31728070
24	招商银行股份有限公司	29756000
25	中国华信能源有限公司	29094988
26	兴业银行股份有限公司	28515000
27	中国联合网络通信集团有限公司	27573518
28	上海浦东发展银行股份有限公司	27003000
29	中国民生银行股份有限公司	26845000
30	中国太平洋保险（集团）股份有限公司	26701400
31	北京京东世纪贸易有限公司	26012165
32	绿地控股集团股份有限公司	24716022
33	大商集团有限公司	23525202
34	万科企业股份有限公司	22891600
35	中国光大集团股份有限公司	21564600
36	中国机械工业集团有限公司	21416120
37	恒大集团有限公司	21144400
38	中国保利集团公司	20932035
39	物产中大集团股份有限公司	20689887
40	中国远洋海运集团有限公司	19759362
41	大连万达集团股份有限公司	18922100
42	国美电器有限公司	18243000

续表

名次	企业名称	营业收入（亿元）
43	中国航空油料集团公司	16334734
44	阿里巴巴集团控股有限公司	15827300
45	阳光金融控股投资集团有限公司	15716144
46	雪松控股集团有限公司	15701937
47	碧桂园控股有限公司	15308698
48	腾讯控股有限公司	15193800
49	厦门建发集团有限公司	14711701
50	中国通用技术（集团）控股有限责任公司	14690487
51	新华人寿保险股份有限公司	14617300
52	厦门国贸控股有限公司	14568578
53	新疆广汇实业投资（集团）有限责任公司	14561731
54	富德生命人寿保险股份有限公司	13040924
55	三胞集团有限公司	13008768
56	上海东浩兰生国际服务贸易（集团）有限公司	12966972
57	中国太平保险集团有限责任公司	12747978
58	泰康保险集团股份有限公司	12510381
59	厦门象屿集团有限公司	12393844
60	广西投资集团有限公司	11698600
61	中国航空集团公司	11588474
62	中国南方航空集团公司	11545291
63	华夏银行股份有限公司	10474600
64	中国东方航空集团公司	10184793
65	山东省商业集团有限公司	10161700
66	清华控股有限公司	9563322
67	中国华融资产管理股份有限公司	9520772
68	中国信达资产管理股份有限公司	9165723
69	浙江省交通投资集团有限公司	8753526
70	武汉商联（集团）股份有限公司	8729074

续表

名次	企业名称	营业收入（亿元）
71	国家开发投资公司	8704528
72	北京银行	8692206
73	上海均和集团有限公司	8616677
74	山西煤炭进出口集团有限公司	8524164
75	百联集团有限公司	8521505
76	浙江省兴合集团有限责任公司	8508877
77	阳光保险集团股份有限公司	8262632
78	云南省建设投资控股集团有限公司	8209341
79	北大方正集团有限公司	8200480
80	腾邦集团有限公司	7969121
81	西安迈科金属国际集团有限公司	7917063
82	北京控股集团有限公司	7588018
83	远大物产集团有限公司	7574966
84	中升集团控股有限公司	7159922
85	浪潮集团有限公司	7102513
86	晋能集团有限公司	7101355
87	百度网络技术有限公司	7054936
88	云南省投资控股集团有限公司	6983106
89	浙江省能源集团有限公司	6621714
90	庞大汽贸集团股份有限公司	6600940
91	银亿集团有限公司	6525061
92	中国国际技术智力合作公司	6464173
93	九州通医药集团股份有限公司	6155684
94	天津一商集团有限公司	6059571
95	中国旅游集团公司	6036399
96	云南省能源投资集团有限公司	6010634
97	内蒙古电力（集团）有限责任公司	5984402
98	世茂房地产控股有限公司	5928600

续表

名次	企业名称	营业收入（亿元）
99	山东高速集团有限公司	5893622
100	北京能源集团有限责任公司	5865078
101	深圳市怡亚通供应链股份有限公司	5829050
102	深圳顺丰泰森控股（集团）有限公司	5748270
103	甘肃省公路航空旅游投资集团有限公司	5716848
104	广东省广新控股集团有限公司	5709640
105	金地（集团）股份有限公司	5550850
106	龙湖地产有限公司	5479950
107	华侨城集团公司	5425604
108	上海纺织（集团）有限公司	5418217
109	华夏幸福基业股份有限公司	5382059
110	广州富力地产股份有限公司	5373034
111	唯品会（中国）有限公司	5371226
112	深圳市飞马国际供应链股份有限公司	5216286
113	河北省物流产业集团有限公司	5200034
114	天津泰达投资控股有限公司	5103810
115	卓尔控股有限公司	5086427
116	北京外企服务集团有限责任公司	5063212
117	永辉超市股份有限公司	4923165
118	深圳市爱施德股份有限公司	4833328
119	上海永达控股（集团）有限公司	4824173
120	重庆商社（集团）有限公司	4778171
121	广东省广晟资产经营有限公司	4672889
122	广州轻工工贸集团有限公司	4668362
123	雅居乐地产控股有限公司	4667887
124	重庆市金科投资控股（集团）有限责任公司	4658845
125	江苏国泰国际集团有限公司	4601358
126	重庆龙湖企业拓展有限公司	4477704

续表

名次	企业名称	营业收入（亿元）
127	广东省广物控股集团有限公司	4461237
128	渤海银行股份有限公司	4450188
129	玖隆钢铁物流有限公司	4429147
130	前海人寿保险股份有限公司	4367512
131	北京首都旅游集团有限责任公司	4366100
132	广东省交通集团有限公司	4327330
133	合肥百货大楼集团股份有限公司	4170000
134	上海钢联电子商务股份有限公司	4127899
135	神州数码集团股份有限公司	4053112
136	武汉金融控股（集团）有限公司	3984792
137	盛京银行股份有限公司	3915974
138	长春欧亚集团股份有限公司	3908359
139	四川蓝润实业集团有限公司	3868581
140	中华联合保险控股股份有限公司	3854574
141	北京首都创业集团有限公司	3803068
142	福佳集团有限公司	3800989
143	重庆市能源投资集团有限公司	3777731
144	浙江前程投资股份有限公司	3740500
145	福建省能源集团有限责任公司	3698045
146	广西北部湾国际港务集团有限公司	3646273
147	弘阳集团有限公司	3594460
148	浙江省国际贸易集团有限公司	3549060
149	北京江南投资集团有限公司	3530568
150	重庆农村商业银行股份有限公司	3524429
151	四川省交通投资集团有限责任公司	3465383
152	申能（集团）有限公司	3440452
153	广州越秀集团有限公司	3412214
154	新奥能源控股有限公司	3410300

续表

名次	企业名称	营业收入（亿元）
155	四川省能源投资集团有限责任公司	3389513
156	天音通信有限公司	3349888
157	安徽新华发行（集团）控股有限公司	3337697
158	石家庄北国人百集团有限责任公司	3329494
159	北京首都开发控股（集团）有限公司	3216580
160	步步高投资集团股份有限公司	3214532
161	珠海华发集团有限公司	3213733
162	江苏汇鸿国际集团股份有限公司	3198322
163	安徽国贸集团控股有限公司	3168778
164	大汉控股集团有限公司	3152077
165	恒丰银行股份有限公司	3138489
166	上海国际港务（集团）股份有限公司	3135918
167	上海找钢网信息科技股份有限公司	3135403
168	天津能源投资集团有限公司	3129782
169	中基宁波集团股份有限公司	3113666
170	通鼎集团有限公司	3063395
171	中运富通控股集团有限公司	2965577
172	世纪金源投资集团有限公司	2961734
173	珠海振戎公司	2886116
174	安徽省交通控股集团有限公司	2860083
175	上海农村商业银行股份有限公司	2843186
176	北京粮食集团有限责任公司	2814551
177	广州农村商业银行股份有限公司	2810037
178	海通证券股份有限公司	2801167
179	天津港（集团）有限公司	2800426
180	广东省丝绸纺织集团有限公司	2777624
181	深圳市信利康供应链管理有限公司	2774618
182	天津银行股份有限公司	2679614

续表

名次	企业名称	营业收入（亿元）
183	文一投资控股集团	2644813
184	广州国资发展控股有限公司	2578906
185	重庆对外经贸（集团）有限公司	2485947
186	北京农村商业银行股份有限公司	2448036
187	利群集团股份有限公司	2390565
188	上海城投（集团）有限公司	2390457
189	天津房地产集团有限公司	2376753
190	南通化工轻工股份有限公司	2362799
191	上海均瑶（集团）有限公司	2336591
192	国购投资有限公司	2312061
193	广西物资集团有限责任公司	2305778
194	深圳市富森供应链管理有限公司	2290043
195	东方国际（集团）有限公司	2279048
196	广东省广业集团有限公司	2266470
197	兴华财富集团有限公司	2203279
198	乐视网络信息技术（北京）股份有限公司	2198690
199	山西能源交通投资有限公司	2172468
200	浙江省海港投资运营集团有限公司	2157071
201	浙江省商业集团有限公司	2133708
202	南昌市政公用投资控股有限责任公司	2127605
203	广发证券股份有限公司	2071204
204	深圳市年富供应链有限公司	2068890
205	重庆医药（集团）股份有限公司	2048665
206	中国万向控股有限公司	2031032
207	苏州金螳螂企业（集团）有限公司	2031018
208	太平鸟集团有限公司	2017294
209	上海东方明珠新媒体股份有限公司	1944549
210	日照港集团有限公司	1927313

续表

名次	企业名称	营业收入（亿元）
211	深圳华强集团有限公司	1883406
212	大连港集团有限公司	1875810
213	山东远通汽车贸易集团有限公司	1871178
214	四川航空股份有限公司	1868957
215	同程网络科技股份有限公司	1866942
216	银泰商业（集团）有限公司	1850257
217	新华锦集团	1834646
218	安徽出版集团有限责任公司	1816707
219	广东粤合资产经营有限公司	1807545
220	中国江苏国际经济技术合作集团有限公司	1797951
221	四川高速公路建设开发总公司	1791967
222	利泰集团有限公司	1782232
223	上海际大投资控股集团有限公司	1780069
224	万友汽车投资有限公司	1777707
225	安徽安粮控股股份有限公司	1773341
226	淄博商厦股份有限公司	1768669
227	吉林银行股份有限公司	1758973
228	广西交通投资集团有限公司	1757515
229	湖北省交通投资集团有限公司	1729376
230	浙江英特药业有限责任公司	1725638
231	武汉市金马凯旋家具投资有限公司	1723033
232	新疆生产建设兵团棉麻公司	1720623
233	天津亿联投资控股集团有限公司	1716660
234	华南物资集团有限公司	1709903
235	德邦物流股份有限公司	1700094
236	大连金玛商城企业集团有限公司	1684521
237	长沙银行股份有限公司	1684464
238	圆通速递股份有限公司	1681780

续表

名次	企业名称	营业收入（亿元）
239	江苏省苏豪控股集团有限公司	1674336
240	浙江宝利德股份有限公司	1669310
241	广州元亨能源有限公司	1663209
242	青海省投资集团有限公司	1630222
243	红星美凯龙控股集团有限公司	1615535
244	深圳市朗华供应链服务有限公司	1605996
245	安徽辉隆农资集团	1603997
246	上海龙宇燃油股份有限公司	1588240
247	天津住宅建设发展集团有限公司	1570635
248	青岛世纪瑞丰集团有限公司	1568242
249	广东粤海控股集团有限公司	1567397
250	宁波君安控股有限公司	1552822
251	宁波华东物资城市场建设开发有限公司	1547000
252	润华集团股份有限公司	1534178
253	山西省国新能源发展集团有限公司	1530713
254	广西北部湾投资集团有限公司	1526747
255	祥生实业集团有限公司	1521901
256	广州珠江实业集团有限公司	1514450
257	厦门路桥工程物资有限公司	1504837
258	大华（集团）有限公司	1496574
259	厦门港务控股集团有限公司	1480024
260	浙江建华集团有限公司	1477838
261	张家港保税区旭江贸易有限公司	1429901
262	杭州东恒石油有限公司	1428846
263	北方国际集团有限公司	1426988
264	天津城市基础设施建设投资集团有限公司	1424670
265	山东航空集团有限公司	1419450
266	江西省高速公路投资集团有限责任公司	1407382

续表

名次	企业名称	营业收入（亿元）
267	月星集团有限公司	1407158
268	天津现代集团有限公司	1367520
269	厦门禹洲集团股份有限公司	1367182
270	黑龙江倍丰农业生产资料集团有限公司	1359045
271	杭州联华华商集团有限公司	1349589
272	广西铁路投资集团有限公司	1344556
273	安徽省能源集团有限公司	1338968
274	天津农村商业银行股份有限公司	1323178
275	上海春秋国际旅行社（集团）有限公司	1302375
276	天津恒运能源集团股份有限公司	1285233
277	中文天地出版传媒股份有限公司	1277584
278	河北省国和投资集团有限公司	1275325
279	无锡市国联发展（集团）有限公司	1270764
280	广州岭南国际企业集团有限公司	1253825
281	上海机场（集团）有限公司	1233515
282	北京蓝色光标品牌管理顾问股份有限公司	1231910
283	重庆交通运输控股（集团）有限公司	1223812
284	广州海印实业集团有限公司	1219760
285	西安高科（集团）公司	1205153
286	湖南省新华书店有限责任公司	1203272
287	浙江出版联合集团有限公司	1197745
288	武汉市城市建设投资开发集团有限公司	1183411
289	上海三盛宏业投资（集团）有限责任公司	1172600
290	开元旅业集团有限公司	1154152
291	深圳能源集团股份有限公司	1131811
292	联发集团有限公司	1117279
293	福建省交通运输集团有限责任公司	1108637
294	上海闽路润贸易有限公司	1103490

续表

名次	企业名称	营业收入（亿元）
295	天津市交通（集团）有限公司	1090785
296	武汉农村商业银行股份有限公司	1078723
297	蓝池集团有限公司	1072430
298	青岛银行股份有限公司	1071666
299	厦门海沧投资集团有限公司	1067843
300	浙江省农村发展集团有限公司	1061637
301	厦门翔业集团有限公司	1057047
302	广东鸿粤汽车销售集团有限公司	1054271
303	天津俊安煤焦化工有限公司	1035912
304	唐山百货大楼集团有限责任公司	1033168
305	中青旅控股股份有限公司	1032748
306	分众传媒信息技术股份有限公司	1021310
307	洛阳银行股份有限公司	1021226
308	河北港口集团有限公司	1017616
309	人人乐连锁商业集团股份有限公司	1015678
310	源山投资控股有限公司	1011034
311	众信旅游集团股份有限公司	1010400
312	青岛农村商业银行股份有限公司	1006788
313	广西农村投资集团有限公司	1002353
314	申通快递股份有限公司	988067
315	厦门夏商集团有限公司	985996
316	浙江海越股份有限公司	979225
317	武汉联杰国际贸易有限公司	976968
318	佛山市顺德区乐从供销集团有限公司	964383
319	重庆银行股份有限公司	960303
320	厦门恒兴集团有限公司	960277
321	现代投资股份有限公司	952369
322	河北省新合作控股集团有限公司	949376

续表

名次	企业名称	营业收入（亿元）
323	广州港集团有限公司	947005
324	中国南山开发（集团）股份有限公司	945635
325	重庆中汽西南汽车（集团）有限公司	941673
326	湖北能源集团股份有限公司	938732
327	广东珠江投资股份有限公司	925836
328	广州百货企业集团有限公司	925637
329	广东省商贸控股集团有限公司	923885
330	广州金融控股集团有限公司	917876
331	浙江蓝天实业集团有限公司	911806
332	天津航空有限责任公司	909225
333	深圳市粮食集团有限公司	907890
334	无锡商业大厦大东方股份有限公司	906967
335	江西银行股份有限公司	897828
336	上海临港经济发展（集团）有限公司	892145
337	浙江凯喜雅国际股份有限公司	886067
338	鹏博士电信传媒集团股份有限公司	884971
339	厦门经济特区房地产开发集团有限公司	881096
340	上海申华控股股份有限公司	874392
341	宁波滕头集团有限公司	865180
342	上海展志实业集团有限责任公司	862367
343	桂林银行股份有限公司	861342
344	安徽省盐业总公司	861161
345	广西西江开发投资集团有限公司	859774
346	广州纺织工贸企业集团有限公司	856199
347	银江科技集团有限公司	846520
348	上海交运集团股份有限公司	846482
349	浙江华瑞集团有限公司	846207
350	中泰证券股份有限公司	833659

续表

名次	企业名称	营业收入（亿元）
351	湖南九龙经贸集团有限公司	827130
352	渤海人寿保险股份有限公司	825100
353	上海龙旗科技股份有限公司	823078
354	广州市水务投资集团有限公司	823010
355	广西云星集团有限公司	810391
356	西安曲江文化产业投资（集团）有限公司	809316
357	中原出版传媒投资控股集团有限公司	808586
358	江苏大经集团有限公司	802465
359	常州市化工轻工材料总公司	797461
360	上海东方电视购物有限公司	793757
361	广州华多网络科技有限公司	793169
362	浙江中外运有限公司	791883
363	中国电影股份有限公司	784071
364	华茂集团股份有限公司	778136
365	湖南粮食集团有限责任公司	774268
366	东软集团股份有限公司	773485
367	广州中大控股有限公司	767466
368	广西柳州医药股份有限公司	755940
369	路通建设集团股份有限公司	745860
370	山西美特好连锁超市股份有限公司	742651
371	韵达控股股份有限公司	734972
372	宁波轿辰集团股份有限公司	729430
373	华数数字电视传媒集团有限公司	719127
374	亿达集团有限公司	713991
375	中国天津国际经济技术合作集团公司	712486
376	湖南佳惠百货有限责任公司	707944
377	银川新华百货商业集团股份有限公司	704897
378	湖南兰天集团有限公司	704817

续表

名次	企业名称	营业收入（亿元）
379	鹭燕医药股份有限公司	698289
380	重庆华宇集团有限公司	691269
381	天津市长芦盐业集团有限公司	690220
382	山西大昌汽车集团有限公司	690171
383	重庆长安民生物流股份有限公司	683828
384	天津远大联合汽车贸易集团有限公司	682642
385	江阴长三角钢铁集团有限公司	682616
386	武汉商贸国有控股集团有限公司	678293
387	深圳市水务（集团）有限公司	671623
388	江西省投资集团公司	660191
389	万事利集团有限公司	657421
390	四川新华发行集团有限公司	654948
391	四川省开元集团有限公司	638099
392	河南省国有资产控股运营集团有限公司	632670
393	江阴市金桥化工有限公司	629919
394	大参林医药集团股份有限公司	627372
395	天津大通投资集团有限公司	622306
396	完美世界股份有限公司	615883
397	青海省物资产业集团总公司	613483
398	老百姓大药房连锁股份有限公司	609443
399	青岛利客来集团股份有限公司	606000
400	厦门市嘉晟对外贸易有限公司	593758
401	天津市政建设集团有限公司	592061
402	滨海投资集团股份有限公司	590790
403	浙江万丰企业集团公司	584180
404	青岛维客集团股份有限公司	581618
405	安徽国祯集团股份有限公司	580150
406	宁波海田控股集团有限公司	577215

续表

名次	企业名称	营业收入（亿元）
407	四川邦泰投资有限责任公司	576175
408	广州万力集团有限公司	570585
409	福建星网锐捷通讯股份有限公司	568766
410	苏州汽车客运集团有限公司	564723
411	唐山港集团股份有限公司	562644
412	广州佳都集团有限公司	560923
413	内蒙古高等级公路建设开发有限责任公司	556696
414	新疆众和股份有限公司	554688
415	青岛城市建设投资（集团）有限责任公司	554117
416	武汉市汉商集团股份有限公司	554085
417	泰德煤网股份有限公司	552275
418	河南蓝天集团有限公司	549244
419	广东新协力集团有限公司	549147
420	福建裕华集团有限公司	548162
421	天津贻成集团有限公司	544392
422	深圳市英捷迅实业发展有限公司	543526
423	广西金融投资集团有限公司	538374
424	日出实业集团有限公司	537018
425	广东天禾农资股份有限公司	526756
426	武汉工贸有限公司	526608
427	杭州解百集团股份有限公司	524145
428	广西桂东电力股份有限公司	521262
429	雄风集团有限公司	520619
430	浙江省医药工业有限公司	520342
431	中国成达工程有限公司	517274
432	万向三农集团有限公司	516106
433	重庆百事达汽车有限公司	513321
434	无锡农村商业银行股份有限公司	511407

续表

名次	企业名称	营业收入（亿元）
435	江苏省粮食集团有限责任公司	510776
436	南宁威宁投资集团有限责任公司	510217
437	中锐控股集团有限公司	509392
438	宁波市绿顺集团股份有限公司	507670
439	九江银行股份有限公司	503936
440	深圳市恒波商业连锁股份有限公司	501822
441	武汉市燃气热力集团有限公司	501220
442	汉口银行股份有限公司	500739
443	上海强生控股股份有限公司	500454
444	重庆市新大兴实业（集团）有限公司	500014
445	苏州国信集团有限公司	498376
446	宁波鄞州农村商业银行股份有限公司	496314
447	宁波医药股份有限公司	495528
448	柳州银行股份有限公司	493498
449	桂林彰泰实业集团有限公司	492629
450	江苏华地国际控股集团有限公司	490369
451	广东省广播电视网络股份有限公司	486312
452	武汉地产开发投资集团有限公司	486055
453	国宏电气集团股份有限公司	485641
454	四川华油集团有限责任公司	480967
455	四川安吉物流集团有限公司	479431
456	盈峰投资控股集团有限公司	472541
457	上海汉滨实业发展有限公司	471446
458	青岛华通国有资本运营（集团）有限责任公司	470056
459	上海福然德部件加工有限公司	466056
460	上海百润企业发展有限公司	459410
461	江西赣粤高速公路股份有限公司	455477
462	苏州裕景泰贸易有限公司	454956

续表

名次	企业名称	营业收入（亿元）
463	青岛银盛泰集团有限公司	453821
464	湖南省轻工盐业集团有限公司	453686
465	上海大众公用事业（集团）股份有限公司	453468
466	湖北省农业生产资料集团有限公司	451253
467	上海浦原对外经贸公司	450711
468	湖南新长海发展集团有限公司	448800
469	新疆生产建设兵团第一师棉麻有限责任公司	448546
470	中国海诚工程科技股份有限公司	447281
471	网宿科技股份有限公司	444653
472	三只松鼠股份有限公司	442407
473	江西新华发行集团有限公司	439734
474	上海金开利集团有限公司	439450
475	齐商银行股份有限公司	439104
476	江苏江阴农村商业银行股份有限公司	439066
477	广西北部湾银行股份有限公司	429348
478	深圳市鑫荣懋农产品股份有限公司	428645
479	重庆河东控股（集团）有限公司	428155
480	重庆三峡银行股份有限公司	426346
481	湖北良品铺子食品有限公司	425610
482	常熟市交电家电有限责任公司	421071
483	中铁集装箱运输有限责任公司	420218
484	宁波联合集团股份有限公司	418255
485	厦门住宅建设集团有限公司	415767
486	江苏张家港农村商业银行股份有限公司	415659
487	河北保百集团有限公司	415099
488	汉江水利水电（集团）有限责任公司	414532
489	青海银行股份有限公司	413122
490	深圳市九立供应链股份有限公司	412829

续表

名次	企业名称	营业收入（亿元）
491	福建发展集团有限公司	411015
492	长江勘测规划设计研究院	408948
493	宁波宁兴控股股份有限公司	408370
494	浙大网新科技股份有限公司	407956
495	上海丝绸集团股份有限公司	403185
496	广州尚品宅配家居股份有限公司	402600
497	无锡市交通产业集团有限公司	400186
498	广东省航运集团有限公司	399616
499	天津滨海农村商业银行股份有限公司	395540
500	嘉兴良友进出口集团股份有限公司	395115

第四节 2017《财富》全球500强企业排行榜

单位：百万美元

排名	公司名称	营业收入	利润	国家
1	沃尔玛	485873	13643	美国
2	国家电网公司	315198.6	9571.3	中国
3	中国石油化工集团公司	267518	1257.9	中国
4	中国石油天然气集团公司	262572.6	1867.5	中国
5	丰田汽车公司	254694	16899.3	日本
6	大众公司	240263.8	5937.3	德国
7	荷兰皇家壳牌石油公司	240033	4575	荷兰
8	伯克希尔-哈撒韦公司	223604	24074	美国
9	苹果公司	215639	45687	美国
10	埃克森美孚	205004	7840	美国
11	麦克森公司	198533	5070	美国
12	英国石油公司	186606	115	英国

续表

排名	公司名称	营业收入	利润	国家
13	联合健康集团	184840	7017	美国
14	CVS Health 公司	177526	5317	美国
15	三星电子	173957.3	19316.5	韩国
16	嘉能可	173883	1379	瑞士
17	戴姆勒股份公司	169483	9428.4	德国
18	通用汽车公司	166380	9427	美国
19	美国电话电报公司	163786	12976	美国
20	EXOR 集团	154893.6	651.3	荷兰
21	福特汽车公司	151800	4596	美国
22	中国工商银行	147675.1	41883.9	中国
23	美源伯根公司	146849.7	1427.9	美国
24	中国建筑股份有限公司	144505.2	2492.9	中国
25	安盛	143722.3	6446	法国
26	亚马逊	135987	2371	美国
27	鸿海精密工业股份有限公司	135128.8	4608.8	中国
28	中国建设银行	135093.3	34840.9	中国
29	本田汽车	129198.4	5690.3	日本
30	道达尔公司	127925	6196	法国
31	通用电气公司	126661	8831	美国
32	威瑞森电信	125980	13127	美国
33	日本邮政控股公司	122990.3	−267.4	日本
34	安联保险集团	122195.9	7611.5	德国
35	康德乐	121546	1427	美国
36	好市多	118719	2350	美国
37	沃博联	117351	4173	美国
38	中国农业银行	117274.9	27687.8	中国
39	中国平安保险（集团）股份有限公司	116581.1	9392	中国
40	克罗格	115337	1975	美国

续表

排名	公司名称	营业收入	利润	国家
41	上海汽车集团股份有限公司	113860.8	4818.2	中国
42	中国银行	113708.2	24773.4	中国
43	法国巴黎银行	109026.4	8517.2	法国
44	日产汽车	108164.1	6123.4	日本
45	雪佛龙	107567	-497	美国
46	房利美	107162	12313	美国
47	中国移动通信集团公司	107116.5	9614.3	中国
48	摩根大通公司	105486	24733	美国
49	英国法通保险公司	105234.8	1697.9	英国
50	日本电报电话公司	105127.5	7384.4	日本
51	中国人寿保险（集团）公司	104818.2	162.4	中国
52	宝马集团	104129.7	7589.4	德国
53	美国快捷药方控股公司	100287.5	3404.4	美国
54	托克集团	98097.8	750.8	新加坡
55	中国铁路工程总公司	96978.5	924.1	中国
56	英国保诚集团	96965.2	2592.8	英国
57	意大利忠利保险公司	95216.6	2301.3	意大利
58	中国铁道建筑总公司	94876.5	1192.4	中国
59	家得宝	94595	7957	美国
60	波音	94571	4895	美国
61	美国富国银行	94176	21938	美国
62	美国银行	93662	17906	美国
63	俄罗斯天然气工业股份公司	91382.4	14222.6	俄罗斯
64	雀巢公司	90813.9	8659.2	瑞士
65	Alphabet 公司	90272	19478	美国
66	西门子	88419.1	6050.5	德国
67	家乐福	87111.9	825	法国
68	东风汽车公司	86193.5	1415	中国

续表

排名	公司名称	营业收入	利润	国家
69	微软	85320	16798	美国
70	Anthem 公司	84863	2469.8	美国
71	日立	84558.4	2134.3	日本
72	软银集团	82892.3	13163.4	日本
73	西班牙国家银行	82801.3	6860.7	西班牙
74	花旗集团	82386	14912	美国
75	巴西国家石油公司	81405	-4838	巴西
76	博世公司	80869.4	2155.3	德国
77	德国电信	80831.8	2958.1	德国
78	现代汽车	80701.4	4659	韩国
79	美国康卡斯特电信公司	80403	8695	美国
80	法国农业信贷银行	80257.8	3914.7	法国
81	国际商业机器公司	79919	11872	美国
82	法国电力公司	78739.5	3152.8	法国
83	华为投资控股有限公司	78510.8	5579.4	中国
84	意大利国家电力公司	78063.9	2842	意大利
85	州立农业保险公司	76131.8	350.3	美国
86	中国华润总公司	75776.3	2580.2	中国
87	日本永旺集团	75772	103.9	日本
88	汇丰银行控股公司	75329	2479	英国
89	太平洋建设集团	74629	3168.1	中国
90	英杰华集团	74627.6	948.8	英国
91	Uniper 公司	74406.8	-3557.5	德国
92	乐购	74393.1	-52.7	英国
93	Engie 集团	73692.4	-458.9	法国
94	空中客车集团	73628.3	1100.3	荷兰
95	SK 集团	72579.1	659.7	韩国
96	Phillips 66 公司	72396	1555	美国

续表

排名	公司名称	营业收入	利润	国家
97	强生	71890	16540	美国
98	宝洁公司	71726	10508	美国
99	美国邮政	71498	-5591	美国
100	中国南方电网有限责任公司	71241.5	2329.8	中国
101	中国南方工业集团公司	71150.5	580.3	中国
102	卢克石油公司	70896.8	3090.6	俄罗斯
103	中国交通建设集团有限公司	70750.8	1431.3	中国
104	法国 BPCE 银行集团	70516.5	4410.1	法国
105	索尼	70170.3	676.4	日本
106	瓦莱罗能源公司	70166	2289	美国
107	塔吉特公司	69495	2737	美国
108	法国兴业银行	69335.4	4284	法国
109	慕尼黑再保险公司	68699.6	2853.1	德国
110	松下	67774.9	1378.4	日本
111	日本生命保险公司	67388.3	2786.9	日本
112	苏黎世保险集团	67245	3211	瑞士
113	伊塔乌联合银行控股公司	66876.3	6666.4	巴西
114	中国人民保险集团股份有限公司	66731.9	2144.3	中国
115	中国海洋石油总公司	65891.7	1752.4	中国
116	丸红株式会社	65791.6	1433.7	日本
117	德国邮政	65786.8	2918.3	德国
118	房地美	65665	7815	美国
119	中国邮政集团公司	65605	4980.3	中国
120	中国五矿集团公司	65546.9	-446.7	中国
121	英国劳埃德银行集团	65208.1	2784.4	英国
122	美国劳氏公司	65017	3093	美国
123	麦德龙	64853.3	665	德国
124	戴尔科技公司	64806	-1672	美国

第七章 国内企业及全球企业排行榜选登

续表

排名	公司名称	营业收入	利润	国家
125	中国第一汽车集团公司	64783.9	2411.3	中国
126	巴斯夫公司	63641.4	4485.3	德国
127	JXTG 控股有限公司	63628.5	1477.3	日本
128	大都会人寿	63476	800	美国
129	天津物产集团有限公司	63324.2	141.7	中国
130	安泰保险	63155	2271	美国
131	百事公司	62799	6329	美国
132	埃尼石油公司	62693.7	-1619	意大利
133	中国电信集团公司	62387	1764.6	中国
134	ADM 公司	62346	1279	美国
135	中国兵器工业集团公司	61325.5	853	中国
136	中粮集团有限公司	61265.3	204.5	中国
137	北京汽车集团	61129.5	1260.6	中国
138	联合包裹速递服务公司	60906	3431	美国
139	安邦保险集团	60799.8	3883.9	中国
140	标致	59748.8	1913.1	法国
141	艾伯森公司	59678.2	-373.3	美国
142	第一生命控股有限公司	59589.7	2134.5	日本
143	中国中化集团公司	59532.6	468	中国
144	英特尔公司	59387	10316	美国
145	三菱商事株式会社	59303.2	4063.5	日本
146	欧尚集团	58861.9	652.4	法国
147	荷兰全球保险集团	58789	483.3	荷兰
148	保德信金融集团	58779	4368	美国
149	沃达丰集团	58611.4	-6904	英国
150	联合利华	58292.4	5732.7	英国/荷兰
151	巴西银行	58093.4	2013.8	巴西
152	墨西哥石油公司	57773.9	-10256.3	墨西哥

续表

排名	公司名称	营业收入	利润	国家
153	西班牙电话公司	57543.8	2619.7	西班牙
154	巴西布拉德斯科银行	57442.7	5127.9	巴西
155	联合技术公司	57244	5055	美国
156	安赛乐米塔尔	56791	1779	卢森堡
157	雷诺	56666.8	3780.9	法国
158	俄罗斯石油公司	56553.3	2705.1	俄罗斯
159	山东魏桥创业集团有限公司	56174	1217.2	中国
160	马拉松原油公司	55858	1174	美国
161	华特迪士尼公司	55632	9391	美国
162	中国航空工业集团公司	55306.2	464.2	中国
163	荷兰国际集团	55282.3	5501.6	荷兰
164	三菱日联金融集团	55185.3	8550.1	日本
165	皇家阿霍德德尔海兹集团	54955	917.9	荷兰
166	哈门那公司	54379	614	美国
167	Seven & I 控股公司	53858	892.9	日本
168	印度石油公司	53561.5	2960	印度
169	瑞士罗氏公司	53427.2	9719.9	瑞士
170	海航集团	53035.3	278.9	中国
171	交通银行	52989.6	10116.9	中国
172	中国中信集团有限公司	52852	3236.3	中国
173	辉瑞制药有限公司	52824	7215	美国
174	拜耳集团	52568.6	5010.6	德国
175	美国国际集团	52367	-849	美国
176	美洲电信	52201	462.9	墨西哥
177	韩国电力公司	51500.4	6074.1	韩国
178	洛克希德-马丁	50658	5302	美国
179	西斯科公司	50366.9	949.6	美国
180	联邦快递	50365	1820	美国

续表

排名	公司名称	营业收入	利润	国家
181	慧与公司	50123	3161	美国
182	路易达孚集团	49838	305	荷兰
183	正威国际集团	49676.7	1199.9	中国
184	马来西亚国家石油公司	49478.7	4092.9	马来西亚
185	东京电力公司	49446.4	1225.7	日本
186	诺华公司	49436	6712	瑞士
187	思科公司	49247	10739	美国
188	MS&AD 保险集团控股有限公司	49238.8	1942.2	日本
189	德意志银行	48876.2	-1550.4	德国
190	中国电力建设集团有限公司	48868.8	1057.6	中国
191	巴西 JBS 公司	48825.3	107.7	巴西
192	泰国国家石油有限公司	48719.1	2681.6	泰国
193	东京海上日动火灾保险公司	48291.6	2527.4	日本
194	惠普公司	48238	2496	美国
195	莱茵集团	48203.8	-6249.1	德国
196	陶氏化学	48158	4318	美国
197	Finatis 公司	48154	687.8	法国
198	西农	48002.9	296.1	澳大利亚
199	中国医药集团	47809.7	504	中国
200	法国国家人寿保险公司	47804.3	1327.3	法国
201	LG 电子	47712.2	66.2	韩国
202	日本三井住友金融集团	47374.6	6520.5	日本
203	信实工业公司	46930.7	4458.9	印度
204	中国宝武钢铁集团	46606.2	442.8	中国
205	来宝集团	46528.3	8.7	中国
206	百威英博	45905	1241	比利时
207	挪威国家石油公司	45873	-2902	挪威
208	韩国浦项制铁公司	45620.5	1167.5	韩国

续表

排名	公司名称	营业收入	利润	国家
209	起亚汽车	45425	2373.8	韩国
210	Orange 公司	45249	3245.7	法国
211	中国化工集团公司	45177.2	17.9	中国
212	德国联邦铁路公司	44849.8	768.6	德国
213	德国大陆集团	44841.5	3099.1	德国
214	HCA 公司	44747	2890	美国
215	日本伊藤忠商事株式会社	44654.1	3250.6	日本
216	招商银行	44551.8	9344.8	中国
217	印度国家银行	44533.4	36	印度
218	澳大利亚伍尔沃斯公司	43924.9	-898.3	澳大利亚
219	日本 KDDI 电信公司	43821.6	5045.1	日本
220	瑞士再保险股份有限公司	43786	3558	瑞士
221	河钢集团	43768.9	-146.8	中国
222	中国华信能源有限公司	43743.3	740.9	中国
223	西班牙对外银行	43697.5	3842.8	西班牙
224	蒂森克房伯	43589	328.6	德国
225	圣戈班集团	43230.8	1449.8	法国
226	联想集团	43034.7	535.1	中国
227	万喜集团	42770.8	2770.1	法国
228	新日铁住金	42756.9	1208.5	日本
229	邦吉公司	42679	745	美国
230	兴业银行	42621.6	8105.9	中国
231	意昂集团	42213.4	-9344.4	德国
232	俄罗斯联邦储蓄银行	42159.4	8078	俄罗斯
233	中国船舶重工集团公司	42149.2	485.8	中国
234	迪奥	42112.8	1740.3	法国
235	可口可乐公司	41863	6527	美国
236	电装公司	41781	2377.6	日本

续表

排名	公司名称	营业收入	利润	国家
237	富士通	41619.9	816.7	日本
238	广州汽车工业集团	41560.4	551.9	中国
239	丰益国际	41401.7	972.2	新加坡
240	赛诺菲	41376.3	5207.4	法国
241	中国联合网络通信股份有限公司	41273.9	23.2	中国
242	住友生命保险公司	40920.8	517.5	日本
243	美国纽约人寿保险公司	40786.6	1088.1	美国
244	Centene 公司	40721	562	美国
245	上海浦东发展银行股份有限公司	40688.7	7992.8	中国
246	韩华集团	40605.5	423.7	韩国
247	印度塔塔汽车公司	40329.2	1111.6	印度
248	中国铝业公司	40278	-282.5	中国
249	三井物产株式会社	40275	2825.3	日本
250	宏利金融	40238.1	2209.7	加拿大
251	中国民生银行	40234.3	7201.6	中国
252	中国太平洋保险（集团）股份有限公司	40192.7	1814.9	中国
253	美国航空集团	40180	2676	美国
254	美国全国保险公司	40074.1	334.3	美国
255	默沙东	39807	3920	美国
256	信诺	39668	1867	美国
257	达美航空	39639	4373	美国
258	百思买	39403	1228	美国
259	中国建材集团	39322.6	74.5	中国
260	霍尼韦尔国际公司	39302	4809	美国
261	京东	39155.3	-573	中国
262	三菱电机股份有限公司	39118.6	1942.6	日本
263	采埃孚	38888.2	949.9	德国
264	卡特彼勒	38537	-67	美国

续表

排名	公司名称	营业收入	利润	国家
265	美国利宝互助保险集团	38308	1006	美国
266	加拿大鲍尔集团	38286.4	855.5	加拿大
267	摩根士丹利	37949	5979	美国
268	恒力集团	37879.7	821.7	中国
269	南苏格兰电力	37813	2082.9	英国
270	万通互惠理财	37788	1273.5	美国
271	高盛	37712	7398	美国
272	江森自控国际公司	37674	-868	爱尔兰
273	英国葛兰素史克公司	37641.8	1230.9	英国
274	中国华能集团公司	37542.6	-85.9	中国
275	Energy Transfer Equity 公司	37504	995	美国
276	神华集团	37321.5	1916.9	中国
277	绿地控股集团有限公司	37240.3	1085.2	中国
278	美国教师退休基金会	37105.4	1492.3	美国
279	怡和集团	37051	2503	中国
280	甲骨文公司	37047	8901	美国
281	西班牙 ACS 集团	36992.2	830.5	西班牙
282	住友商事	36888	1577.1	日本
283	泰森食品	36881	1768	美国
284	巴克莱	36788.8	2807.4	英国
285	意大利邮政集团	36616.8	687.8	意大利
286	英国森特理克集团	36579.6	2256.7	英国
287	美国联合大陆控股有限公司	36556	2263	美国
288	好事达	36534	1877	美国
289	印尼国家石油公司	36486.7	3147	印度尼西亚
290	麦格纳国际	36445	2031	加拿大
291	瑞银集团	36229.5	3252.2	瑞士
292	意大利联合圣保罗银行	36225.3	3440.3	意大利

续表

排名	公司名称	营业收入	利润	国家
293	加拿大乔治威斯顿公司	36211.1	414.9	加拿大
294	日本三菱重工业股份有限公司	36122.4	809.6	日本
295	Rajesh Exports 公司	36113.9	185.8	印度
296	和硕	35891.2	599.6	中国
297	日本明治安田生命保险公司	35766.6	2064.8	日本
298	马士基集团	35464	-1939	丹麦
299	沙特基础工业公司	35421	4757.1	沙特阿拉伯
300	法国布伊格集团	35276.5	809.5	法国
301	沃尔沃集团	35268.6	1535.8	瑞典
302	Talanx 公司	35100.6	1003	德国
303	汉莎集团	35011.1	1964	德国
304	加拿大皇家银行	34903.9	7839.6	加拿大
305	埃森哲	34797.7	4111.9	爱尔兰
306	雷普索尔公司	34484.7	1919.7	西班牙
307	万科企业股份有限公司	34458	3164.5	中国
308	大众超级市场公司	34274.1	2025.7	美国
309	德国艾德卡公司	34193	356	德国
310	森宝利	34148.8	490.9	英国
311	Alimentation Couche-Tard 公司	34144.6	1193.5	加拿大
312	中国能源建设集团有限公司	33929.8	421	中国
313	韩国现代重工集团	33881.4	469.8	韩国
314	瑞士 ABB 集团	33828	1899	瑞士
315	美国运通公司	33823	5408	美国
316	力拓集团	33781	4617	英国
317	SNCF Mobilités 公司	33747.1	565.1	法国
318	中国中车股份有限公司	33738.7	1700.3	中国
319	长江和记实业有限公司	33475	4252.4	中国
320	冀中能源集团	33365.5	-153.9	中国

续表

排名	公司名称	营业收入	利润	国家
321	TJX 公司	33183.7	2298.2	美国
322	新兴际华集团	33173.8	448.2	中国
323	现代摩比斯公司	32971.8	2617.8	韩国
324	爱信精机	32879.4	1168.9	日本
325	来德爱	32845.1	4.1	美国
326	陕西延长石油（集团）有限责任公司	32652.3	-22.6	中国
327	德国中央合作银行	32635.7	1623.4	德国
328	联合信贷集团	32538.9	-13038	意大利
329	中国光大集团	32460.5	1877.8	中国
330	大和房建	32420.6	1861.5	日本
331	耐克公司	32376	3760	美国
332	Iberdrola 公司	32307.7	2991.3	西班牙
333	澳洲联邦银行	32286.9	6712.9	澳大利亚
334	中国机械工业集团有限公司	32237	502	中国
335	费森尤斯集团	32161.3	1761.6	德国
336	中国航天科技集团公司	32093.8	1996.2	中国
337	陕西煤业化工集团	31926	-254.4	中国
338	中国恒大集团	31828	2368.8	中国
339	江西铜业集团公司	31679.8	20.4	中国
340	损保控股有限公司	31558.8	1535.7	日本
341	中国保利集团	31508.3	744.1	中国
342	安达保险公司	31469	4135	瑞士
343	浙江吉利控股集团	31429.8	1265.7	中国
344	Exelon 公司	31360	1134	美国
345	通用动力	31353	2955	美国
346	英国电信集团	31333.4	2484.6	英国
347	佳能	31271	1385	日本
348	物产中大集团	31185	324.3	中国

续表

排名	公司名称	营业收入	利润	国家
349	三菱化学控股	31157.6	1442.1	日本
350	必和必拓	30912	-6385	澳大利亚
351	多伦多道明银行	30854.9	6646.1	加拿大
352	斯巴鲁公司	30695.5	2605.8	日本
353	普利司通	30678.3	2441.3	日本
354	瑞士信贷	30588	-2750.7	瑞士
355	中国航天科工集团公司	30581.9	1443.7	中国
356	日本钢铁工程控股公司	30538.6	627	日本
357	日本瑞穗金融集团	30390.1	5570.1	日本
358	Gilead Sciences 公司	30390	13501	美国
359	CHS 公司	30347.2	424.2	美国
360	巴拉特石油公司	30316	1300.5	印度
361	3M 公司	30109	5050	美国
362	中国电子信息产业集团有限公司	30009.7	321.9	中国
363	CRH 公司	29972.8	1374.6	爱尔兰
364	中国船舶工业集团公司	29876.8	367.6	中国
365	江苏沙钢集团	29862.2	352.1	中国
366	中国远洋海运集团有限公司	29743.1	1489	中国
367	马自达汽车株式会社	29665.3	865.5	日本
368	国家电力投资集团公司	29493.4	436.6	中国
369	台积电	29387.9	10283.7	中国
370	巴西淡水河谷公司	29363	3982	巴西
371	时代华纳	29318	3926	美国
372	山东能源集团有限公司	29298.6	39.2	中国
373	铃木汽车	29251.6	1476.2	日本
374	利安德巴塞尔工业公司	29183	3836	荷兰
375	荷兰皇家飞利浦公司	29003	1601.3	荷兰
376	特许通讯公司	29003	3522	美国

续表

排名	公司名称	营业收入	利润	国家
377	美敦力公司	28833	3538	爱尔兰
378	西北互助人寿保险公司	28799	818	美国
379	欧莱雅	28571.8	3434.5	法国
380	大连万达集团	28482.8	110.3	中国
381	Medipal 控股公司	28276.7	267.7	日本
382	中国华电集团公司	28204.3	360.6	中国
383	友邦保险	28196	4164	中国
384	印度斯坦石油公司	28165.5	1228.1	印度
385	Migros 集团	28154.9	693.3	瑞士
386	法国航空-荷兰皇家航空集团	27920.4	875.8	法国
387	金巴斯集团	27837.3	1408.5	英国
388	斯伦贝谢公司	27810	−1687	美国
389	关西电力	27791.6	1299.3	日本
390	广达电脑	27715.1	469.3	中国
391	西太平洋银行	27704.4	5477	澳大利亚
392	Coop 集团	27668.7	482.1	瑞士
393	Facebook 公司	27638	10217	美国
394	Travelers Cos. 公司	27625	3014	美国
395	第一资本金融公司	27519	3751	美国
396	二十一世纪福克斯	27326	2755	美国
397	中国国电集团公司	27315.1	268.7	中国
398	Lafarge Holcim 公司	27308.4	1817.9	瑞士
399	施耐德电气	27306.6	1935.2	法国
400	中国电子科技集团	27291.7	1611.6	中国
401	联合服务汽车协会	27131.1	1779.1	美国
402	全球燃料服务公司	27015.8	126.5	美国
403	Phoenix Pharmahandel 公司	26976.1	135.4	德国
404	法国威立雅环境集团	26971.8	423.6	法国

续表

排名	公司名称	营业收入	利润	国家
405	澳大利亚国民银行	26957.7	259	澳大利亚
406	菲利普-莫里斯国际公司	26685	6967	美国
407	迪尔公司	26644	1523.9	美国
408	东日本旅客铁道株式会社	26586.9	2565	日本
409	Achmea 公司	26493.8	-423.5	荷兰
410	卡夫亨氏公司	26487	3632	美国
411	国泰人寿保险股份有限公司	26291.7	934	中国
412	Tech Data 公司	26234.9	195.1	美国
413	三星人寿保险	26221.7	1770.3	韩国
414	安富利公司	26219.3	506.5	美国
415	诺基亚	26113.4	-847.1	芬兰
416	Enbridge 公司	26072.5	1560.9	加拿大
417	西班牙天然气公司	26070.3	1489.6	西班牙
418	澳新银行集团	26031.5	4199.9	澳大利亚
419	爱立信公司	26004.4	200.5	瑞典
420	住友电工	25974.8	992.7	日本
421	亿滋国际	25923	1659	美国
422	英国耆卫保险公司	25912.9	769.3	英国
423	日本出光兴产株式会社	25887.6	813.7	日本
424	加拿大丰业银行	25817.4	5362.2	加拿大
425	梅西百货	25778	619	美国
426	曼福集团	25774.5	857.5	西班牙
427	法国邮政	25759.6	938.9	法国
428	Inditex 公司	25732.9	3485	西班牙
429	艾伯维	25638	5953	美国
430	大同煤矿集团有限责任公司	25630	-214.8	中国
431	乐天百货	25444.2	144.9	韩国
432	英国标准人寿保险公司	25278.5	496.7	英国

续表

排名	公司名称	营业收入	利润	国家
433	山西焦煤集团有限责任公司	25122.5	−10	中国
434	德科集团	25111.5	799.5	瑞士
435	国际航空集团	24955.6	2135.4	英国
436	麦当劳	24621.9	4686.5	美国
437	日本电气公司	24595.6	252	日本
438	杜邦公司	24594	2513	美国
439	中国航空油料集团公司	24588.1	320	中国
440	美国诺斯洛普格拉曼公司	24508	2200	美国
441	布鲁克菲尔德资产管理公司	24411	1651	加拿大
442	委内瑞拉商业金融服务公司	24402.6	2004.2	委内瑞拉
443	SAP 公司	24397.2	4031.9	德国
444	康菲石油公司	24360	−3615	美国
445	山西阳泉煤业（集团）有限责任公司	24284.1	11.1	中国
446	达能	24266.7	1902.1	法国
447	三星 C&T 公司	24217.3	92.5	韩国
448	潞安集团	24087.3	−106.9	中国
449	雷神公司	24069	2211	美国
450	美的集团股份有限公司	24060.4	2210.4	中国
451	日本中部电力	24028	1058.2	日本
452	BAE 系统公司	24011.2	1232.3	英国
453	Tesoro 公司	24005	734	美国
454	中国大唐集团公司	23871	243.9	中国
455	伟创力公司	23862.9	319.6	新加坡
456	艾睿电子	23825.3	522.8	美国
457	贺利氏控股集团	23793.4	—	德国
458	仁宝电脑	23772.5	252.1	中国
459	阳光金控投资集团有限公司	23657	159.2	中国
460	高通	23554	5705	美国

续表

排名	公司名称	营业收入	利润	国家
461	阿弗瑞萨控股公司	23550.5	285.1	日本
462	阿里巴巴集团	23517.3	6489.5	中国
463	KOC 集团	23456.2	1144.2	土耳其
464	前进保险公司	23441.4	1031	美国
465	杜克能源	23369	2152	美国
466	米其林公司	23119.9	1853.4	法国
467	碧桂园控股有限公司	23043.7	1733.6	中国
468	喜力控股公司	23043.6	861.5	荷兰
469	Enterprise Products Partners 公司	23022.3	2513.1	美国
470	阿斯利康	23002	3499	英国
471	安进	22991	7722	美国
472	荷兰合作银行	22956.2	828.3	荷兰
473	Altice 公司	22952.6	−1722.5	荷兰
474	Onex 公司	22943	−130	加拿大
475	US Foods Holding 公司	22918.8	209.8	美国
476	山西晋城无烟煤矿业集团有限责任公司	22874.6	3.0	中国
477	任仕达控股公司	22873.4	650.2	荷兰
478	腾讯控股有限公司	22870.7	6185.9	中国
479	LG DISPLAY 公司	22839.7	781.4	韩国
480	Emirates Group 公司	22798.9	340.3	阿拉伯联合酋长国
481	美国合众银行	22744	5888	美国
482	H&M 公司	22617.8	2192.3	瑞典
483	美国家庭人寿保险公司	22559	2659	美国
484	索迪斯	22476.6	707.2	法国
485	苏宁云商集团	22366.1	106	中国
486	GS 加德士	22207.3	1221.1	韩国
487	Ultrapar 控股公司	22166.8	447.5	巴西
488	厦门建发集团有限公司	22145	280.2	中国

续表

排名	公司名称	营业收入	利润	国家
489	西尔斯控股	22138	-2221	美国
490	中国通用技术（集团）控股有限责任公司	22113.1	413.6	中国
491	英国国家电网	22035.8	10150.6	英国
492	Dollar General 公司	21986.6	1251.1	美国
493	意大利电信	21941.1	1999.4	意大利
494	厦门国贸控股集团有限公司	21929.6	35.6	中国
495	新疆广汇实业投资（集团）有限责任公司	21919.3	251.8	中国
496	梯瓦制药工业公司	21903	329	以色列
497	新华人寿保险股份有限公司	21795.7	743.9	中国
498	威廉莫里森超市连锁公司	21741.4	406.4	英国
499	途易	21655.4	1151.7	德国
500	AutoNation 公司	21609	430.5	美国

后 记

2017年，恰逢湖南省"三会"（湖南省工业经济联合会、湖南省企业联合会、湖南省企业家协会）改革。根据改革需要和现行社会组织管理规定，湖南省"三会"整合更名为湖南省企业和工业经济联合会，并于9月26日召开第一届会员代表大会，选举产生第一届理事会及其领导机构。新成立的湖南省企业和工业经济联合会决定继续做好《湖南100强企业发展报告》编纂工作，迅速成立《2017湖南100强企业发展报告》编辑部。近两个月来，编辑部全体同志加班加点、尽心尽力，按期完成本书编纂工作任务，在湖南人民出版社的支持配合下，得以快速出版发行。

本书除特载文稿外，各章主要撰稿人为：朱小江（第一章），袁凌（第二章），李醒民（第三章、第五章）和熊正德（第四章）。此外，由雍胜罗负责第六章湖南企业排行榜、第七章国内企业及全球企业排行榜选登以及特载文稿资料收集、整理编排工作；符超华负责与出版社联系与协调。第七章第一、二、三节的内容由中国企业联合会研究部提供，第四节的内容由《财富》杂志社提供。全书由李醒民统稿。

本书在编写过程中，得到中国企业联合会、《财富》杂志社、省直有关部门、大专院校、各市州企联及相关企业的大力支持和帮助，谨向他们表示诚挚谢意。

本书为湖南省企业和工业经济联合会的年度研究成果。凡引用本书研究成果及湖南100强企业、湖南制造业50强企业、湖南服务业50强企业有关数据、文字资料，应注明引自"湖南省企业和工业经济联合会"字样，未经授权不得转载本书资料及企业排行榜名单。

明年，湖南省企业和工业经济联合会将继续组织开展湖南100强企业的申报、排序、分析和研究，编辑出版《2018湖南100强企业发展报告》。凡自愿申报2018湖南100强、湖南制造业50强、湖南服务业50强的企业，请及早与湖南省企业和工业经济联合会秘书处联系。电话：0731-82212828、82212929（传真），电子邮箱：hnsqx307@163.com。

本书编辑出版时间较紧，如有疏漏和不尽如人意之处，恳请读者提出宝贵意见。

《2017湖南100强企业发展报告》编辑部

2017年11月